Gordon MacDonald

Warum Jesus kein Burnout hatte

Gordon MacDonald

Warum Jesus kein Burnout hatte

Von innen heraus stark sein

BRUNNEN
Verlag Giessen · Basel

Titel der amerikanischen Originalausgabe: **Building Below the Waterline**

Deutsch von Frank Grundmüller
Lektorat: Konstanze von der Pahlen

Bibelzitate folgen i. d. R. der **Lutherbibel** in der revidierten Fassung von 1984.

Weitere verwendete Übersetzungen sind wie folgt gekennzeichnet:
Hfa – Hoffnung für alle®, Copyright © 1983, 1996, 2002 by Biblica Inc.™
Verwendet mit freundlicher Genehmigung des Verlags.
Alle weiteren Rechte weltweit vorbehalten.
Übersetzt und herausgegeben durch: Brunnen-Verlag Basel, Schweiz.
EB – Elberfelder Übersetzung
© 1985 / 1991 / 2006 R. Brockhaus Verlag Wuppertal.
EÜ – Einheitsübersetzung der Heiligen Schrift
© 1980 Katholische Bibelanstalt GmbH, Stuttgart.
NGÜ – Neue Genfer Übersetzung © 2003 Genfer Bibelgesellschaft, Genf.

Die Rechteinhaber von Zitaten konnten nicht in jedem Fall ermittelt werden.
Der Verlag dankt für Hinweise.

FSC www.fsc.org
MIX
Papier aus verantwortungsvollen Quellen
FSC® C006701

www.brunnen-verlag.de
Umschlagmotiv: Corbis / shutterstock
Umschlaggestaltung: Sabine Schweda
Satz: DTP Brunnen
Herstellung: CPI – Ebner und Spiegel, Ulm
ISBN 978-3-7655-1189-9

Inhalt

Einleitung

Der Bau der Brooklyn Bridge, die den East River überspannt und Manhattan mit Brooklyn verbindet, dauerte den New Yorkern eindeutig zu lange. Weil es *über Wasser* keine sichtbaren Anzeichen für bauliche Fortschritte gab, murrten die Leute. Im Juni 1872 veröffentlichte der leitende Ingenieur des Projektes schließlich eine Stellungnahme. Er erklärte, dass im vergangenen Winter *unter Wasser* immense Maurer- und Zementierarbeiten verrichtet worden waren. Diese entsprächen „dem Umfang der gesamten Maurerarbeiten am Brooklyn-Turm, die heute *über der Wasseroberfläche* sichtbar sind" (aus: David McCullough, *The Great Bridge*; Hervorhebung von mir).

Die Brooklyn Bridge ist nur deshalb bis heute eine Hauptverkehrsader nach New York City, weil der leitende Ingenieur und sein Team vor 140 Jahren dort am geduldigsten und mutigsten tätig waren, wo keiner etwas davon sah: an den Fundamenten der Türme unter Wasser. Dies entspricht einem zeitlosen Prinzip für Christen in Verantwortung: Die Arbeit, die unter Wasser geleistet wird (nämlich an der eigenen Seele), entscheidet darüber, ob man die Prüfungen und Herausforderungen besteht, denen man im Laufe des Lebens begegnet. Diese Arbeit nennt sich Anbetung, Andacht und geistliche Disziplin. Sie geschieht im Stillen, wo sie nur Gott allein sieht.

Heute wird ungeheures Gewicht auf Themen wie Vision, Organisationsstrategien und eine „markttaugliche" Botschaft gelegt. Fraglos sind diese Dinge sehr wichtig – und ich wünschte, ich hätte als junger Pastor davon gehört. Wenn es aber nur darum geht, was „über der Wasseroberfläche" passiert, dann werden wir in den kommenden Jahren wahrscheinlich viele verantwortliche Gemeindemitarbeiter scheitern und ausbrennen sehen. Menschen, die mit großartigen Gaben und Charisma gesegnet sind, könnten erleben, wie ihr Charakter, ihre Schlüsselbeziehungen und ihr Glaubenszentrum zerbrechen. Sie haben nie gelernt, dass man nicht *über* Wasser bauen kann (und auch nicht soll), solange es keine festen Fundamente *darunter* gibt.

Teil I

Unser inneres Leben

Die eigene Mitte finden

Die Mitte der Seele ist Gott; sobald der Mensch entsprechend der ganzen Fassungskraft seines Wesens und entsprechend der Kraft seines Wirkens und seines Hanges zu ihm gelangt ist, ist er zu seiner letzten und tiefsten Mitte in Gott gelangt.

Johannes vom Kreuz*

Es gab eine Zeit, in der ich sehr danach strebte, Verantwortung für eine Gemeinde zu tragen; heute sehe ich das nüchterner. Es ist ein Vorrecht, ein solches Amt zu haben, aber der Preis ist hoch.

Ein Gemeindeleiter muss genau auf jedes seiner Worte achten und lernt schnell, dass man ohne ein paar Kritiker nicht durchs Leben kommt; und manche hat man sehr wohl verdient. Gelegentlich fällt es schwer, echte Freunde auszumachen, und man hat wenig Zeit, Beziehungen zu pflegen. Auf Freunden und Familie lastet Druck, und manchmal, so vermute ich, fragt man sich: „Wer braucht denn all das?" Andererseits war alles, woran ich teilhaben durfte, das Ergebnis meiner Entscheidung, auf Gottes Ruf in eine leitende Position zu antworten. Also will ich nicht klagen.

Meiner Frau Gail und mir ist ständig bewusst, dass Gott uns zu etwas berufen hat. Jeden Morgen nehmen wir uns Zeit, ihn zu fragen: „Welchen Zweck hat dies oder jenes in unserem Leben?" Ich glaube inzwischen nicht mehr, dass all mein Tun toll sein muss, aber ich empfinde stark das Gefühl, berufen zu sein und eine Pflicht zu haben. Welche anderen Kennzeichen sollte ein Christ in Verantwortung neben der Berufung noch besitzen?

---

* aus: Die lebendige Liebesflamme. Vollst. Neuübersetzung. Gesammelte Werke Bd 5. Hrsg., übers. u. eingeleitet v. Ulrich Dobhan © Verlag Herder, Freiburg [2]2007, S. 20

Vier Kennzeichen eines Christen in Verantwortung

Das erste Kennzeichen ist die Fähigkeit, eine Vision weiterzugeben. Als Verantwortlicher ist man Hüter einer Vision. Manche von uns vermitteln die Vision durch ihr rednerisches Talent, andere gehen andere Wege. D. E. Hoste beispielsweise, Hudson Taylors Nachfolger in der China-Inland-Mission, hatte die Gabe des Verwaltens; seine Verantwortung nahm er im Büro und am Sitzungstisch wahr. Dank seiner Weisheit und Überzeugungskraft erkannten die Menschen, dass er mit dem Heiligen Geist erfüllt und es wert war, ihm zu folgen.

Das zweite Kennzeichen ist die Aufmerksamkeit Menschen gegenüber. Zuerst und vor allem muss man hören, was Menschen sagen. Peter Drucker sagt, Kommunikation ereigne sich nicht beim Redner, sondern beim Hörer. Als Redner muss ich verstehen, wie der andere denkt. Wie nimmt er Informationen auf? Churchill kannte die Engländer und achtete deshalb auf die richtigen Formulierungen, mit denen er ihre Aufmerksamkeit gewinnen konnte; er wusste, was sie inspirieren und auf den Feind wütend machen konnte, damit sie trotz unglaublicher Nöte durchhalten würden.

Ein drittes Kennzeichen ist die Fähigkeit, Situationen zu beurteilen. Einfühlsam zu sein, bedeutet auch, Situationen entschlüsseln zu können und zu begreifen, was vor sich geht. Ich denke, Gott hat mich in diesem Bereich begabt. Ich kann einen Raum betreten und blitzschnell instinktiv erfassen, wer hier das Sagen hat, oder aber (was auch sein kann), dass niemand das Sagen hat. Das ist im Bereich der Gemeinde eine wichtige Fähigkeit.

Das vierte Kennzeichen ist wachsende Selbsterkenntnis. Einfühlsame Christen in Verantwortung müssen sich selbst kennen. Wenn wir uns selbst nicht kennen, nicht wissen, was uns geformt hat, was uns kaltstellt und wo unsere Grenzen sind, öffnen wir dem Unheil Tor und Tür. Viele Verantwortliche sind unsicher. Manche kämpfen mit Dingen aus ihrer Vergangenheit, die nicht aufgearbeitet wurden. Das kann zur Achillesferse der Mitarbeit werden.

Lassen Sie mich ein Beispiel nennen. Als ich meinen Gemeindedienst antrat, war ich sehr unsicher und brauchte besondere Bestätigung. Ich brauchte Menschen, die mich mochten, und setzte Zustimmung mit Bestätigung gleich. Erst nach und nach veränderte ich mich von jemandem, der getrieben ist, hin zu einer Person, die berufen ist.

Der Weg der Selbsterkenntnis beginnt damit, mich täglich kritisch vor Gott zu prüfen und sündhafte Beweggründe aufzuspüren. Außerdem führt er zurück in die eigene Vergangenheit: *Was hat mich zu dem gemacht, der ich heute bin? Wonach suche ich im Leben? Was habe ich nicht bekommen, das ich gebraucht hätte?*

Der Wert des Mentors

Auf diesem Weg kann uns ein Mentor wertvolle Hilfestellung leisten. Der Mentor gibt Bestätigung, sodass man sie nicht künstlich suchen muss. Und er korrigiert falsche Verhaltens- und Denkweisen. In der Pfarrerausbildung war Ray Buker einer meiner Lehrer. Für ein anderes Fach musste ich eine Erörterung zum Thema christliche Erziehung verfassen, also schwänzte ich zwei Unterrichtsstunden bei Dr. Buker, um daran zu arbeiten. Am Abend, nachdem ich meinen Vortrag gehalten hatte und alle weg waren, kam Buker und sagte: „Gordon, dein Vortrag war gut. Leider war er nicht großartig. Willst du wissen, *warum*?“

Ich sagte: „Ich weiß nicht genau …“

„Er war nicht großartig, weil du deine Routine dafür aufgegeben hast.“

Das war einer jener Momente, in denen ich ein wichtiges Lebensprinzip erkannte. Die Routine zu opfern, macht uns nicht besser. Dr. Buker wollte darauf hinweisen, dass die meisten von uns um der Gipfel willen durch das Leben gehen, statt zu erkennen, dass das Leben oft in den Tälern und an den Hängen stattfindet. Ich werde diese Lektion nie vergessen.

Als ich noch Wettkampfsportler war, verlor ich ein wichtiges Rennen, weil ich nicht auf meinen Trainer gehört hatte. Im Anschluss an das Rennen sagte er zu mir: „Du bist auf dem besten Weg, ein Mann zu werden, der in seinem Leben die Dinge auf die harte Tour lernen wird."

An diesem Tag ging ich nach Hause und dachte: *Das war die letzte Lektion, die ich auf die harte Tour gelernt habe. In Zukunft schaue ich mir ab, was andere auf die harte Tour gelernt haben.* Diesem Prinzip bin ich treu geblieben. Ich fing an, die Fehler und das Versagen anderer zu beobachten, und fragte mich dann: *Wo neige ich dazu, dieselben Fehler zu machen?*

Viele Verantwortliche arbeiten auf einem Niveau, auf dem sie lange Zeit durchhalten, ohne dass jemand von ihnen Rechenschaft verlangt. Das führt dazu, dass sie so damit beschäftigt sind, anderen zu helfen, dass sie den klaren Blick auf die Dinge verlieren. Wenn dann ein Mentor ein paar deutliche Fragen stellt, sie mit harten Fakten konfrontiert, fragen sie sich plötzlich: *Wie konnte ich das denn übersehen?*

Unsere geistliche Mitte

Oft schaffen wir es nicht, zwischen dem zu unterscheiden, was gut und nützlich ist, und dem, was wir ablegen müssen. Wir alle können unsere Vergangenheit als Ausrede benutzen: „Ich bin aus diesem und jenem Grund so, also nimm mich, wie ich bin." Als verantwortlicher Mitarbeiter darf man sich solch ein Selbstmitleid aber nicht erlauben. Es abzulegen, ist ein schweres Stück Arbeit und ein lebenslanger Prozess. Ich kann sehr schnell darauf zurückverfallen, ein getriebener Mensch zu sein, wenn ich meine geistliche Mitte nicht pflege.

Beim Lesen der Mystiker bin ich zu der Überzeugung gekommen, dass unsere Wahrnehmung der Wirklichkeit um ein geistliches Zentrum kreist. Dieses Zentrum wird schnell fast ganz unwirksam, wenn es nicht durch anhaltende geistliche Disziplin gepflegt wird. Fast alle Christen in Verantwortung finden dies unabdingbar, aber nur wenige halten sich tatsächlich eine oder zwei Stunden täglich frei, um sich ihrer geistlichen Mitte zu widmen.

Die Folge ist, dass man Erkenntnis anhäuft, ohne Weisheit zu haben, und sich auf sein Charisma verlässt statt auf die Kraft des Geistes. Es bedarf aber geistlicher Macht, um mit den Werten der Welt klar zu brechen. Das klingt vielleicht sehr fromm, aber je älter ich werde, desto mehr erkenne ich diese Wahrheit. Wir verpassen das Wesentliche, wenn wir nicht täglich beten, die Bibel studieren und regelmäßig ein gerüttelt Maß an klassischer geistlicher Literatur lesen.

Wenn andererseits unser Wirken von innen heraus erfolgt, werden unsere Ressourcen kanalisiert und vervielfacht durch eine wirklich kraftvolle geistliche Mitte, durch die Veränderung geschieht.

Zum weiteren Nachdenken

1. *Wie einfühlsam sind Sie anderen Menschen und Situationen gegenüber? Welchen Einfluss hat das auf Ihre Entwicklung im Gemeindedienst gehabt? Welche Schritte könnten Sie tun, um diese Art von Sensibilität zu entfalten?*

2. *Welchen Mentoren sind Sie in Ihrem Leben bisher begegnet? Denken Sie zurück an Betreuer, geistliche und andere Leiter, die Ihr Denken und Ihre Gewohnheiten geformt haben. Was waren Schlüssellektionen, die Ihnen vermittelt wurden?*

3. *Wie viel Zeit nehmen Sie sich für geistliche Reflexion und Gebet? Wie könnten Sie Ihren Tagesablauf umstellen, um diese Zeit zu vermehren?*

Sieben Worte zum Leben

Nah bei Gott, nah bei den Menschen.

Charles de Foucauld

Ich liebe diesen einfachen Satz, den sich Charles de Foucauld (1858–1916) aussuchte, um sein Leben zu beschreiben. Im Wirrwarr der Leitbilder und markigen Schlagworte, die die Leidenschaft von Organisationen, Gemeinden und Einzelpersonen beschreiben, mag ich dieses Wort am liebsten.

„Nah sein" erinnert mich an das Erlebnis, das meine Frau und ich einmal während eines Spaziergangs in einem Schweizer Alpental hatten. Wir begegneten einem Bauern mit seinem Hund, die gemeinsam eine große Herde brauner Kühe (mit riesigen Glocken um den Hals) zusammentrieben. Der Bauer zeigte auf die eine Seite der Herde; der Hund rannte dorthin, blieb dann plötzlich stehen und sah sich um, um einen weiteren Befehl zu erhalten. Der Bauer drehte seine Hand nach rechts oder links, und der Hund, der nun wild bellte, trieb die Kühe, wohin sein Herr sie haben wollte.

Dann kam der Hund zurück an die Seite des Bauern, setzte sich, hechelte, sah hoch und wartete – beinahe ungeduldig – auf den nächsten Befehl. Das Bild dieses Hundes, der so aufmerksam gegenüber seinem Herrn ist und jederzeit bereit, auf eine Anweisung zu reagieren, zeigt mir, was Foucaulds Leitsatz bedeutet.

Nah bei Gott

Ich bin ganz nah bei Gott, wenn ich still werde, um solch ein sanftes Sausen zu vernehmen wie Elia auf dem Berg. Wenn ich auf solche

Anweisungen höre wie Philippus, als er zum Wagen des Äthiopiers geschickt wurde. Wenn ich wach genug bin, um dieselbe Stimme zu hören, die eines Nachts zu Paulus sprach und ihm sagte, er solle sich nicht fürchten; er solle reden und nicht schweigen, denn „ich bin bei dir … viele Menschen in dieser Stadt werden an mich glauben" (Apg. 18,10 Hfa). Und wenn ich mich für Gottes Liebe, Gottes Mahnungen und Gottes Offenbarungen öffne.

In *Mein Äußerstes für sein Höchstes* schreibt Oswald Chambers: „Nicht der Wunsch, als ein Mann des Gebets zu gelten, soll das Motiv sein, das deinem religiösen Leben zugrunde liegt. Bereite in deinem Inneren eine Kammer, in der du beten kannst, ohne dass jemand darum weiß; schließe die Tür und sprich im Verborgenen zu Gott! Habe kein anderes Motiv als den Wunsch, deinen Vater im Himmel zu erkennen."

Nah bei den Menschen

Ist das schwerer oder leichter, als Gott nahe zu sein? Ich finde es leicht (und wer nicht?), Zeit zu verbringen mit anziehenden oder begabten Menschen, Menschen mit Visionen, intelligenten oder liebenswerten Menschen. Ich umgebe mich gern mit Menschen, die mich mögen und mich witzig und charmant finden. Meine Enkelkinder gehören in diese Kategorie.

Aber nah bei Menschen zu sein, die schwach, arm, krank, unzuverlässig, undankbar und respektlos sind? Das ist etwas anderes. Mein Instinkt rät mir allzu oft, mich von ihnen fernzuhalten. Und hier werden mein Charakter und meine Berufung täglich herausgefordert. Manchmal klappt es; oft schaffe ich es nicht. Denn Menschen nahe zu sein, bedeutet, dass ich ganz besonders aufmerksam zuhören muss, zuhören und dann reagieren. Und das kann unangenehm sein und sehr anstrengend.

Deshalb liebe ich Foucaulds Satz, der komplexe Fragestellungen und tägliche Verpflichtungen auf sieben schlichte Worte reduziert. Er erinnert mich ans Aufzugfahren: In Sekundenschnelle wird darin ein ganzes Leben beschrieben.

Zum weiteren Nachdenken

1. *Haben Sie einen persönlichen Leitsatz für Ihr Leben/Ihren Dienst/Ihre Mission? Wenn nicht, formulieren Sie doch einen. Können Sie ihn auf sieben Worte komprimieren?*

2. *Was bedeutet es für Sie persönlich – zusätzlich zu den aufgeführten Beispielen –, nah bei Gott zu sein und aufmerksam auf sein Reden und Handeln zu achten?*

3. *Fällt es Ihnen leicht oder schwer, für Menschen da zu sein? Wie können Sie da noch aktiver werden – vor allem in Ihrem direkten Umfeld?*

Die Seele kultivieren

Geist des lebendigen Gottes, sei der Gärtner meiner Seele …
Beseitige das tote Wachstum der Vergangenheit,
brich die harten Schollen der Tradition und der Routine auf,
mische den guten Dünger der Vision und Herausforderung unter.
Grab das eingepflanzte Wort tief ein in meine Seele,
kultiviere und pflege mein Herz, bis neues Leben aufkeimt
und sich öffnet und aufblüht.

Richard Foster

Vor dreißig Jahren haben Gail und ich eine alte Farm gekauft, der wir den Namen „Peace Ledge" (Felssims des Friedens) gaben. In den Jahren nach 1800 war der Wald dort kahl geschlagen worden, und man nutzte das Land als Weide, auf der mächtige Arbeitspferde gezüchtet wurden. Um das Jahr 1900 ging die Farm dann pleite, wurde aufgegeben und verwandelte sich in den nächsten 70 Jahren allmählich wieder in Waldgebiet.

Gelegentlich stecken Gail und ich ein Stückchen des Waldes ab und lichten ihn aus. Wir fällen kranke Bäume. Wir reißen die Bodenpflanzen heraus, die die Brandgefahr erhöhen. Und wir graben allgegenwärtige Steinbrocken aus (ein Geschenk früherer Gletscher), die am Mähwerk unseres Traktors Schaden anrichten.

Gail und ich genossen unsere Errungenschaft eine kleine Weile, bis uns nach und nach klar wurde, wie viel Arbeit auch in die angrenzenden Gebiete gesteckt werden musste. Die Instandhaltung unseres Landes ist eine Lebensaufgabe. Und wenn wir sterben, werden unsere Nachkommen vermutlich den Job übernehmen.

Für mich spiegelt diese Arbeit im Freien die Disziplin im geistlichen Bereich wider, denn so, wie man Land kultiviert, muss man auch regelmäßig, beinahe systematisch, die tiefsten Bereiche in seinem Inneren pflegen. Denn dorthinein flüstert Gott die zeitlos gültigen Verheißungen für das Leben eines Menschen. Er schreit nicht.

Auch im geistlichen Bereich ist Abholzen, Jäten, Umgraben, Rechen und Neupflanzen nötig – natürlich nicht mit Kettensäge oder Schaufel, sondern durch Anbetung, Reflexion, Gebet, Bibelstudium und eine lange Reihe anderer Aktivitäten, die der Seele Orientierung geben. Die Bücher von Richard Foster, Dallas Willard und Henri Nouwen, um nur einige zu nennen, beschreiben das sehr gut.

Wenn ein Teilstück unseres Landes bearbeitet ist, sind Gail und ich immer überrascht über die Schönheit, die beinahe über Nacht erblüht. Wildblumen gedeihen, Waldtiere lassen sich blicken, gesunde Bäume wachsen heran – die Schöpfung zeigt sich in ihrer ganzen Pracht. Und wenn man ähnlich mit der Seele umgeht, entwickelt sich in ihr die Schönheit und die Tugend eines gottähnlichen Charakters.

Offen gesagt denke ich, dass nicht viele Menschen, die in Gemeinden Verantwortung tragen, das wissen. Ich meine, *wirklich wissen*. Meine Ansicht stützt sich auf folgende Eindrücke:

Zum Ersten werden auf den meisten Weiterbildungs- und Motivationskonferenzen Themen wie Vision, ausgeklügelte Entwicklungsprogramme und der Aufbau großer und erfolgreicher Gemeinden behandelt – zugegebenermaßen alles wichtige Dinge. Aber es fehlt die Erkenntnis, dass das Kultivieren der Seele dem allen vorangeht. Wie soll man große, gesunde und authentische Gemeinden aufbauen können (im Moment das Topthema), ohne das seelische Reifen der verantwortlichen Mitarbeiter im Blick zu haben, die dieses Bestreben auf lange Sicht aufrechterhalten?

Ein zweiter Eindruck: Die schrecklich lange Liste von Leuten, die ihr zehntes Jubiläum im Gemeindedienst nicht erreichen. Ausgebranntsein, Versagen und Enttäuschung fordern einen immensen Tribut. Ich bin erstaunt, wie viele Mitarbeiter einfach wieder verschwinden und endgültig aufgeben.

Ein Drittes: Die vielen Gespräche mit jungen Menschen, die mir anvertrauen, dass sie geistlich ausgetrocknet, unmotiviert und verzweifelt sind und sich fragen, wie sie damit umgehen sollen.

Und vielleicht noch ein Viertes: Ich vergesse nie, wie gefährlich nahe ich selbst daran war aufzugeben. Obwohl der entscheidende Moment meiner persönlichen Krise schon Jahre zurückliegt, ist die Erinnerung daran noch immer gegenwärtig.

Den Kern der Seele formen

Unser intensiver Dienst in der Gemeinde klammert allzu leicht die Worte des Apostels Paulus an Timotheus aus: „Übe dich selbst aber in der Frömmigkeit! ... Die Frömmigkeit ist zu allen Dingen nütze und hat die Verheißung dieses und des zukünftigen Lebens" (1. Tim. 4,7-8). Das riecht geradezu nach geistlicher Weiterentwicklung.

Die Seele so zu formen, dass sie zu einem Ort wird, an dem Gott wohnt, ist die vorrangige Aufgabe eines Christen. Das ist keine zusätzliche Option mit einem untergeordneten Stellenwert. Wo diese zentrale Aufgabe vernachlässigt wird, kann man beinahe garantieren, dass Christen nicht ein Leben lang Verantwortung in Gemeinden tragen werden oder dass ihr Dienen immer weniger Ausdruck von Gottes Herrlichkeit und seinen Zielen ist.

William Booth, der Gründer der Heilsarmee, schrieb in jungen Jahren in einem Brief an seine Frau, wie entmutigt und fruchtlos er sich gerade fühlte und dass er kurz davor sei aufzugeben. Catherine, seine bemerkenswerte Frau, antwortete:

> *Ich weiß, wie gut man predigen, beten, singen und sogar jubeln kann, obwohl das Herz vor Gott nicht in Ordnung ist. Ich weiß, wie Berühmtheit und Wohlstand die Neigung haben, das eigene Ich zu begeistern und zu erheben, wenn das*

Herz nicht demütig ist vor Gott. Ich weiß, wie der Satan diese Dinge ausnutzt, um (so es möglich ist) den zu vernichten, den der Herr benutzt, und um die Festungen seines Königreiches einzureißen. All diese Überlegungen lassen mich erzittern und weinen und für dich beten, mein Allerliebster, dass du all seine Angriffe überwinden mögest und standhältst, nicht in deiner eigenen Kraft, sondern in demütiger Abhängigkeit von ihm, der „alles in allem" wirkt.

Soweit ich weiß, war Catherine erst 23 Jahre alt, als sie diese Worte schrieb. Sie war aber nicht zu jung, um „den Durchblick" zu haben. Williams geistliche Mitte, das verstand sie, war der Schlüssel zu allem.

Die Techniken zu beschreiben, wie man sich geistlich entwickelt, überlasse ich anderen, qualifizierteren Lehrern. Mir geht es hier um die offensichtlichen Tugenden, die – wie Wildblumen – sprießen, wenn eine Seele auf den Himmel ausgerichtet ist.

Anthony Bloom erzählte einmal eine Geschichte von einem der Wüstenväter. Er war eingeladen, in einer Messe zu predigen, an der auch ein Bischof teilnehmen sollte. Der Mönch lehnte mit den Worten ab: „Wenn mein Schweigen nicht zu ihm spricht, werden auch meine Worte nutzlos sein."

Was der Mönch sagt, fordert mich heraus, denn ich habe einen Großteil meines Lebens damit verbracht, mich auf Worte zu verlassen, auf soziale Kompetenzen und die Fähigkeit, schnell zu entscheiden, wie ich mit Menschen kommuniziere. Aber wie würde ich kommunizieren, wenn ich auf die Stille beschränkt wäre? Das könnte nur gelingen, wenn aus meiner Seele Tugenden wie Blumen aus einem guten Boden sprießen würden.

Fünf Tugenden, die es zu kultivieren gilt

Welche Tugenden könnten das sein? Zurückhaltend möchte ich fünf benennen, die allzu oft vernachlässigt werden und deren Fehlen dann für unser Scheitern verantwortlich ist. Die Liste ist weder vollständig, noch kann ich garantieren, dass sie die beste ist. Aber es ist meine.

Die Frucht der Demut

Zunächst würde ich mir wünschen, dass Menschen sehen, dass ich – als Ergebnis der Arbeit an meiner Seele – demütiger geworden bin. Demut ist nichts, das man anstrebt; sie ist die Frucht anderer Bestrebungen.

Offen gesagt: Leute, die mich von früher kennen, hätten mich nie als demütig bezeichnet. Ich befürchte, sie erinnern sich an mich als jemanden, der sich nur um sich selbst dreht, vielleicht übermäßig selbstbewusst und ständig in Bewegung ist. Talentiert, vielleicht auch ein wenig begabt, aber kein demütiger Mann.

„Ein demütiger Mann", sagt Isaak von Syrien (gestorben um 522), „ist niemals übereilt, hastig oder beunruhigt, sondern bleibt stets ruhig. Nichts kann ihn überraschen, verstören oder erschrecken, denn er erleidet weder Furcht noch Wandel in Drangsal, weder Überraschung noch Freudenjubel. All seine Freude und sein Glück sind in dem, was den Herrn erfreut."

Wenn heute auch nur ein Stängelchen Demut aus dem Boden meiner Seele wächst, liegt das daran, dass ich inzwischen vertraut bin mit den schlimmen Auswirkungen der Sünde, mit der Wirklichkeit persönlicher Grenzen und Schuld und der zerstörerischen Wirkung unaufhörlichen Leistungsdrucks. Darüber habe ich langsam (!) begonnen, die Größe Gottes und meine Stellung vor ihm als kleines Kind anzuerkennen.

„Der Weg eines Christen in Verantwortung", schrieb Henri Nouwen, „ist nicht der Weg nach oben, von dem die Welt so viel hält, sondern nach unten, und mündet in das Kreuz. … Es geht nicht um Macht und Kontrolle, sondern um Machtlosigkeit und Demut, in der sich der leidende Diener Gottes, Jesus Christus, manifestiert."

Nouwens Worte verströmen einen geheimnisvollen Duft. Sie erscheinen wenig sinnvoll in einem Leben, in dem Pläne, Aufstieg, Kreativität und Charisma alles zu bedeuten scheinen. Aber sie sind ein Wegweiser für Christen, die beständig dienen und am Ende vielleicht nicht große Gemeinden, aber große Heilige hervorbringen.

Fruchtbares Mitgefühl

Wenn ich zum Schweigen gezwungen wäre, würde ich mir wünschen, dass Menschen die fortgeschrittene Gestaltung meiner Seele daran erkennen würden, dass ich mitfühlend bin. Mitgefühl ist die Fähigkeit, sich von ganzem Herzen mit der Verletzlichkeit, den Ängsten und den Sorgen anderer zu identifizieren; und zwar so, dass man nicht gelähmt ist, sondern von großer Liebe angetrieben.

Einmal bekam ich eine E-Mail von Leuten, die wissen wollten, ob sie in unserer Gemeinde willkommen seien, wenn bestimmte Geheimnisse aus ihrem Leben bekannt würden. „Ich möchte nicht zum Projekt für jemanden werden", schrieb der Absender.

Diese Worte bohrten sich geradezu in meine Seele, weil mir klar wurde, wie leicht es ist, Leute in irgendwelche Programme zu stecken oder sie zu einem Projekt zu machen. Dadurch kann man die ermüdende Erfahrung umgehen, *den* Dingen Aufmerksamkeit zu schenken, mit denen diese Menschen ringen.

Der Großteil der Welt nimmt die Zeichen des Mitgefühls nicht wahr, die von den Kindern Gottes ausgehen. Obwohl Nicholas Kristof von der *New York Times* unsere Glaubensgemeinschaft oft lobt wegen unserer weitreichenden Aids-Programme, der Hausbau-Unterstützung für Privatleute, den Krankenhäusern und der

Katastrophenhilfe, so sind wir deshalb doch nicht dafür bekannt, mitfühlende Leute zu sein. All unsere Bemühungen werden von Misstrauen überdeckt, man hält uns für stolz, wütend und rachsüchtig in unserer ausgesuchten Zuwendung zu denen, die irgendeiner Art der Erlösung bedürfen.

Ich möchte aber nicht als hartherzige Person mit einer anklagenden Botschaft erscheinen, die gelegentlich Gutes tut. Viel lieber möchte ich als ebenfalls verwundeter Heiler wahrgenommen werden, der sein Verbandsmaterial mit dem teilt, der nichts zurückgeben kann.

Standhaftigkeit, nicht Sturheit

Wenn ich in völliger Stille leben müsste, würde ich mir drittens wünschen, dass geistliches Reifen Standhaftigkeit in mir hervorbringen würde. Standhaftigkeit ist nicht Sturheit und auch nicht Widerstand gegen Veränderung. Stattdessen ist sie ein unaufhörliches Willkommen-Heißen bestimmter Ziele und Verantwortungen, vor denen man sich nicht scheut.

Standhaftigkeit bedeutet charakterliche Verlässlichkeit, das Erfüllen von Versprechen, Treue in Schlüsselbeziehungen und (was am wichtigsten ist) ein Leben im Gehorsam Jesus gegenüber. Solch eine Standhaftigkeit habe ich nicht von Natur aus; ich musste sie mir erarbeiten, sodass sie heute ein Teil von mir ist. Der Drang aufzugeben, mich vor etwas zu drücken, abzuspringen und wegzulaufen, entspricht viel eher meiner Natur. Und hätte ich nicht gute Mentoren und eine starke Ehefrau, die mich immer wieder herausforderten, mich dem zu stellen, wüsste ich nicht, wo ich heute wäre.

Im Prozess der geistlichen Entwicklung habe ich das „Kneifer-Gen" überwunden, das in mir steckt. Ich habe mich tadeln lassen, mich vom Leben großer Glaubensvorbilder aus der Bibel (und der Heiligen, die auf sie folgten) inspirieren lassen und wurde von Bekannten ermutigt. Nur so konnte ich Fortschritte in der Disziplin der Standhaftigkeit machen. Heute bin ich wohl jemand, der ziemlich gut „dranbleibt“, aber ohne die andauernde Kultivierung der Seele wäre es wohl kaum dazu gekommen.

„Bleibt fest und unerschütterlich in eurem Glauben! Setzt euch mit aller Kraft für den Herrn ein …“, schrieb Paulus den Korinthern (1. Kor. 15,58 Hfa). Es ging ihm offensichtlich um etwas Bedeutendes. Vielleicht sprach er zu Leuten, die in ihrem Verhalten unzuverlässig waren, kurzlebig in ihren Versprechen, nachgiebig unter Druck – Leute wie mein natürliches Ich.

Glauben über das Sehen hinaus

Wenn man mir die Sprache nehmen würde, wünschte ich mir, dass andere in mir Glauben sehen würden. Glauben ist die Fähigkeit, der Kraft Gottes zu vertrauen und sich auf diese Kraft zu verlassen, die jenseits meiner Wirklichkeiten liegt, jenseits meines instinktiven Pessimismus und meiner Bereitschaft, mich mit weniger als dem Besten zufriedenzugeben.

Ich liebe es, von Menschen zu lesen und sie zu beobachten, die vom Glauben angetrieben werden. Das ist Teil meiner Aktivitäten zur geistlichen Entwicklung. Glaubende Menschen inspirieren mich. Ich kann nicht genug bekommen von John Wesley, William Wilberforce, der Herzogin von Huntington und Charles Simeon: alles evangelikale Persönlichkeiten des 18. Jahrhunderts. Sie besaßen die Kühnheit zu glauben, dass das Evangelium von Jesus Christus die sozialen Strukturen Englands verändern könne. Jedes Mal, wenn ich ein Buch über einen von ihnen gelesen habe, bin ich bereit, im Glauben loszumarschieren, weil ich dem Evangelium auch heute solche Veränderung zutraue.

Oft zieht es mich zur biblischen Geschichte über die arme Witwe, die ihre beiden „Scherflein“ in den Gotteskasten legte und damit nach Jesu Worten alles gab, „was sie zum Leben hatte“

(Lk. 21,4). Hier ist in wenigen Worten dargestellt, was Glaube bedeutet: ein ruhiges, stilles, unaufdringliches Geben aller Habe, in dem Glauben, dass Gott sich um meine Bedürfnisse kümmern wird.

Geistliches Geformtwerden bedeutet, ein Herz zu bekommen, das Gott gerne bittet und ihm glaubt, dass er das scheinbar Unmögliche tut; zu beten, dass Kranke geheilt, Boshafte verwandelt und die Unterdrücker entmachtet werden.

Es besteht eine enge Verbindung zwischen Glaube und Vision. Beide sind häufig vorhanden, wenn es um den Aufbau von Gemeinden und Gebäuden geht. Ich würde meinen eigenen Glauben und meine Vision statt in Institutionen aber lieber in die Möglichkeiten legen, die Gott Menschen bietet.

Selbstbeherrschung

Sollte ich mein Leben, wie der Mönch in Anthony Blooms Geschichte, in Stille leben müssen, würde ich hoffen, dass die geistliche Frucht der Selbstbeherrschung sich zeigen würde.

Das hat natürlich viel mit Disziplin zu tun und mit der Bereitschaft eines Menschen, die Fähigkeit zu kultivieren, in seinem Leben sowohl zum Falschen Nein zu sagen als auch zum Richtigen Ja. Kein beliebtes Thema, ganz sicher nicht.

Um Selbstbeherrschung geht es, wenn jemand in verantwortungsvoller Position angegriffen, verleumdet, übergangen und ignoriert wird und man von ihm verlangt, auch die zweite Meile zu gehen (Mt. 5,41). Wie reagiert er darauf? Selbstbeherrschung hat damit zu tun, wie wir mit Geld umgehen, mit Macht und Einfluss und mit übertriebener Schmeichelei. Wie ziehen wir in unserem Leben gesunde Grenzen?

Das Alte Testament stellt uns Menschen vor, denen es an Selbstbeherrschung fehlte: Simson, Saul, Salomo fallen mir ein. Und die Meister der Selbstbeherrschung? Joseph natürlich. Und Daniel. Und Esther.

Wenn ich an Selbstbeherrschung in Vollendung denke, steht mir Jesus im Garten Gethsemane vor Augen, wie er umringt ist von seinen versagenden Jüngern, den grausamen Soldaten, die gekommen sind, um ihn zu verhaften, und dem verleumderischen Judas Iskariot. Was für ein Augenblick, um die Fassung zu verlieren! Doch nicht für Jesus. Er bewahrt seine Würde und wird zum ruhigen Zentrum einer chaotischen Situation. Das ist Selbstbeherrschung.

„Die Qualität von Christen in Verantwortung ist entscheidend, damit sie es ertragen, mit allerlei Problemen überfallen zu werden, Schläge wegstecken, als Stoßdämpfer wirken, und es aushalten, dauernd belästigt zu werden", schrieb Fred Mitchell, ein früherer Leiter der alten China-Inland-Mission. „Der Verschleiß, die ständige Reibung und die Probleme, die den Dienern Gottes begegnen, sind die härteste Probe für ihren Charakter."

Weitere Entwicklung

Vor dem Fenster meines kleinen Studierzimmers, das ich hier auf unserer Farm habe, liegt ein großer Felsbrocken. Wenn ich den irgendwohin versenden wollte, hätte das Paket vermutlich eine Höhe, Breite und Tiefe von je 1,20 Metern. Vor vielen Jahren war er noch ganz in der Erde vergraben, und nur ein paar Zentimeter schauten aus dem Boden heraus. Meine Frau dachte, es sei keine große Sache, und fing an, ihn auszugraben.

Je mehr sie grub, desto mehr erkannte sie, wie groß das Projekt war, das sie begonnen hatte. Aber jetzt gab es kein Zurück mehr. Nach zwei Tagen hoben wir (sie hatte mich mittlerweile eingebunden) dieses gigantische Stück Felsen aus einem Loch, das groß genug war für einen Swimmingpool (ich übertreibe zur Verdeutlichung). Während ich dies schreibe, sehe ich den einst verborgenen Felsbrocken vor meinem Fenster.

Der Stein ist eine ständige Erinnerung an die Arbeit, die zur geistlichen Entwicklung nötig ist. Manche Sachen müssen ausgegraben, noch mehr muss abgeschnitten, anderes neu gepflanzt werden. Dann, auf lange Sicht, hat man etwas Wunderschönes. Etwas wirklich Wunderschönes.

Und es bedarf keiner Worte, um anderen zu erklären, was sie sehen. Sie beobachten Gottes Werk in Ihrem Leben – selbst, wenn da nur Stille ist. Geistliche Entwicklung kann geschehen, ohne dass ein einziges Wort gesprochen wird.

Zum weiteren Nachdenken

1. *Welche der fünf erwähnten Tugenden sind in Ihrem Leben erkennbar? Wie wurden sie kultiviert? Fehlt eine der Tugenden in Ihrem Leben?*

2. *Welche Autoren tragen regelmäßig zu Ihrer geistlichen Ernährung bei? Wie beeinflussen sie Ihre geistliche Entwicklung?*

3. *Wie halten Sie das Gleichgewicht zwischen dem Wunsch, erfolgreich zu sein, und der Vision von Wachstum und verantwortungsvollem Christsein, wie es Henri Nouwen beschrieben hat (S. 23 „Die Frucht der Demut")?*

Wenn ich einmal gross bin

So ermahne ich euch nun, … dass ihr der Berufung würdig lebt, mit der ihr berufen seid.

Epheser 4,1

Während meiner Pfarrerausbildung betreute ich zwei Jahre lang eine kleine Landgemeinde 280 Kilometer östlich von Denver. Ein Jahr lang sparten Gail und ich Geld, indem wir im kleinen Pfarrhaus der Gemeinde lebten. Das hieß, dass ich dienstagmorgens um vier Uhr das Haus verließ und in unserem VW-Käfer drei Stunden nach Denver fuhr.

Die Interstate 36 von der Grenze zu Kansas bis nach Denver ist beinahe schnurgerade. Während ich nach Westen bis zum Horizont blickte, bemerkte ich, dass das Auto in jede beliebige Richtung hätte fahren können, ohne auf irgendein Hindernis zu stoßen. Es war wie ein geschmeidiges Dahingleiten.

Manchmal ist das Leben genauso. Keine Hindernisse in Sicht; man hat den Eindruck, man kann alles tun, was man will, wenn man es nur energisch genug angeht. Und energisch genug betet. Und energisch genug die Bibel studiert. Ich habe das früher einmal selbst geglaubt.

Aber zurück zur Interstate 36. Kurz nach dem Örtchen Last Chance, Colorado, tauchen plötzlich drei Bergspitzen am Horizont auf – Pike's Peak im Süden, Long's Peak im Norden und Mount Evens direkt im Westen. Die Illusion, ganz frei zu sein, wird abrupt beendet von der Erkenntnis, dass drei massive und ziemlich große Hindernisse die Möglichkeiten einschränken.

Manchmal erreichen wir in unserem Dienst für Gott auch so ein „Last Chance“. Es kommt der Tag, an dem man persönliche Hindernisse und Grenzen entdeckt: *Ich kann das nicht so gut wie …*

Ich habe tatsächlich nicht die Gabe des … Für diese Aufgabe braucht es etwas, das schlicht nicht meine Stärke ist.

Verpflichtungen haben sich angehäuft. Vielleicht ist ein Ehepartner dazugekommen. Vielleicht ein Kind oder zwei. Vielleicht Verantwortung für Familienmitglieder. Es klingt nicht schön, wenn man sie Hindernisse nennt. Aber sie beschränken dennoch unsere Möglichkeiten.

Das kann für junge Verantwortliche ein harter Moment sein. Die einst atemberaubenden Träume werden langsam durch die Wirklichkeit verändert. Und ganz allmählich entdecken wir, warum wir tatsächlich mitmachen bei diesem „Unternehmen", Gott zu dienen. Wir werden wahrscheinlich keine Helden werden, und die Welt wird uns wohl auch nicht die Bude einrennen, weil sie unsere Einsichten braucht. Und das ist in Ordnung.

Aber ich will mein Beispiel noch zu Ende führen.

Auf der Fahrt nach Denver, wenn man sich der Stadt langsam nähert, kommt ein Punkt, an dem sich der lange Gebirgszug der Rocky Mountains wie eine undurchdringliche Mauer erhebt. Wo erst nur drei Hindernisse, durch gleichmäßige Abstände voneinander getrennt, den Horizont unterbrachen, steht nun eine ganze Reihe Hindernisse. Man bekommt den Eindruck, dass man nirgendwo mehr hinkann. Man sitzt in der Falle! Die Illusion der Freiheit und Grenzenlosigkeit hat sich in ihr Gegenteil verkehrt.

So empfinden das viele Gemeindemitarbeiter mittleren Alters. Die Frische ist dahin, und die Furcht vor dem Mittelmaß, der Wirkungslosigkeit oder davor, sich im Trott zu verlieren, ist heimtückisch.

Mitarbeiter-Midlife-Crisis

Durchdringt man den Vorhang des Schweigens vieler vierzig- oder fünfzigjähriger Christen, merkt man, dass diese Mauer ganz real empfunden wird: *Wohin kann ich gehen? Wem kann ich sagen, dass ich Angst habe, nirgendwohin zu können? Und warum schäme ich mich, dass ich mich um solche Dinge sorge? Haben sich meine Glaubensvorbilder auch manchmal wie gefangen gefühlt? Was ist bloß los mit mir?*

Wenn man in seinem Leben zu solch einem „Denver“ kommt, hat man drei Möglichkeiten:

1. Man versucht zurückzukehren zu den Ursprüngen, zur „Jugendlichkeit“, wo die Träume der Grenzenlosigkeit noch existieren;
2. man versucht, im Kreis zu fahren, verflucht die Mauern und jammert, dass es unmöglich ist zurückzukehren; oder (und das ist eine wichtige Alternative)
3. man versucht, den Berg zu erklimmen und den Pass oder Tunnel zu finden, der dazu führt, dass man die verbleibenden vierzig Lebensjahre gesund, geistlich aktiv und effektiv lebt.

Ich bin an dem Punkt im Leben, an dem ich die Mauer schon überwunden und den Prozess sogar genossen habe! Nun weiß ich, dass das Leben in den „grenzenlosen“ Tagen nett war – aber schrecklich unrealistisch.

Kein Wunder, dass mich in jenen Tagen niemals ältere Männer um Rat gebeten haben. Sie waren freundlich mir gegenüber, hörten sich meine Predigten an und folgten mir, wenn ich gute Ideen und Begeisterung hatte. Aber jetzt weiß ich, was sie dachten: *Er ist ein guter Junge, der noch ein bisschen wachsen muss, bevor er erkennen kann, was in unseren Herzen vorgeht.*

Auch ich habe Zeiten in der Warteschleife erlebt. In einem Augenblick großen persönlichen Versagens und großer Traurigkeit versuchten Gail und ich geduldig darauf zu hören, was Gott über unsere Zukunft sagte – und ob es überhaupt eine gab. Das waren einige der dunkelsten Tage in meinem Leben. Aber es waren auch Tage unvergesslicher Freundlichkeit. Gott brachte uns durch den Schmerz Dinge nah, die wir anders wohl nicht gelernt hätten.

Weil Gott ein freundlicher und gnädiger Gott ist und weil ich einige Männer und Frauen um mich herum hatte, die an die wiederbelebende Gnade glaubten, entdeckte ich die Zukunft oben auf den Pässen und in den Tunneln, die mich durch den Berg führten.

Wachstum und Gnade

Es war ein wichtiger Tag, als mich die Frage traf: *Wie möchtest du eigentlich sein, wenn du älter wirst?*, und ich entschied mich für einen Lebensstil voller Wachstum und Gnade. Ich liebe die Worte in Tennysons Gedicht *Ulysses*. Er stellt sich den alten, vom Umherziehen erschöpften Ulysses vor, der darüber nachgrübelt, was er noch tun könnte, nachdem er schon die Welt gesehen hat:

Viel schwand dahin, doch viel verblieb; obwohl
wir nicht die Kraft besitzen, die einmal
den Himmel und die Erd' bewegt; wir sind
das, was wir sind; von gleichem Sinn und Mut,
vom Zeitgeschick geschwächt, doch stark im Will'n
zu streben, suchen, seh'n – und nie zu ruh'n.

Das drückt es für mich aus: „stark im Will'n zu streben, suchen, seh'n – und nie zu ruh'n." Ulysses ist ein alter Mann, der sich entschlossen hat, auch im Alter noch offen zu sein für Wachstum und Veränderung. Viele andere ältere Männer wählen dagegen die gemütliche Variante von Mallorca und Skatabenden.

Vielleicht hätte ich es auch mit Paulus' Worten ausdrücken können: „Wenn auch unser äußerer Mensch verfällt, so wird doch der innere von Tag zu Tag erneuert" (2. Kor. 4,16). Oder noch einmal anders: „Ich habe den guten Kampf gekämpft, ich habe den Lauf vollendet" (2. Tim. 4,7). Ich liebe Ulysses' Begeisterung bei Tennyson und Paulus' Entschlossenheit.

Also bat ich Gott in meiner Lebensmitte um die Wiedergeburt von Geist und Verstand. Und ich erlebte eine wunderbare Befreiung. Eine Befreiung von dem Gefühl, dass ich immer alles richtig machen und jedermanns Definition von Rechtgläubigkeit entsprechen müsse; die Befreiung von dem Gefühl, dass ich dieses Jahr erfolgreicher sein müsse als das letzte Jahr; die Befreiung von der Furcht, dass manche Leute mich nicht mögen könnten; eine langsame und untrügliche Befreiung, die mir sagte: *Sei zufrieden damit, dass du für Christus eine Freude bist, deiner Frau ein liebevoller Mann, ein Großvater für deine Enkel, ein Freund für jene, die das Leben mit dir teilen wollen, und ein Diener deiner Generation.*

Zum Teil entsprang diese Befreiung der Gnade und Freundlichkeit Jesu; sie kam aber auch aus der Erkenntnis, dass nach Versagen kräftig aufgeräumt werden muss. Menschen, mit denen ich damals zu tun hatte, wussten nun auch um meine schlimmsten Momente, meine peinlichsten Fehler. Ich war befreit, mein Leben zu öffnen und das zu sein, was ich war: ein Sünder, der nur aufgrund der Barmherzigkeit Christi überlebt.

Jetzt habe ich die Freiheit, über Ängste, Zweifel, Enttäuschungen und Schwächen zu sprechen. Weil alles Gute, das in jemandem wie mir steckt, in Wirklichkeit von Gott kommt. Paulus drückt es am besten aus: „Wenn ich schwach bin, so bin ich stark" (2. Kor. 12,10).

Meinen Auftrag definieren

Ich hatte die Frage: *Was für ein Mann möchtest du im Alter sein?* noch nicht abschließend beantwortet. Also sah ich mich um und bemerkte, dass ich nicht viele betagtere Männer kannte, die so waren, wie Tennyson seinen Ulysses beschrieben hatte.

Warum war das so? Vielleicht deshalb, weil die meisten Männer und Frauen nie einen Plan für ihren Ruhestand aufstellen. Und wenn man sich keine Gedanken darüber macht, wie man mit achtzig sein will, und es verpasst, schon mit vierzig oder fünfzig daran zu arbeiten, dann wird es wahrscheinlich nicht dazu kommen.

Das trieb mich dazu, meine persönliche Mission zu definieren. Ohne Mission reagieren Menschen nur, statt initiativ zu handeln. Ich hatte in meinem Berufsleben schon ein paar Leitbilder für Gemeinden und Organisationen formuliert; warum nicht auch eines für mich selbst?

Heute steht mein Leitbild auf Seite 2 meines Tagebuches, sodass ich es jeden Morgen lese, wenn ich meinen Tag beginne. Es bestimmt meine Richtung und lenkt meine Begeisterung in die richtigen Bahnen:

> *Mein Leben ist darauf ausgerichtet, Gottes Vorhaben für die heutige Welt mit zu verwirklichen und mich damit am Aufbau der Königsherrschaft Christi zu beteiligen, wo immer ich auch hingehe. In meinem Umgang mit Menschen möchte ich eine Quelle sein für Hoffnung, Ermutigung, Begeisterung, Freundschaft und den Dienst an anderen. Als Mensch strebe ich nach der täglichen Erweiterung meines Geistes, sodass dieser eine Wohnstätte für Christus wird und eine Quelle der Weisheit und Heiligkeit für den Herrn.*

Mein Leitbild ist praktischer Natur: Es beschreibt in groben Zügen, was ich mit meinem Leben anfangen will. Ich soll wachsen, indem ich auf der ständigen Suche bin nach den Zielen Gottes für die heutige Welt. Ich habe den klaren Auftrag, an Gottes Königsherrschaft mitzubauen und Menschen in diese neue Gemeinschaft zu berufen.

Mein Leitbild trifft eine Aussage darüber, welche Qualität mein Leben haben soll. Es erinnert mich täglich daran, was für ein Mann ich sein möchte und wozu Jesus mich berufen hat: zum Dienen. Ich weiß, diese Worte klingen hochtrabend. So ist es auch gedacht. Eine Mission, die keine hohen Ansprüche verfolgt, ist es nicht wert, dass man ihr folgt. Ich möchte, dass mein Verstand und mein Geist täglich herausgefordert werden durch das, was Paulus „die himmlische Berufung Gottes in Christus Jesus“ nennt (Phil. 3,14).

Dieses Leitbild gilt auch für meine Beziehungen. Es ruft mich auf, hohen Ansprüchen gerecht zu werden, wenn ich mit anderen Menschen zu tun habe, und es beschreibt einige dieser Ansprüche. Es umreißt, was ich in meinen Beziehungen anbieten will. Ich bin mehr als einmal in nicht gerade bester Stimmung aufgewacht und war Gail gegenüber etwas muffelig. Und nachdem ich erfolgreich muffelig gewesen war, wandte ich mich meinem Leitbild zu, das von Hoffnung, Ermutigung, Begeisterung, Freundschaft und Dienen spricht. Normalerweise folgt darauf Buße.

Ich habe Menschen über Leitbilder stöhnen hören. „Zu managerhaft“, sagen die einen. „Entspricht nicht meinem Temperament“, sagen die anderen. „Zu breit, zu allgemein, zu wenig greifbar.“ Ich aber bin fasziniert von einer kaum bekannten Anweisung in 5. Mose 17, wo Mose über zukünftige Könige spricht. Ein König, so sagt er, soll auf bestimmte Dinge achten und anderes unterlassen (wie etwa mehrere Frauen zu haben, Pferde, Gold und Silber anzuhäufen oder das Volk nach Ägypten zurückzuschicken).

Nachdem Mose diese Warnung geäußert hat, sagt er: „Und es soll geschehen, wenn er auf dem Thron seines Königreiches sitzt, dann soll er sich eine Abschrift dieses Gesetzes in ein Buch schreiben, aus dem Buch, das den Priestern, den Leviten, vorliegt. Und sie soll bei ihm sein, und er soll alle Tage seines Lebens darin lesen, damit er den Herrn, seinen Gott, fürchten lernt, um alle Worte dieses Gesetzes und diese Ordnungen zu bewahren, sie zu tun“ (5. Mose 17,18-19 EB).

Ist das nicht eine Art Leitbild? Interessant, dass der König „sich eine Abschrift in ein Buch schreiben“ soll. Er soll täglich lesen, was er geschrieben hat. Warum? Weil das Leben eines Königs allerlei Verlockungen bereithält und Betrügereien gestattet. Er soll sich täglich daran erinnern, was er tun und was er meiden soll. Sowohl Könige als auch Christen in verantwortlichen Positionen sollten für sich ein solches Leitbild erstellen, das ihnen zum geistlichen Wachstum verhilft.

Wozu ich außerdem berufen bin

Aber ein Leitbild mag nicht ausreichen. Am Anfang meiner Suche nach einer Antwort begann ich darüber nachzudenken, wozu ich außerdem berufen war. Für jeden großen Bereich meines Lebens (ich wählte sieben aus) gab es hohe Ziele, die ebenfalls der Disziplin bedurften:

Körper: Ziel ist es, meinen Körper durch gute Gewohnheiten, regelmäßigen Sport, vernünftige Ernährung und moderates Gewicht gesund zu erhalten.

Beziehungen: Ziel ist es, meine Frau zu lieben nach dem Vorbild der Liebe Christi, ihre Freundschaft zu genießen und ihr die bestmögliche Lebensqualität zu bieten. Es ist mein Ziel, ein möglichst guter Vater und Großvater zu sein und auch ein guter Freund für einen kleinen Kreis von Menschen, denen ich mich verbunden weiß. Darüber hinaus möchte ich ein Mitglied der Gesellschaft sein, das einen Beitrag leistet und stets mehr gibt, als es nimmt.

Intellektuell: Ziel ist es, ständig dazuzulernen, wo immer das möglich ist, indem ich lese, mich mit klugen Menschen unterhalte und mit aktuellen Themen beschäftige.

Finanziell: Ziel ist es, großzügig, schuldenfrei und maßvoll in den Ausgaben zu sein und umsichtig für die Lebensjahre vorzusorgen, in denen es schwierig werden könnte, ein Einkommen zu erzielen.

Beruflich: Ziel ist es, der Gesellschaft, in der ich lebe, zu zeigen, wozu Gott sie berufen hat, und sie alle Aspekte des „neuen, geistlichen Menschen" zu lehren, darüber zu schreiben und darin Vorbild zu sein. Ich möchte, dass dies sowohl innerhalb als auch außerhalb der christlichen Gemeinschaft geschieht.

Geistlich: Ziel ist es, ein auf das Ziel konzentrierter, heiliger, gehorsamer und vorbildlicher Mann vor Gott und vor seiner Welt zu sein; mein Leben diszipliniert zu führen, sodass es durch den Geist bestimmt wird, der in mir wohnt, damit durch mich Menschen einen Schritt näher zu Christus kommen.

Erholung: Ziel ist es, mich für den Schutz dieser Welt einzusetzen, indem ich mich an der Natur erfreue, sorgsam mit ihr umgehe und versuche, sie nach Gottes Willen zu bewahren.

Ich lese diese Aussagen beinahe jeden Morgen als Teil meiner persönlichen Meditation. Das hat folgende Gründe:

Erstens spiegeln sie wider, was Gott meiner Meinung nach von mir will. Ich vergleiche mich nicht mehr mit Aposteln oder Helden. Ihre Errungenschaften waren und sind einzigartig; aber meine auch. Meine Ziele motivieren mich, bestimmten Ansprüchen für mein Leben zu folgen.

Zweitens stellen sie eine Vielzahl von Träumen dar, spiegeln mein Leben als ganze Person wider: in Bezug auf meinen Körper, meinen Verstand, meine Fähigkeiten, meine Freunde und meine Welt.

Drittens sind sie flexibel. Mit den Jahren habe ich immer wieder an diesen Aussagen gefeilt, weil ich neue Interessen und Fähigkeiten entdeckt hatte.

Und letztens: Sie engen meine Träume nicht ein. Sie haben ein offenes Ende. Sie erzeugen keine Schuldgefühle, wenn ich ein wenig zurückfalle. Aber Sie können sicher sein, dass ich mich manchmal ertappt und zurechtgewiesen fühle, wenn ich sie lese.

Mein Tagebuch

Mit den Jahren habe ich verschiedene andere Aktivitäten in meine geistlichen Übungen eingebaut. Die erste und wichtigste ist das Führen eines Tagebuchs. Mein Tagebuch beginnt irgendwann im

Jahr 1968. Und seither ist es mir gelungen, beinahe über jeden Tag meines Lebens etwas zu schreiben.

Ich begann das Tagebuchschreiben, weil ich entdeckte, dass viele Heilige das für gewinnbringend hielten. Dies ist einer der Punkte, in denen ich es meinen Vorbildern nachmache. Die Heiligen und Mystiker lebten ohne Fernseher, Telefon und all die anderen funkelnden Störfaktoren, die wir in unserem Leben zulassen. Die Verpflichtung, ein Tagebuch zu führen, zwingt mich weg von diesen Ablenkungen. Sie drängt mich dazu, nachzudenken, zu bewerten, zu reflektieren und mich zu erinnern. Sie bietet eine Möglichkeit, Ereignisse und Eindrücke zu betrachten und die Gegenwart Gottes in ihnen allen zu erkennen.

Heute schreibe ich mein Tagebuch auf einem Notebook – ein Zugeständnis an die moderne Technik. Das ermöglicht mir, mehr und schneller zu schreiben und meine Abneigung gegen meine eigene Handschrift zu überwinden.

Dieses Tagebuch hilft dabei, kurz- und längerfristiges Wachstum zu überprüfen. Die Messungen des kurzfristigen Wachstums geschehen täglich. Ich liste nämlich am Ende jedes Tageseintrags die Dinge auf, die ich heute erreichen will, und halte fest, woran ich erkenne, ob ich dieses Ziel erreicht habe. Es stellt sich ein gewisses Wohlbehagen ein, wenn ich am nächsten Tag zu diesen Listen zurückkehre und hinter jeden der Punkte einen Haken setzen kann.

Manchmal notiere ich einfache Ziele wie „Einen schönen Nachmittag mit Gail genießen“ oder „Reisepläne durchsehen und dafür sorgen, dass der Kalender auf dem neusten Stand ist“.

Ich gebrauche das Tagebuch außerdem dazu, das mittelfristige Wachstum, also den Zustand meiner Seele zu prüfen. *Was sagt mir die Bibel? Was sagt mir Gott in meinen Meditationen? Welche Gefühle, Themen und Haltungen überwiegen in diesen Tagen? Bin ich besorgt, mit etwas beschäftigt, launisch oder verärgert? Werden Dinge angesprochen, auf die ich empfindlich reagiere? Welche neuen Gedanken oder Bedenken könnten Gottes Art sein, mein Leben zu dirigieren?* Solche

Dinge müssen niedergeschrieben werden, sonst gehen sie mir blitzschnell durch den Kopf und verschwinden genauso rasch und wirkungslos.

Ich benutze mein Tagebuch auch etwa alle vier Monate, um langfristiges Wachstum und Fortschritt zu bewerten. Der Neujahrstag, mein Geburtstag (im April) und das Ende der Ferien (30. August) sind üblicherweise Zeiten, an denen ich die vergangenen Monate überdenke und mir die großen Sabbat-Fragen stelle: *Wo bin ich gewesen? War die Reise fruchtbar? Wohin soll ich gehen? Bin ich genügend ausgerüstet, um dorthin zu gehen?*

Nach all diesen Empfehlungen zum Streben nach Wachstum muss ich eingestehen, dass es keinen absoluten Schutz vor dem Versagen gibt. Einige der allerbesten Leute in der Bibel versagten – und zwar schrecklich. Was sie so besonders machte, waren meist nicht ihre großen Errungenschaften, sondern ihre Buße und ihr zerschlagener Geist. Und war es nicht ein zerschlagener Geist, von dem Gott sagt, dass er ihn am meisten liebt?

Meine Fragen

Wachstum kann nicht geschehen, wenn der Erfolg oberflächlich ist und das Herz dabei betrogen wird. Die Bibel begegnet Betrug fast immer mit harten Fragen. Kain wird gefragt: „Warum senkst du deinen Blick?“ (1. Mose 4,6), Hiskia: „Was haben sie [die Babylonier] gesehen in deinem Hause?“ (2. Kön. 20,15), Judas: „Freund, wozu bist du gekommen?“ (Mt. 26,50 EB) und Ananias und Saphira: „Warum hast du … den Heiligen Geist betrogen?“ (Apg. 5,3 Hfa)

Gail und ich haben einige deutliche Fragen zusammengetragen, die wir uns selbst stellen, wenn wir über Wachstum nachdenken:

- Fühle ich mich zu schnell angegriffen, wenn man mich fragt, wie ich meine Zeit nutze und wie es mit meiner geistlichen Disziplin aussieht?

- Habe ich mich selbst einem Tagesablauf unterworfen, der mir keine Ruhe oder Freude mit Freunden oder der Familie gönnt?
- Was sagt mein Terminkalender aus über die Zeit zum Bibellesen, für allgemeine Lektüre und körperliche Fitness?
- Wie steht es um die Qualität meines Redens? Jammere ich oder beschwere ich mich? Äußere ich mich regelmäßig kritisch gegenüber anderen Personen oder Institutionen oder gegenüber jenen, die mich offensichtlich nicht mögen?
- Werde ich von Fernsehsendungen oder Unterhaltung angezogen, die meine angestrebte geistliche Kultur nicht widerspiegeln?
- Bin ich versucht, die Wahrheit etwas zu strapazieren, Zahlen zu meinem Vorteil zu verschönen oder Geschichten zu erzählen, die mich besser aussehen lassen?
- Laste ich anderen Dinge an, die meine eigenen Fehler oder Ergebnisse meiner eigenen Entscheidungen sind?
- Ist mein Geist in einem Zustand der Ruhe, sodass ich Gott sprechen hören kann?

In *Wenn alles zerbricht: Schritte zum persönlichen Neuanfang* habe ich die Geschichte von Michael Rust erzählt, einem jungen deutschen Piloten, der mit einem geliehenen Kleinflugzeug ins Herz der früheren Sowjetunion flog und auf dem Roten Platz in Moskau landete. Ich war immer der Meinung, dass das eine passende Illustration für das ist, was jedem Christen in Verantwortung jederzeit passieren kann. Die Sowjetunion war sich sicher, dass sie die beste Luftabwehr der Welt besaß, und trotzdem drang ein Jugendlicher in ihren Luftraum ein und fuhr nach der Landung mit seinem Flugzeug bis vor die Tür des Kreml. Kein Mensch, der Christus nachfolgt, kann sich darauf verlassen, dass er wächst, wenn er nicht in ständiger Buße lebt. Das muss verbunden sein mit einer heiligen Sorge, die anerkennt, dass wir abseits der Kraft und Gnade Christi dem Bösen unterliegen, das in uns fortbesteht bis zum Tag, an dem Christus wiederkommt.

Als Verantwortlicher in einer Gemeinde zu wachsen, hängt nicht vor allem davon ab, dass wir uns an Heiligen und Helden messen. Obwohl es wertvoll ist, von ihnen zu lernen, gehören sie zur Wolke der Zeugen, von denen der Schreiber des Hebräerbriefs spricht (vgl. Hebr. 12,1). Sie bleiben auf den Tribünen, während wir im Rennen alles geben. Wir können mit ihrer Leistung nicht gleichziehen. Vielmehr sollen unsere Augen auf den einen gerichtet sein, der mit uns zusammen läuft. Dank sei Gott, der bei uns ist, der uns aufrichtet, wenn wir fallen, der uns wieder die Richtung weist, wenn wir uns verirrt haben, der uns anfeuert, wenn wir müde werden, und der uns vor den Vater führen wird, wenn wir unseren Lauf beendet haben.

Ein Wort der Warnung

Ich muss noch einen Schritt weiter gehen und einige Dinge über persönliches Wachstum anmerken, die auf den ersten Blick trostlos erscheinen mögen. Ich habe auf die harte Tour gelernt, dass ein Leitbild und eine Reihe von weiteren Zielen zu besitzen, Tagebuch zu führen und Selbsteinschätzungen vorzunehmen, keine Garantien für Erfolg sind. Ich kenne das Versagen, und ich habe keinen Weg gefunden, wie man sich als Mensch dagegen absichern kann.

Vor vielen Jahren war ich mit einem frommen älteren Herrn befreundet, der die ungewöhnlichsten Leute zu Jesus gebracht hat. Eines Morgens frühstückten wir zusammen, und Lee fing an, von einem Ausflug zu erzählen, den er kürzlich nach Boston gemacht hatte. „Als ich der Stadt näher kam", sagte Lee, „hatte ich den Eindruck, ich sollte mein Auto abstellen und durch die *Kampfzone* (Bostons berüchtigten Rotlichtbezirk) gehen. Also fuhr ich eine Raststätte an und nahm mir Zeit zum Gebet, um Gott zu bitten, dass er mich vor der Versuchung bewahre, wenn ich an all den Sexshops und Massagesalons vorbeigehen würde."

„Moment mal, Lee“, unterbrach ich ihn, „ich will dir nicht zu nahe treten, aber du bist 78 Jahre alt. Willst du damit sagen, dass du dir in deinem Alter über sexuelle Versuchung Gedanken machst – nach all den Jahren in der Nachfolge Jesu?“

Lee sah mich ernst an. „Mein Sohn, nur weil ich alt bin, bedeutet das nicht, dass kein Blut mehr durch meine Adern fließt. Der Unterschied zwischen uns alten Männern und euch jungen ist der: Wir wissen, dass wir Sünder sind. Wir haben damit jede Menge Erfahrungen gemacht. Ihr Kinder habt das noch nicht verstanden.“

Inzwischen weiß ich ganz gut, was er damals gemeint hat. Und ich verstehe, warum ältere Menschen, die weiterhin offen sind für geistliches Wachstum, zu jenen gehören, die am meisten Barmherzigkeit und Vergebung üben.

Wachstum geschieht nicht ohne einen gehörigen Respekt vor der Wirklichkeit des in uns wohnenden Bösen und seinem heimtückischen Wirken durch den Selbstbetrug. Es bringt uns dazu, Gott, uns und andere zu belügen. Die geistlichen Übungen sind nicht allein darauf ausgerichtet, uns in die Gegenwart des Vaters zu führen, sondern sie sollen uns auch für die Lügen sensibilisieren, denen wir so leicht Glauben schenken.

Wenn wir leitende Verantwortung tragen, sind wir ständig Zielscheibe der Versuchung. Wir sind nie weit entfernt von der Aussage, die König Nebukadnezar an die Mauern Babylons schreiben ließ: „Das ist das große Babel, das ich erbaut habe zur Königsstadt durch meine große Macht zu Ehren meiner Herrlichkeit“ (Dan. 4,27). Sehen Sie sich um: Es gibt so viele, die in Versuchung gerieten, sich selbst zu verherrlichen durch mediale Erfolge, große Spendenaktionen und durch die Anerkennung, die einem bei schnell wachsenden Mitgliederzahlen zuteilwird. In Wirklichkeit haben sie sich damit selbst betrogen.

Je älter ich werde, desto mehr betrachte ich meinen Zustand als den eines Barbaren, der von seinem Vater geliebt wird. Und das mag die wichtigste Einsicht sein, die man mit zunehmendem Alter bekommt. Beinahe alle älteren Leute, die innerlich weiter wachsen, haben bestimmte Gemeinsamkeiten. Eine davon ist, dass sie unzweifelhaft wissen, dass sie Sünder sind. Und sie sind dankbar für die zentrale Bedeutung von Gnade.

Zum weiteren Nachdenken

1. *Welche persönlichen Hindernisse und Grenzen haben Sie in Ihrem Leben entdeckt, die mit Ihren jugendlichen Vorstellungen kollidierten?*

2. *Stellen Sie sich die Frage: Was für ein Mensch möchte ich im Alter sein und warum?* Dankbar. Jesus lieben, Aufdecken,

3. *Betrachten Sie Ihr persönliches Leitbild, und formulieren Sie weitere Ziele – große Ziele für jeden großen Bereich in Ihrem Leben. Formulieren Sie diese so, dass sie Sie bei jeglichem Selbstbetrug alarmieren, der so leicht zu Versuchung und Niedergang führt.*

Ich will von Gott leben reden und denken.
Jesus soll meine Mitte sein Ich will auf Ihn hin wachsen
Nah bei Jesus. Nah bei den Menschen

Das Innerste aufzeichnen

Eine durchdachte Aufzeichnung unserer geistlichen Reise zu erstellen, kann die Frömmigkeit fördern. Es kann uns bei unserer Meditation und im Gebet helfen. Es kann uns an die Treue und das Wirken unseres Herrn erinnern. Es kann helfen, uns selbst zu verstehen und einzuschätzen. Es kann helfen, unsere Ziele und Prioritäten zu verfolgen und andere geistliche Disziplinen aufrechtzuerhalten.

Donald Whitney

Tagebuch zu führen, ist eine so wertvolle Hilfe auf unserer geistlichen Reise, dass ich hier von einigen meiner eigenen Erfahrungen erzählen möchte. Ich fing damit an, weil ich einen „Freund" brauchte und mit menschlichen Wesen nicht so gut zurechtkam. Ich war noch ein junger Pastor und mehrere Wochen starkem Stress ausgesetzt worden, ohne wirklich bereit dazu zu sein. Ich hatte die Notwendigkeit geistlicher Erfrischung nicht erkannt; ich hatte die Familie vernachlässigt; ich hatte es zugelassen, dass die Probleme anderer Leute mich überwältigten. Schließlich brach eines Samstagmorgens alles aus mir heraus, und ich weinte hemmungslos in den Armen meiner Frau.

Das war ein beängstigender Augenblick; er vermittelte mir den Geschmack einer leeren Seele. *Das darf nicht wieder geschehen*, dachte ich und kam auf den Gedanken, dass das Aufzeichnen jedes Tages in ein Tagebuch mich dazu zwingen würde, offener mit meinen Emotionen umzugehen, mit meinem geistlichen Zustand (oder seinen Mängeln) und mit der Bedeutung meines Lebens. Ich wurde nicht enttäuscht.

Zwiegespräch mit der Seele

Was war der Zweck meines Tagebuchs? Tagebuchführen – zumindest in meinem Fall – ist ein Zwiegespräch mit der Seele. Es enthält Aufzeichnungen von Ereignissen, aber es versucht auch, die Bedeutung der Ereignisse darzulegen. *Was sagt Gott durch dieses oder jenes? Was lerne ich gerade? Wie fühle ich mich? Welche Grundsätze lassen sich aus diesen Ereignissen erschließen?*

Darüber hinaus wollte ich, dass mein Tagebuch die Geschichte meiner eigenen Reise festhält – und, soweit das möglich ist, auch die derjenigen, die mir nahestehen. Die Höhe- und Tiefpunkte meiner Ehe stehen in meinem Tagebuch. Unsere Kinder und Enkel werden eines Tages nachlesen können, wie ihr Vater besondere Ereignisse ihres Lebens gesehen hat. Sie werden heraushören, wie sehr ich sie liebe und wie stolz ich auf ihre Entscheidungen bin. Es gibt viele Momente, in denen ich mein Tagebuch dazu benutzt habe, Gott zu loben und zu ihm zu beten. Hier und da gibt es Anzeichen für geistliche Durchbrüche. Außerdem bewahrt das Tagebuch lebendige Erinnerungen an die bemerkenswertesten (guten wie schlechten) Augenblicke meines Lebens.

Möglichkeiten eines Tagebuchs

Wenn man regelmäßig Tagebuch schreibt, können vielerlei Dinge geschehen:

- *Das Unsichtbare und Vergängliche wird in die Wirklichkeit hineingeholt.* Sobald Gefühle, Ängste und Träume konkret benannt werden, kann man besser damit umgehen, dafür beten und sie Gott hinlegen. Wir gewinnen Kontrolle über sie, sodass sie die Seele und den Verstand nicht länger verschmutzen.

- *Lernerfahrungen werden bewahrt.* Wenn ich meine täglichen Erfahrungen aufzeichne und sie reflektiere, stärke ich die Fundamente meiner Weisheit. Dinge, die üblicherweise vergessen werden oder sich im Unbewussten verlieren, warten nun wie Bücher in einem Bibliotheksregal darauf, aufgeschlagen zu werden, wenn sich ähnliche Momente ergeben. Man hat nun Beispielfälle, auf die man zurückgreifen kann.

- *Erinnerungen an Gottes große und gnädige Taten werden aufbewahrt.* „Schreibe dies zum Gedächtnis in ein Buch und präge es Josua ein" (2. Mose 17,14). Als Israel durch die Wüste zog und Gottes freundliche Fürsorge erfuhr, ließ er sie Denkmäler bauen, damit sie sich erinnern konnten. Eines Tages erkannte ich, dass mein Tagebuchschreiben ein Denkmal dafür war, dass Gott mich versorgt.

- *Ich kann Gebiete festlegen, in denen ich Wachstum und Reife am meisten benötige.* Wenn ich Tagebücher aus der Zeit von vor dreißig Jahren betrachte, erkenne ich, dass ich viele Jahre mit denselben Themenkomplexen gerungen habe. Die gute Nachricht: Die ersten Schritte, die ich tat, wurden zu einer geistlichen Übung. Und obwohl ich auch heute noch mit so manchem kämpfe, ist meine „Erfolgsrate" ganz entschieden höher. Ich hätte viele dieser Fragestellungen nicht bemerkt, wenn ich nicht Tag für Tag über sie geschrieben hätte.

- *Ein Tagebuch macht Träume greifbar.* Auch die vielen Ideen, die mir über die Jahre in den Sinn kamen, habe ich in mein Tagebuch geschrieben. Sie in Worte zu fassen, half mir, die dummen Gedanken auszusortieren und die guten zu entfalten. Den Ursprung vieler Dinge, die ich in den letzten Jahren getan habe, kann ich in frühen Tagebüchern finden.

Zum weiteren Nachdenken

1. *Spricht Sie der Gedanke, ein Tagebuch zu führen, an? Warum oder warum nicht?*

2. *Wenn Sie es nicht bereits tun, dann fangen Sie doch an, ein Tagebuch zu führen. Benutzen Sie es, um Gedanken, Gebete und Einsichten aufzuzeichnen – und als Methode, Ihr geistliches Wachstum im Auge zu behalten.*

3. *Wenn Sie bisher nicht regelmäßig Tagebuch geführt haben, denken Sie darüber nach, diese Gewohnheit als eine neue geistliche Übung zu entfalten. Überlegen Sie nach den ersten 45 Tagen, was Sie aus diesem Experiment gelernt haben. Möchten Sie weitermachen?*

Die tiefsten Beweggründe

Wer ist reinen Herzens? Allein der, der sein Herz Jesus ganz hingegeben hat, dass er allein darin herrsche; der sein Herz nicht befleckt durch eigenes Böses, aber auch nicht durch eigenes Gutes.

Dietrich Bonhoeffer*

Es geschah an einem Samstagmorgen vor beinahe 25 Jahren. In der vergangenen Woche hatte ich zwei obdachlose Männer beerdigt. Ich hatte den Eindruck, dass ihr Leben bedeutungslos gewesen und verschwendet worden war, und ich war überwältigt von der Traurigkeit und Leere dieser Erfahrung.

Dazu kam, dass ich mehrere Nächte zu wenig geschlafen, mich nicht geistlich erfrischt und zu viel gearbeitet hatte. Der Tod der beiden Männer überforderte mich emotional.

Als ich an jenem Morgen zum Frühstück kam, hatte ich keine Ahnung, dass ich mich an der Schwelle zu einer Krise befand. Das Leben hatte mich bis zu diesem Zeitpunkt nicht gelehrt, dass jeder Mensch eine Bruchstelle hat. Durch einen unschuldigen Kommentar ausgelöst, zerbarst diese Stelle in mir.

„Du hast in letzter Zeit nicht viel Zeit mit den Kindern verbracht", sagte meine Frau.

Sie hatte recht; das hatte ich nicht. Sie vermied es freundlicherweise, anzumerken, dass ich auch mit ihr nicht genügend Zeit verbracht hatte. Und mit meinem himmlischen Vater war ich nicht besser verfahren. Dazu kam die Tatsache, dass sich die Arbeit sta-

---

* aus: Nachfolge, © 2001 Gütersloher Verlagshaus, Gütersloh, in der Verlagsgruppe Random House GmbH

pelte, meine Predigt für den nächsten Tag nicht vorbereitet war und ich mehrere Anrufe im Krankenhaus machen musste. Ich kam mir vor wie ein Baseballspieler, dem gerade der Ball durch die Finger gerutscht ist, sodass die elektronische Anzeigetafel hinter ihm aufblinkt: *Fehler! Fehler! Fehler!*

Ganz plötzlich wurde ich von einem Gefühl der Sinnlosigkeit verschlungen und begann zu weinen. Ich verlor die Beherrschung und weinte vier Stunden lang ohne Unterbrechung. Das war mir noch nie passiert. Es war eines der wenigen Erlebnisse in meinem Leben, in dem etwas in mir zerbrach. Mehr als die sogenannten Erfolge sind solche Momente dafür verantwortlich, dass die Seele wächst und an Qualität gewinnt – weshalb ich heute davon profitiere.

Durch diese Erfahrung wurde ich gezwungen, mich dem zu stellen, was ich entweder ignoriert hatte oder was zu erkennen ich nicht klug genug gewesen war: Ich tat meine Arbeit vorgeblich im Namen Jesu, stützte mich aber auf meine Begabungen: auf meine Gabe, mit Worten umzugehen, auf meine sozialen Fähigkeiten und meinen Wunsch und Willen, lange Zeiten durchzuarbeiten.

Die Qualität der Seele

An jenem Samstagmorgen offenbarten sich mir die ersten unvermeidlichen Folgen einer Seele, der es an Qualität fehlt. Die Prioritäten hatten sich verschoben; ich hatte Schlüsselbeziehungen vernachlässigt; mein geistliches Leben war ein Witz; die Arbeit war außer Kontrolle geraten. Und – ich spreche nicht von einer albernen Nebensächlichkeit – mein Dienst machte mir keine Freude mehr.

Als meine Tränen getrocknet waren, hatte ich Zeit festzustellen, was geschehen war. Wollte ich im Dienst durchhalten, musste ich tiefer liegende Motivationen und Kraftquellen anzapfen.

Die Qualität meiner Seele zu fördern, wurde zu meiner obersten Priorität. Das war vermutlich das erste Mal, dass ich Interesse für das entwickelte, was ich später „das Ordnen meiner privaten Welt" nannte. Es gab seither noch andere Erfahrungen, die zu Wendepunkten wurden – und manchmal war es noch schwieriger, sich ihnen zu stellen –, aber diese zwang mich dazu, nach meiner Motivation zu fragen: *Was treibt mich an? Was bewegt mich zum Durchhalten?*

Jener Morgen veranlasste mich, geistliche Belange ernst zu nehmen, die ich lange Zeit zurückgestellt hatte. In den folgenden Wochen erforschte ich meine innere Welt. Im Endeffekt bemühte ich mich um Wiederaufbau und darum, ein neues Fundament für den Dienst in Gottes Reich zu legen.

Wenn man anfängt, etwas neu aufzubauen, muss man manchmal zuerst Schutt wegräumen. Gewohnheiten, Beweggründe, Illusionen, Ambitionen und so mancher Stolz müssen benannt und losgelassen werden. Das nennt man Buße. Ich vermute, dass sie die kraftvollste Übung für unsere innere Welt ist, die Gott uns gegeben hat. Sie ist seine Waffe gegen den Betrug, der wiederum die stärkste Waffe im Arsenal des Bösen ist.

Ich wünschte, ich könnte behaupten, dass das Aufräumen nach der reinigenden Erfahrung jenes Samstags nur eine kurze Zeit beansprucht hat und damit für immer erledigt war. Aber das wären die Worte eines Narren. Das Einzige, was wirklich geschah, war, dass ich in höchste Alarmbereitschaft geriet im Blick auf das, was wohl das Hauptproblem der meisten Männer und Frauen ist, die Gott von Herzen dienen.

Jene Erfahrung war der Anstoß für meine eigene Praxis des Tagebuchschreibens, die ich bis heute beibehalten habe. Ich fing an zu entdecken, dass das Aufzeichnen von Gedanken und Einsichten, die Gott meiner Seele anvertraut, großen Nutzen hat.

Untersuchung der Beweggründe

Erst als ich begann, etwas für meine innere Welt zu tun, verstand ich, dass ich mit meinen Beweggründen für die Nachfolge Jesu und meine Arbeit als Pastor schonungslos sein musste. Ich bin mir nicht sicher, ob ich je den tiefsten Beweggründen in meinem Leben die Aufmerksamkeit geschenkt habe, die nötig gewesen wäre. Meine Zeit in Schule und Ausbildung und selbst die ersten Jahre im Gemeindedienst waren geprägt von Idealismus und Verklärtheit im Blick auf mein Tun.

Ein Pastor, so dachte ich mit einer Mischung aus Naivität und unbändiger Begeisterung, verändert die Geschichte, gründet große Gemeinden, verändert durch feurige Predigten das Leben vieler Menschen, die begierig zuhören, und freut sich an der Ehre, ein geistlicher Leiter und Mentor zu sein. Und wenn dies das Leben eines Pastors war, dann wollte ich es haben.

Aber *warum* wollte ich das? Nur wenige Fragen sind wichtiger als diese. Und nur eine gehörige Dosis Wirklichkeit – üblicherweise schmerzliche Wirklichkeit – zwingt uns, unsere Beweggründe genauer zu betrachten. Die Geschichte über Simon den Zauberer in Apostelgeschichte 8 ist hierbei aufschlussreich. Als dieser Mann Petrus und andere in der Kraft des Heiligen Geistes wirken sah, war er bereit, viel Geld dafür zu bezahlen, um dieselbe Kraft zu empfangen.

Ich erkenne auch ein wenig von Simons Geist in mir. Zwar wäre ich nicht so dreist, Geld für die Gaben zu bieten, die den Dienst möglich machen, aber schon manchmal erlag ich der Versuchung, meine Gesundheit aufs Spiel zu setzen, Beziehungen zu opfern und mich völlig zu verausgaben, um größere Bekanntheit zu erlangen und noch wirkungsvoller zu sein. Ich vermute, dass die Anlage dazu in jedem von uns steckt.

Petrus stellte sogleich Simons Motivation infrage: „Du hast weder Anteil noch Anrecht an dieser Sache; denn dein Herz ist nicht rechtschaffen vor Gott. Darum tu Buße für diese deine Bosheit und flehe zum Herrn, ob dir das Trachten deines Herzens vergeben werden könne. Denn ich sehe, dass du voll bitterer Galle bist und verstrickt in Ungerechtigkeit“ (Apg. 8,21-23).

Als ich die Liste meiner eigenen Motive untersuchte, fand ich etliche, die nicht Gottes Handschrift trugen. Und als ich Einblicke in die innere Welt anderer Kollegen bekam, merkte ich, dass ich damit nicht allein war. Deshalb möchte ich hier ein paar fragwürdige Motive nennen.

Das Bedürfnis nach Anerkennung

Paulus spricht viel über unser Bedürfnis nach Anerkennung. Er schämt sich nicht, seinen eigenen Wunsch nach Anerkennung vor dem „gerechten Richter“ zuzugeben. Er möchte unbedingt ein „Gut gemacht!“ von Gott hören. Aber ich bin beeindruckt davon, dass er den Korinthern deutlich sagt, dass ihr Lob – und sogar sein Einverstandensein mit sich selbst – keinerlei Folgen für ihn haben. Allein Gottes Anerkennung zählt.

Wenn ich mich an diesem Maßstab messe, wird mir zunehmend unwohl. Ich kann mich nicht daran erinnern, dass ich bis zu meinem achtzehnten Lebensjahr einen anderen Beruf als den Gemeindedienst auch nur erwogen habe. Das Bedürfnis nach einer falschen Art von Anerkennung mag dabei ein Hauptfaktor gewesen sein.

„Es gibt keine höhere Berufung, als das Evangelium zu predigen“, sagte mir meine Mutter, als ich noch ein Kind war. Und dann fügte sie hinzu: „Ich will dich natürlich nicht dazu drängen. Ich würde niemals wollen, dass du predigst, wenn Gott dich dazu nicht berufen hat.“

Trotz dieser Einschränkung interpretierte ich die Botschaft meiner Mutter als: „Mutter wäre überaus stolz und würde dich dafür besonders lieben, wenn du ein Prediger des Evangeliums wärst.“

Und nun nehmen Sie noch ein oder zwei Geschichten aus meiner Kindheit dazu, die ich regelmäßig gehört habe – eine Geschichte beispielsweise, die besagt, dass meine Großmutter und meine Mutter mir als Neugeborenem die Hände aufgelegt und mein Leben dem Predigen geweiht haben. Es gibt noch eine andere Geschichte über zwei Flugzeuge, die über unserem Haus kollidierten, als ich zwei Jahre alt war. Trümmer regneten auf unseren Garten hinter dem Haus herab. Sie hätten mich töten können, aber ich blieb unverletzt. Und eine dritte Geschichte wurde darüber erzählt, dass ich mit drei Jahren beinahe ertrunken wäre und in letzter Sekunde von jemandem gerettet wurde, der mich an den Haaren aus dem Wasser zog.

Diese Geschichten, häufig wiederholt, hatten eine mächtige Wirkung auf mein Verständnis von Führung. „Gott hat dich zu einem Zweck bewahrt", war die Botschaft, die mir vermittelt wurde. „Finde heraus, was dieser Zweck ist, und widersetze dich nicht."

Ich möchte respektvoll gegenüber jeder Ahnung sein, dass jemand von Gott berufen ist. Aber Sie verstehen vielleicht, warum solche Annahmen auch negative Auswirkungen haben können. Gott zu gehorchen, ist eine Sache. Einer Mutter zu gefallen oder einen Vater stolz zu machen, ist eine andere. Diese Motive können sich schon früh in der Seele vermischen. Sie werden dann nahezu untrennbar verwoben zu dem Gefühl, berufen zu sein.

Doch: Die Anerkennung von einem Elternteil oder einer anderen wichtigen Person kann uns nie durch die oft stürmischen Gewässer eines Lebens im Dienst Gottes navigieren. Wenn wir angetrieben werden von dem Bedürfnis, das „Gut gemacht!" der Menschen zu hören, selbst der Eltern, werden wir in eine Art Sucht hineingesteuert. Wir schrauben das Bedürfnis nach der Droge Anerkennung mit der Zeit immer höher, um denselben Schwung daraus zu gewinnen.

Und da die Anerkennung von Menschen kommt und geht, zunimmt und verfliegt, wird Motivation durch Anerkennung zu einem Jo-Jo der Gefühle. Das ist einer der wichtigsten Gründe, warum Menschen ihren Dienst in Gemeinden aufgeben: Niemand klatscht mehr Beifall.

Und wie kann das Gegenteil von Simon mit seinen falschen Motiven aussehen? Da wäre Johannes der Täufer, der eines Tages beobachtet, wie die Menschen nicht länger ihm Zustimmung schenken, sondern Jesus nachfolgen. Und seine Reaktion? „Ich will immer mehr in den Hintergrund treten" (Joh. 3,30 Hfa). Nur jemand, der frei ist von dem Bedürfnis nach Anerkennung, kann so reden.

Anerkennung durch Leistung

Die meisten von uns sind in einem System aufgewachsen, das stark beeinflusst ist von der Leistungsethik. Die Botschaft ist klar: Auf denen, die erfolgreich sind, ruht offensichtlich die Hand Gottes. Die logische Folge scheint gleichermaßen klar: Auf jenen, die besonders erfolgreich sind, ruht die Hand Gottes ganz besonders.

Erfolg wird gewöhnlich an der Gründung oder Weiterentwicklung toller oder großer Gemeinden gemessen. Erfolgreich ist, wer bei Evangelisationen viele Menschen anzieht oder wer die größte Gemeinde der Region leitet. In anderen Bereichen geht es darum, die am schnellsten wachsende Organisation zu leiten, was Einkünfte, Mitarbeiterzahl und Einfluss anbelangt. In der Welt der Bücher bedeutet es, Bestseller zu publizieren.

Wenn wir hören, wie Christen diese „Gewinner" loben, sind viele von uns versucht zu denken, dass auch unser Wert sich an unserem Erfolg bemisst. Und dass wir, wenn wir diese Art Lob nicht erhalten, für Gott nicht so wertvoll sind, wie wir sein sollten.

Die vielleicht dramatischste Aussage über Motivation durch Leistung ist das, was angeblich über den Evangelisten D. L. Moody (und zahllose andere) gesagt wurde: „Hier muss die Welt erkennen, was Gott durch einen Menschen tun kann, der sich ganz seinem Willen ergibt."

Ich kenne viele verwirrte Christen, die mit größter Anstrengung versucht haben, dem Geist dieser Aussage zu entsprechen. Sie begannen ihren Dienst für Gott im Glauben, dass sie völlig „ergeben" seien. Aber weder sie noch die Welt sahen jemals irgendwelche spektakulären Resultate. Infolgedessen leben sie in ständiger Enttäuschung und fragen sich, warum ihr Glaube, ihre Arbeit, ihre Hingabe nicht gut genug waren, um das zu erreichen, was anderen möglich war.

Ich erinnere mich an die Worte eines Redners in einer Andacht während meiner Zeit am Predigerseminar, der uns dadurch verstörte, dass er sagte: „Strebe nicht nach hohen Leitungsaufgaben, solange sie dir nicht aufgedrängt werden." Damals verstand ich das nicht, besonders deshalb, weil uns Studenten ständig auf subtile (und auch weniger subtile) Weise gesagt wurde, dass ein erfolgreicher Leiter zweifellos eine Person sei, auf der Gottes Wohlgefallen ruht.

Wie andere auch träumte ich also davon, eine riesige Gemeinde zu leiten. Mit Mitte dreißig wurde ich mit der Erfüllung dieses Traums „gesegnet". Aber dann erkannte ich, was der Redner gemeint hatte: *Es liegt wenig Freude und anhaltende Befriedigung in hohen Leitungsaufgaben, wenn Leistung deine Motivation ist.*

In jenen Tagen wurde mir bewusst, wie sehr es mich körperlich, geistlich und emotional herausforderte, Verantwortung in einer Gemeinde zu tragen. Ohne Disziplin in geistlichen Dingen würde ich schlicht nicht über die Reserven verfügen, das lange durchzuhalten. Es ist möglich, dass unsere Dozenten am Seminar uns das gesagt haben; wenn dem so war, haben viele von uns die Botschaft nicht verstanden. Offenbar muss jede Generation diese Lektion selbst lernen – auf die harte Tour.

Die Bibel stellt uns eine Menge Menschen vor, die sich meisterlich geschlagen haben. Denken Sie nur an die langen Berichte über Paulus, Daniel und Mose oder Esther. Einer evangelisiert die Welt, der andere dient drei Königen ehrbar und tapfer; ein Dritter baut eine Nation auf, und die Vierte errettet ihr Volk vor der Vernichtung.

Und dann lesen wir von anderen, etwa Henoch, über den schlicht gesagt wird: „Und weil er mit Gott wandelte, nahm ihn

Gott hinweg, und er ward nicht mehr gesehen" (1. Mose 5,24). Nicht viele Einzelheiten, kein Ritterschlag, kein Leistungskatalog. Aber man bekommt dennoch den Eindruck, dass Henoch den anderen ebenbürtig ist, wenn nicht sogar überlegen.

Die Sehnsucht nach Nähe

Wer die verschiedenen Temperamenttypen kennt, weiß, dass einigen Menschen die Nähe zu anderen besonders wichtig ist.

Es gibt Menschen, die am liebsten Dinge herstellen, zeichnen oder formen oder über Dinge nachdenken. Aber Christen, die in Gemeinden Verantwortung tragen, sind üblicherweise nicht so sehr an Dingen interessiert, sondern an Menschen. Sie wollen sie verstehen, motivieren, ermutigen und wahrscheinlich auch verändern.

Steckt man sie in einen Raum mit anderen, verspüren sie plötzlich all den Schmerz, die schlummernden Möglichkeiten, die Probleme und die Leidenschaften, die dort vorhanden sind. Sie wollen mit all dem in Kontakt kommen, Sinn vermitteln oder Heilung und Veränderung bringen. Das ist in den meisten Fällen das typische Naturell eines Seelsorgers.

Diese Arbeit bietet jemandem, der an Nähe zu anderen Menschen Freude hat, daher große Möglichkeiten. Richtig angewendet, ist diese Veranlagung eine der machtvollsten Gaben, die es gibt. Falsch angewendet, führt sie zu Manipulation, Ausbeutung und Unzucht. Wenn man ehren- oder hauptamtlich in einer Gemeinde arbeitet, weil dies ein wunderbarer Ort ist, um das eigene Bedürfnis nach Kontakt zu Menschen zu erfüllen, dann wird das wahrscheinlich unheilvolle Folgen haben.

Ich habe mehr als nur ein paar Männer mittleren Alters erzählen gehört, wie sie ihre Karriere in der Wirtschaft aufgegeben haben, um in die Gemeindearbeit zu gehen. Sie waren bereit, ihren langjährigen Beruf aufzugeben, um eine Ausbildung zu machen und Pastor zu werden. Warum? Weil sie die meiste Zeit enttäuscht darüber waren, irgendwelchen Schnickschnack zu produzieren oder zu verkaufen; sie hassten es, dass Persönliches in der Wirtschaft keine Rolle spielt; sie sehnten sich danach, der Einsamkeit ein Ende zu machen und guten Kontakt zu Menschen zu haben. Sie beobachteten Pastoren, die anscheinend den ganzen Tag mit Menschen zu tun haben, Probleme lösen, leiten und motivieren – und das gefiel ihnen.

Doch die Gefahr ist, dass die vorrangige Motivation für den Dienst nicht der Ruf Christi ist, sondern eher das Bedürfnis, dem Gefühl der Isolation und Entfremdung zu entfliehen, das die Ausrichtung auf die Karriere erzeugt hat.

Timotheus könnte von diesem Wunsch nach Nähe angetrieben gewesen sein. Man bekommt den Eindruck, dass er vor allem wollte, dass die Menschen sich wohlfühlen. Und deshalb musste Paulus ihn etwas dazu antreiben zu predigen, zu ermahnen, Kurs zu halten: „Lass Gottes Gabe voll in dir wirksam werden" (2. Tim. 1,6 Hfa). Ohne Paulus' Appell hätte sich Timotheus wahrscheinlich damit zufriedengegeben, ein furchtbar netter Typ zu sein.

Die Kraft des Idealismus

Ich bin in einem Umfeld aufgewachsen, das stark von Idealismus und dem Bewusstsein geprägt war, dass wir als Christen Anteil haben an Gottes Sieg über die Welt. Mit ihm können wir „die Völker bekehren" und „die Welt für Christus gewinnen". Meine Vorbilder waren große Glaubenshelden (zumindest ihren Biografien nach) wie etwa Hudson Taylor und Georg Müller. Christliche Gemeindeleiter meiner Generation gaben ihrer Berufung eine beinahe mystische Dimension. Paulus' Worte in 1. Korinther 9,16: „Wehe mir, wenn ich das Evangelium nicht verkündigte!" lasteten schwer auf uns. Mehr als einmal habe ich jemanden sagen hören: „Wenn Gott dich zu etwas berufen hat und du folgst diesem Ruf zugunsten von etwas anderem nicht, wirst du ein Leben lang unter dem Gericht stehen."

Als ich als junger Pastor in den Dienst eintrat, war ich voller Idealismus. Ich erinnere mich an meine erste Predigt und wie Gail mich am Ende des Abends fest umarmte. Sie war stolz auf mich; *ich* war stolz auf mich. Wir sahen eine wunderbare Zukunft im Dienst des Herrn vor uns.

Aber ein paar Monate später begann der Himmel über uns einzustürzen. Ich erkannte, dass mein Dienst trotz bester Absichten nicht immer angenehm sein würde und dass mich harte, wenngleich edle Arbeit erwartete. Fehler und Enttäuschungen, Gegenwind und Missverständnisse sind Teil davon. Niemand hatte mich darauf hingewiesen, dass auch Paulus manchmal unter der Last zu zerbrechen drohte: „Wir wurden übermäßig beschwert, über Vermögen, so dass wir sogar am Leben verzweifelten" (2. Kor. 1,8 EB).

Wahrscheinlich hat niemand ganz reine Motive für seinen Dienst. Offen gesagt wohnt in unseren Herzen zu viel Böses. Selbst ursprünglich reine Motive können sich im Lauf der Zeit ins Gegenteil verkehren.

Viele Menschen erheben sich allzu schnell über einst vorbildliche Christen, die plötzlich auf die eine oder andere Art versagen. Es mag ein paar Ausnahmen geben, aber ich bin überzeugt, dass beinahe alle, die einen guten Ruf hatten und dann Scheitern erleben mussten, nur aus den besten Beweggründen gehandelt haben. Sie wollten Gott wirklich dienen; aber nur diejenigen, die ihre Motive jeden Tag neu infrage stellen, dürfen die Hoffnung hegen, dass sie auch im Laufe der Zeit noch reinen Herzens sind.

Ich kann mir nicht erklären, warum es je Menschen gab, die zu Zeiten des Alten Testaments gerne Prophet sein wollten – und zugegebenermaßen rissen sich auch viele von denen, die den Job bekommen hatten, überhaupt nicht darum. Jeremia war so jemand. Er kämpfte gegen seine Berufung: „Ich tauge nicht zu predigen; denn ich bin zu jung" (Jer. 1,6). Später bekannte er, dass er der Stadt lieber entfliehen und sich auf das Land zurückziehen würde (was ich nachempfinden kann). Jeremia und andere bewegen mich zu denken, dass es gar nicht so schlecht ist, ab und zu gegen Gottes

Ruf aufzubegehren. Wenn man das tut, werden die eigenen Beweggründe einem neuerlichen Test unterzogen.

Die genannten Motive sind recht typisch für das, was uns antreibt, wenn wir noch jünger sind. Aber die Zeit und Anstrengungen bringen Verunreinigungen an die Oberfläche. Und jedes Mal, wenn das geschieht, müssen wir wieder ganz neu entscheiden, ob wir unsere Beweggründe vor Gott und anderen Menschen wieder reinigen wollen oder, was die Alternative ist, ob wir immer verbitterter werden, dass wir überhaupt dieses Amt übernommen haben.

Vielen Menschen wird, wenn sie ihre Lebensmitte erreichen, bewusst, dass sie ihren Dienst aus falscher Motivation tun. Gleichzeitig denken sie, dass es zu spät sei, sich zu verändern. Also machen sie weiter wie bisher. Sie geben ihr Bestes, um die Erwartungen zu erfüllen. Aber mehr ist es wahrscheinlich nicht: Sie tun ihren Job – nett, hilfreich, ehrenhaft, aber es ist nur noch ein *Job* für sie.

Wenn man in dieses Alter kommt, hat man sich vielleicht bereits um einen Neuanfang bemüht, meistens nachdem man den einen oder anderen Rückschlag einstecken musste. Aber: Dieser Dinge dürfen wir uns ganz klar rühmen (wie es Paulus in seiner Schwachheit tat). Ich habe selbst einige der klassischen Rückschläge erlebt. Aber ich habe viel daraus gelernt über die Gnade, die mich wieder aufrichtet, und über den heilenden Prozess des Sich-neu-Ordnens.

Gibt es gute und edle Beweggründe? Natürlich. Mose ging auf im Leiden seines Volkes, und er machte Gottes Gram über die Qual der Sklaverei zu seiner eigenen. Samuel verstand, dass das Volk Israel unfähig war, Gottes Stimme innerhalb des etablierten religiösen Systems zu vernehmen, und stellte Gott seine eigene Stimme zur Verfügung. Maria, die Mutter Jesu, war von ganzem Herzen gehorsam und willigte ein, die Mutter des Lammes Gottes zu werden. Das sind Motive, die in unserem Leben an Gewicht gewinnen sollten.

Beweggründe können sich ändern

Ist es gut, sich über die eigenen Motive Gedanken zu machen? Petrus tat das bei Simon dem Zauberer; die Propheten rangen damit. Und selbst Jesus dachte jedes Mal über seine Motive nach, wenn er sich seine Berufung durch den Vater in Erinnerung rief.

Vielleicht ist es eine Folge des Älterwerdens, dass man misstrauischer wird. Ich erkenne nun, dass die besten Motive und Haltungen verkehrt werden können, auch wenn wir denken, dass alles in Ordnung sei.

Im Jahr 1981 ging ich nach Thailand, um an einem Kongress für evangelikale Führungskräfte teilzunehmen. Mir wurde die Ehre zuteil, eine der Ansprachen im Plenum zu halten. Ich erinnere mich daran, wie ich dachte: *Wow! Hier sind Hunderte Christen aus vielen verschiedenen Ländern versammelt, und ich bin einer der ganz, ganz wenigen, die man gebeten hat, vor der gesamten Versammlung zu sprechen.*

Es war eine Zeit der Unbesonnenheit, und ich erinnere mich, dass ich regelmäßig meine Beweggründe überdenken musste. Der Drang, etwas zu erreichen (*Habe ich meine Fähigkeiten nicht bereits unter Beweis gestellt?*), Anerkennung zu finden (*Wäre meine Mutter nicht stolz?*), mit Menschen in Kontakt zu treten (*Sie müssen mich einfach mögen!*) und große Ziele zu verwirklichen (Teil der weltweiten christlichen Führungsriege zu werden, war eine Art Planziel), tat das Seine. Ich hatte einiges damit zu tun, meine Seele genau zu untersuchen und Fehler zuzugeben.

Am dritten Tag der Konferenz charterte einer der bekanntesten christlichen Führungskräfte ein Schiff und lud etwa vierzig der Konferenzteilnehmer ein, einen Nachmittag der Stille und Besinnung draußen auf dem Golf von Siam zu verbringen. Sie sollten sich über die Zukunft der evangelikalen Frömmigkeit in der Welt unterhalten. Ich war nicht unter den vierzig.

Plötzlich bedeutete es nichts mehr, einer der Redner der Konferenz zu sein. Ich war am Boden zerstört. Zu diesem Treffen auf dem

Schiff nicht eingeladen worden zu sein, ließ mich mit einem Gefühl der Leere zurück. Und Gott lehrte mich eine der wichtigsten Lektionen meines Lebens: Egal, wie viele Stufen du schon erklommen zu haben meinst, es wird immer vierzig (und wahrscheinlich viel, viel mehr) geben, die schon weiter sind als du.

In dem Moment, wo man das Reich Gottes als etwas betrachtet, das es zu erreichen gilt, dessen man wert sein muss, an das man Anschluss halten oder worin man einer der Hauptakteure sein muss, wird man schnell entdecken: Das war nicht das, was Jesus im Sinn hatte, als er sagte: „Folge mir nach."

In meinem Buch *Wenn alles zerbricht: Schritte zum persönlichen Neuanfang* berichte ich von Alexander Whyte, dem großen schottischen Prediger, dem jemand erzählte, dass ein amerikanischer Evangelist einen seiner guten Freunde beschuldigt habe, kein Bekehrter zu sein. Whyte war sofort außer sich. Seine Rede zeugte kaum von Beherrschung, als er seiner Wut gegen den Ankläger seines Freundes Luft machte.

Als Whyte sich beruhigt hatte, sagte man ihm, dass derselbe Evangelist auch Whytes Bekehrung infrage gestellt habe. Sofort wurde Whyte still. Nun gab es kein Argumentieren mehr, nur eine schreckliche Stille, als er sein Gesicht in den Händen verbarg. Dann sah er auf zu jenen, die ihm diese Nachricht überbracht hatten, und sagte: „Lasst mich allein. Lasst mich allein, meine Freunde. Ich muss mein Herz erforschen."

Ich glaube nicht, dass sich irgendjemand daran erinnern kann, was ich in meiner Rede in Thailand gesagt habe. Sie war ohnehin nicht so gut. Aber mir wird diese Reise immer wertvoll bleiben. Dort habe ich, wie Whyte, eine wichtige Lektion gelernt: *Erforsche dein Herz. Stelle sicher, dass du weißt, welche Beweggründe dich antreiben, und wage es nicht, in die Öffentlichkeit zu treten, bis du darauf eine Antwort hast.*

Zum weiteren Nachdenken

1. *Was würden Sie als Ihre vorrangigen Beweggründe benennen? Wie spiegelt sich das in Ihren täglichen Entscheidungen wider?*
   Anerkennung, wichtig machen, Jesus treu sein
2. *Sind Sie in Ihrem Dienst von dem ehrlichen Wunsch angetrieben, anderen zu helfen, oder haben Sie andere, versteckte Beweggründe?*

3. *Wie haben sich Ihre Beweggründe mit den Jahren verändert? Was hat diese Veränderungen ausgelöst?*
   Der Wunsch nach Anerkennung ist [illegible] der Bremse deutlich geworden.
   Soli deo gloria.

Bedingungsloser Glaube

Der Herr sprach mit Mose von Angesicht zu Angesicht,
wie Freunde miteinander reden.

2. Mose 33,11 Hfa

Vor etwa siebzehnhundert Jahren lebte ein großer Kirchenleiter, der heilige Basilius. Er ist nach den Aposteln des Neuen Testaments wohl einer der größten Glaubensmänner, die je gelebt haben. Wo er auch hinkam, machte er auf Menschen großen Eindruck. Über Basilius wird gesagt: „Seine Worte waren wie Donner, weil sein Leben wie ein Blitz war."

Wie würde es Ihnen gefallen, wenn man dasselbe von Ihnen sagen könnte? Oder andersherum: Wie oft haben Sie den Glauben eines anderen bewundert und etwas Ähnliches über ihn gesagt?

Es mag sein, dass Sie viele Christen kennen, denen es leichtfällt, von Jesus zu reden, und die behaupten, auf der Glaubensreise schon weit gekommen zu sein. Trotzdem – und das soll nicht verurteilend klingen – werden Sie mir wahrscheinlich zustimmen, dass es nur ein paar wenige gibt, die ihren Glauben vertieft, verbreitert oder verlängert haben, also qualitativ weitergekommen sind. Solche Menschen haben sozusagen einen „bedingungslosen Glauben", weil sie verstehen, dass der Glaube tiefer reichen kann, als wir uns meist vorstellen.

Man kann Menschen ganz gut danach einschätzen, worauf sie neugierig sind. Ich frage deshalb gern: „Auf welche zwei oder drei Dinge im Leben sind Sie ganz besonders neugierig? Über welche Dinge möchten Sie unbedingt Bescheid wissen; was würden Sie gern können?" Zu viele von uns sind auf eher unbedeutende Dinge neugierig.

Als junger Mann versuchte ich zu lernen, wie man eine Gemeinde leitet. Mich interessierten Themen wie Management, Verwaltung und organisatorische Fragen. Mit zunehmendem Alter habe ich gelernt, dass es nicht diese nebensächlicheren Dinge sind, die Gemeinde- oder Glaubenswachstum bewirken. Bedingungsloser Glaube kann nur entstehen, wenn man besonders neugierig ist auf jene Dinge, die im Verborgenen liegen und deren Erforschung ein Leben lang dauert.

Mose – ein Mann bedingungslosen Glaubens

Im Buch Exodus wird die Geschichte von Mose erzählt, einem der größten Leiter aller Zeiten. Er führte das Volk Israel nach vierhundert Jahren Sklaverei von Ägypten in das Verheißene Land. In Mose begegnet man einem Mann mit bedingungslosem Glauben, der sein Leben damit verbrachte, seine Neugier auf die wichtigen Dinge zu richten.

In 2. Mose 33,7-11a (Hfa) heißt es:

> *Wenn die Israeliten irgendwo ihr Lager aufschlugen, stellte Mose jedes Mal außerhalb des Lagers ein Zelt auf. Er nannte es „Zelt der Begegnung". Jeder Israelit, der den Herrn befragen wollte, musste dorthin gehen. Immer wenn Mose das Lager verließ und zum Zelt ging, traten alle Israeliten an die Eingänge ihrer Zelte und blieben dort stehen. Sie schauten Mose nach, bis er im Zelt der Begegnung verschwunden war. Kaum hatte Mose es betreten, kam die Wolkensäule herab und blieb über dem Eingang stehen, während der Herr mit Mose sprach. Sobald die Israeliten die Wolkensäule beim Zelteingang sahen, standen sie auf und warfen sich vor ihren Zelten nieder. Der Herr sprach mit Mose von Angesicht zu Angesicht, wie Freunde miteinander reden.*

Sie werden in der Bibel kaum eine Stelle finden, in der Nähe zu Gott stärker ausgedrückt wird als in diesem letzten Satz. Er beschreibt einen Mann, der Gott kennengelernt hat. Zu diesem Zeitpunkt ist Mose vermutlich gute 80 Jahre alt. Verzweifeln Sie nicht, wenn Sie noch jung sind; es sind viele Jahre nötig, um eine derartige Beziehung aufzubauen. Nach 80 Jahren voller Erfolg und voller Versagen hatte Mose diesen Punkt schließlich erreicht.

Wenn aber jemand von Angesicht zu Angesicht mit Gott spricht, wie ein Freund mit einem Freund, worüber reden sie dann? Heute sehen die meisten Gebete folgendermaßen aus: „Oh Herr, mache mich gesund. Löse meine Probleme. Lass mich mehr Geld verdienen. Mach mich glücklich. Hilf mir, mit meinem Ehepartner besser auszukommen oder mit meiner Freundin oder meinem Freund. Mach mich bitte 15 Zentimeter größer. Hilf mir, 20 Kilo abzunehmen. Schenk mir einen besseren Arbeitsplatz." Hat Mose auch so gebetet?

Eine Möglichkeit, eine Antwort auf diese Frage zu erhalten, liegt darin, den Kontext zu erforschen, in dem diese Gespräche stattfanden. Was ging in jener Zeit vor sich?

Mose hatte seine ersten vierzig Lebensjahre in einem ägyptischen Palast verbracht. Aufgrund eines kolossalen Versagens – einem Mord – musste er die Stadt verlassen und die nächsten vierzig Jahre in der Wüste leben. Während dieser Zeit lernte Mose schließlich, auf Gott zu hören; er erkannte, dass er sein Handeln auf Gottes Willen ausrichten musste. So beginnt bedingungsloser Glaube.

In seinem achtzigsten Lebensjahr berief Gott Mose am brennenden Dornbusch, das Volk aus Ägypten zu führen. Halten Sie sich noch einmal vor Augen, dass Gott Mose bat, Zehntausende Menschen von einem Ort wegzuführen, an dem sie und ihre Vorfahren vierhundert Jahre lang gelebt hatten. Man hätte ihn genauso gut bitten können, Flöhe zu hüten!

Man könnte meinen, diese Leute wären froh gewesen, aus Ägypten herauszukommen – „Ja, Mose, was immer du sagst!" –, aber ein Volk, das über Generationen versklavt ist, wird misstrauisch, skeptisch und argwöhnisch. Es sind Menschen, die ihre Kultur verloren haben. Sie stehen in der Versuchung, keine Autorität anzuerkennen, unzufrieden zu sein und über alles zu murren, was geschieht.

Denken Sie daran, wie Israel sich verhielt, kurz nachdem es von seinen ägyptischen Sklavenhaltern befreit worden war. Als das Volk ans Ufer des Roten Meeres kam, die ägyptische Armee im Rücken, wandten sie sich gegen Mose und sagten: „Du hast uns hierher gebracht, damit wir sterben. Warum hast du uns nicht in Ägypten gelassen? Da ging es uns besser."

Als sie dann in die Wüste kamen, beschwerten sie sich, dass es nicht Essen im Überfluss gab. Kaum wandte Mose sich weg, zeterten sie über ihn. Sie waren das Schlimmste, was jemandem passieren kann, der die Führung übernommen hat.

Und dann lesen wir in 2. Mose 33,1-3 (Hfa):

> *Der Herr befahl Mose: „Verlass diesen Ort! Geh mit dem Volk, das du aus Ägypten herausgeführt hast, in das Land, das ich Abraham, Isaak und Jakob versprochen habe! Damals habe ich ihnen geschworen: ‚Euren Nachkommen werde ich das Land geben!' Und nun will ich einen Engel vor euch hersenden und die Kanaaniter, Amoriter, Hetiter, Perisiter, Hiwiter und Jebusiter vertreiben. Ja, zieht nur in das Land, in dem Milch und Honig fließen! Ich aber werde nicht mit euch kommen, weil ihr ein so starrsinniges Volk seid; ich würde euch sonst unterwegs vernichten!"*

Direkt vor diesem Abschnitt war Mose vom Berg Sinai herabgekommen und hatte gesehen, wie das Volk wie die Heiden um ein Feuer tanzte. Sein Bruder Aaron hatte gesagt: „Wir dachten, du kommst nicht zurück, also tanzten wir um das Kalb und beteten es an."

Gott war zornig. Wir stellen uns nicht gern vor, dass Gott zornig ist, aber Gottes Zorn ist gerecht, wenn Menschen sich gegen ihn wenden und seine Gnade verhöhnen. Also sagt Gott: „Ich habe euch das Land versprochen, aber ich werde nicht mit euch gehen."

Drei wichtige Gebete

An dieser Stelle schaltet sich Mose, der Mann bedingungslosen Glaubens, ein. Als er diese Worte hört, geht er zum Zelt der Begegnung. Er beginnt, für drei Dinge zu beten – drei wichtige Dinge, die zeigen, was er unbedingt wissen möchte, drei Dinge, die auch Grundsäulen Ihres Gebetslebens sein sollten. Dies sind die Dinge, für die Menschen beten, deren Glauben in die Tiefe wächst. In 2. Mose 33,12-13 (Hfa) heißt es:

> *Mose sagte zum Herrn: „Du befiehlst mir, dieses Volk nach Kanaan zu bringen, aber du hast mir noch nicht gezeigt, wen du mit mir senden willst. Du hast gesagt, dass du mich ganz genau kennst und ich deine Gunst gefunden habe. Wenn du nun wirklich mit mir bist, dann lass mich deine Pläne erkennen! Ich möchte dich besser verstehen und weiter deine Hilfe erfahren. Denke doch daran: Dieses Volk ist dein Volk!"*

„Herr, lass mich deine Pläne erkennen"

Dieser Schlüsselsatz ist das Erste, worauf sich große Neugier richtet. Hier sagt Mose zu Gott: „Lass mich deine Pläne erkennen." Was bedeutet das?

Zuallererst erbittet er, etwas über Gottes Kultur zu lernen. Mose hatte vierzig Jahre in der ägyptischen Kultur gelebt und vierzig Jahre in der Wüste mit Schafhirten, Aramäern und Nomaden. Nun wird er von Gott gebeten, eine Gruppe von Menschen in eine neue Art zu leben hineinzuführen. Durch sein Gebet sagt Mose: „Ich weiß darüber nicht genug, Gott. Ich brauche Einblick in deine Kultur – wie du Dinge angehst, was deine Erwartungen sind, welche Art von Volk wir sein sollen. Wenn du also willst, Herr, dass ich diese Leute führe, dann lass mich deine Pläne erkennen."

Dieses Gebet führt uns als Schüler zu Gottes Wort, denn es sagt: „Ich war mein ganzes Leben lang umgeben von den Plänen der Welt. Obwohl nicht alle ihre Wege böse oder schlecht sind, will ich nun Gottes Wege in mich aufnehmen. Ich will Gottes Wesen in meinem Wesen widerspiegeln lassen. Ich will aufnehmen, so viel mir der Himmel über seine Pläne offenbaren wird."

Einmal erhielt ich eine E-Mail von einem Freund, der auf dem Weg zu bedingungslosem Glauben ist. Im letzten Jahr hat er ein paar Rückschläge erlebt, die ganze Arbeit geleistet haben. Ich denke, seine E-Mail verdeutlicht, was bei Moses Gebet passiert:

> *Gott hat fleißig an mir gearbeitet. Ich habe einiges an Festgefahrenem in meinem Leben entdeckt, um das man sich kümmern muss. Ich habe immer gedacht, ich lerne dadurch etwas über Gott und seine Wege, dass er meine Umstände verändert. Ich habe meine Beziehung zu ihm wie einen Fels und wie einen Fluss betrachtet. Aber Gott hat beschlossen, dass es Zeit für mich ist, zum Christsein 2.0 weiterzugehen – er möchte also, dass sich mein Herz ändert, nicht die Umstände.*

Das ist eine bemerkenswerte Einsicht, weil die meisten von uns Gott darum bitten, unsere Umstände zu verändern. Mein Freund sagt, dass nicht die Umstände sich ändern müssen; es ist sein Herz, das sich ändern muss. Das ist es, was Mose sagen will: „Herr, ich habe nach zweiundachtzig Jahren auf dieser Erde verstanden, dass ich deine Wege kennen muss."

Wenn Sie jeden Tag so beten, wird neuer Tiefgang in Ihr Leben kommen. Streben Sie danach, die Kultur des Himmels in sich aufzunehmen. Vielleicht ist dies ein Teil dessen, was Jesus im Vaterunser sagt: „Dein Wille geschehe wie im Himmel so auf Erden." Mit anderen Worten: „Ich will deine Pläne kennen, Herr. Ich will sie auf der Erde verfolgen, wie sie im Himmel erforscht und vollführt werden."

„Herr, sichere mir deine Gegenwart zu"

Gott sagt in Vers 14: „Ich selbst werde dir vorangehen" (Hfa). Hier hat sich etwas verändert! Gott hatte zuvor gesagt (in Vers 3): „Ich selbst will nicht mit dir hinaufziehen." Jetzt, in Vers 14, mag er offenbar Moses Haltung und scheint zu sagen: „Ich habe es mir überlegt. Ich werde mit dir gehen."

Dann sagt Mose: „Wenn du nicht selbst voranziehst, dann schick uns nicht von hier fort! Woran soll man denn erkennen, dass du zu mir und diesem Volk hältst? Doch nur daran, dass du mit uns gehst! Was sonst sollte uns unterscheiden von allen Völkern auf der Erde?" (2. Mose 33,15-16; Hfa)

Der Schlüsselgedanke in diesem Teil des Gebets lautet: „Sichere mir deine Gegenwart zu." Mose sagt: „Ich mache diese Sache nicht allein. Ich will wissen, dass du da bist, wo du mich hörst. Ich trete diese Reise nicht an, wenn deine Gegenwart nicht garantiert ist."

Gegenwart heißt auch Führung, Hilfe und Begleitung. Als meine Tochter Christy noch klein war, hatte sie jeden Abend ein Ritual, bevor sie ins Bett ging. Am Fußende ihres Bettes waren siebzehn Stofftiere aufgereiht. Das Tier auf Platz 1 durfte bei ihr schlafen. Am nächsten Morgen kam es auf Platz 17 und musste sich wieder vorarbeiten. Christy achtete sehr genau darauf. Ich versuchte mehr als einmal, Stofftier zwölf oder fünfzehn nach vorne zu mogeln. Sie erwischte mich immer und sagte dann: „Nein, Papa – Nummer 1 wäre traurig, wenn es nicht an der Reihe wäre."

Außerdem gehörte es zu diesem abendlichen Ritual, dass die Decke bis zu ihrem Kinn hochgezogen wurde. Dann musste der Rollladen bis 15 Zentimeter oberhalb der Fensterbank heruntergelassen werden, nicht mehr und nicht weniger. Wenn ich nach dem Beten zur Tür hinausging, sollte ich diese bis auf etwa 10 Zentimeter schließen, damit ein wenig Licht aus dem Flur ins Zimmer fallen konnte.

Dann gab es den Schlussdialog, der jeden Abend exakt gleich ablief. Wenn ich durch die Tür hinausschlüpfte, sagte sie zu mir: „Papa, wo gehst du hin?"

„Mein Schatz“, sagte ich dann, „ich werde mit Mama in der Küche sitzen oder im Wohnzimmer oder unten im Arbeitszimmer sein.“

Zum Schluss bat sie: „Papa, geh nicht schlafen, bevor ich eingeschlafen bin.“

Was wollte sie damit ausdrücken? „Ich will wissen, wo du bist. Ich will sicher sein, dass du meine Stimme hörst, wenn ich mich in der Nacht fürchte, ein Geräusch höre oder einen schlimmen Traum habe.“

Das ist es, was Mose hier in seinem Gebet sagt. Auch wenn die meisten von uns im Dunkeln keine Angst mehr haben, fürchten wir uns doch alle vor verschiedenen Dingen: unseren Arbeitsplatz zu verlieren, krank zu werden, nicht geliebt zu sein, nicht mit Depressionen fertigzuwerden oder was uns sonst in Krisen führen kann. Auch wir sehnen uns danach, dass uns die Gegenwart des Herrn sicher ist.

„Herr, zeige mir deine Herrlichkeit“

Mose, der Mann bedingungslosen Glaubens, betet ein drittes Gebet. Es steht in Vers 18 (Hfa):

> *Mose bat: „Lass mich dich in deiner Herrlichkeit sehen!“ Der Herr erwiderte: „Ich will an dir vorüberziehen, damit du sehen kannst, wie gütig und barmherzig ich bin. Meinen eigenen Namen ‚der Herr‘ werde ich vor dir aussprechen. Ich erweise meine Güte, wem ich will. Und über wen ich mich erbarmen will, über den werde ich mich erbarmen.“*

Dieses dritte Gebet ist kraftvoll. Das Wort *Herrlichkeit* ist ein religiöser Begriff, den wir nicht oft gebrauchen. In den Vereinigten Staaten bezeichnen wir damit den Wert und die Kraft einer Person, einer Organisation oder einer Nation. Wenn der Präsident der

USA irgendeinen zweitklassigen Diktator aus einem anderen Teil der Erde beeindrucken will, dann fliegt eine Staffel Kampfjets über dessen Palast, und der Überschallknall verleiht der „Herrlichkeit" unseres Landes Ausdruck. Wenn der Generaldirektor einer der 500 umsatzstärksten US-Firmen an der Wall Street die Börsianer beeindrucken will, dann holt er die Bilanzen heraus und verweist auf die Aktiva, den Geschäftsplan und alles, was die „Herrlichkeit" der Organisation widerspiegelt.

All dies ist jedoch nicht vergleichbar mit Gottes Herrlichkeit. Er offenbart sie Mose auf besondere Weise: „Ich sage dir, wie mein Name lautet. Ich werde dir etwas von meinem Wesen offenbaren. Hier ist meine Herrlichkeit, Mose: Ich fließe über von unerschütterlicher Liebe, bin langsam zum Zorn und vergebe Verdorbenheit und Sünde. Ich bin nicht launisch, rachsüchtig oder teilnahmslos. Ich bin ein Gott, dessen Wesen makellos und absolut zuverlässig ist."

Zeit, tiefer zu gehen

Sagen wir mal, Sie seien Mose und würden gebeten, eine aufmüpfige Gruppe von Leuten durch die Wüste in das Verheißene Land zu bringen, und Sie wüssten nicht, ob Sie das draufhaben. Die Situation ruft danach, sich auf den Weg zu einem bedingungslosen Glauben zu machen.

Können Sie das mit der Art von Gebeten schaffen, wie sie die meisten von uns beten? Wahrscheinlich nicht. Aber wenn Ihre Gebete gespickt sind mit Bitten wie: „Lass mich deine Pläne erkennen", „Sichere mir deine Gegenwart zu" und „Zeige mir deine Herrlichkeit", dann wird Ihr Glaube zunehmen.

Im 7. und 8. Jahrhundert starb das Christentum in Europa praktisch aus. Der einzige Ort, an dem es noch etwas Einfluss hatte, war Irland, wo irische Mönche den Menschen von Gott erzählten.

Diese Mönche taten einige interessante Dinge, um ihren bedingungslosen Glauben auszudrücken. Viele von ihnen stiegen in kleine Boote und stachen damit in See. Sie taten das in dem Vertrauen, dass die Strömung sie dorthin tragen würde, wo Gott sie haben wollte. Einige erlitten Schiffbruch, aber jene, die an die Küsten des europäischen Kontinents gespült wurden, predigten dort das Evangelium. Noch heute kann man große Klöster finden, die in jener Zeit von irischen Mönchen gegründet wurden. Es war sogar ein irischer Mönch, der das Kloster gegründet hat, in dem der heilige Franz von Assisi seine Bekehrung erlebte.

Einer der bedeutendsten irischen Mönche war Brendan der Reisende. Bevor er in See stach, soll er dieses Gebet gesprochen haben:

> *Soll ich aufgeben, o, König der Geheimnisse, die sanften Tröstungen der Heimat? Soll ich mich abwenden von meinem Heimatland und mein Gesicht dem Meer zuwenden? Soll ich mich ganz auf die Barmherzigkeit Gottes verlassen, ohne Silber, ohne ein Pferd, ohne Ruhm und Ehre? Soll ich mich ganz auf den König der Könige verlassen, ohne Schwert und Schild, ohne Speise und Trank, ohne ein Bett, darauf zu liegen? Soll ich meinem schönen Land Lebewohl sagen, mich unter Christi Joch begeben? Soll ich mein Herz ihm ausschütten, meine mannigfachen Sünden ihm bekennen und um Vergebung bitten unter Tränen, die mein Gesicht herabrinnen? Soll ich den Abdruck meiner Knie am sandigen Strand zurücklassen, das Zeichen meines letzten Gebets in meinem Heimatland? Soll ich dann alle Wunden erleiden, die das Meer mit sich bringt? Soll ich mein winziges Boot über den weiten sprudelnden Ozean führen? O, König des herrlichen Himmels, soll ich freiwillig hinaus auf das Meer? O, Christus, wirst du mir auf den wilden Wogen helfen?*

Sie und ich sind vielleicht nicht so wortgewandt wie der heilige Brendan, aber nicht wenige von uns befinden sich genau dort, wo er einst war. Wir sind am Strand. Wir leben das Christsein 1.0. Unser Gebetsleben ist geprägt von der Bitte um Veränderung der Umstände. Und nun sagt Gott: „Ich möchte dich weiter in die Tiefe führen."

Vielleicht antworten Sie: „Ich möchte tiefer gehen; ich möchte bedingungslosen Glauben erlangen. Womit beginne ich?"

Sie beginnen dort, wo Mose begann. An seinem eigenen „Strand", als er Gott begegnete, während unglaubliche Herausforderungen vor ihm lagen, betete er ein kraftvolles dreifaches Gebet:

Herr, lass mich deine Pläne erkennen.
Herr, sichere mir deine Gegenwart zu.
Herr, zeige mir deine Herrlichkeit.

Das sind die wichtigen Dinge, auf die sich unsere Neugier richten soll. Das ist das Gebet eines Menschen, der bedingungslosen Glauben heranreifen lassen möchte.

Zum weiteren Nachdenken

1. *Wofür beten Sie üblicherweise? Wie stark konzentrieren Sie sich darauf, Ihre Probleme zu lösen oder Ihr Einkommen zu steigern, und wie sehr geht es um die Vertiefung Ihrer Nähe zu Gott?*

2. *Wie würden Sie Ihren eigenen Glauben beschreiben? Lauwarm, stagnierend oder bedingungslos?*

3. *Versuchen Sie, Moses dreifaches Gebet täglich zu beten. Betrachten Sie es als einen Weg zu bedingungslosem Glauben. Notieren Sie in Ihrem Tagebuch, was dadurch an Neuem in Ihrem Leben passiert.*

Die Wurzel des Leitens

In seiner Liebe sollt ihr fest verwurzelt sein;
auf sie sollt ihr bauen. … Dann wird diese göttliche Liebe
euch immer mehr erfüllen.

Epheser 3,17.19 Hfa

Gail und ich hatten die Gelegenheit, den Yosemite-Nationalpark in Kalifornien zu besuchen. Wir brachten Bilder mit nach Hause, auf denen wir am Fuß einiger dieser dreitausend Jahre alten Bäume stehen, die sich weit, weit in die Höhe strecken. Man stelle sich das vor – dreitausend Jahre hat es gedauert, bis diese Bäume so groß und gewaltig geworden sind. Und dann stelle man sich auch das noch vor: Mit modernen Maschinen kann man so einen Baum (Gott bewahre!) in nur wenigen Minuten fällen.

Diese Bäume brachten mich auf einen Gedanken zum Thema Leiten und zwar zu der Frage, wie man sich als Verantwortlicher das Vertrauen der Leute erwirbt, für die man Verantwortung trägt. Dieser Vertrauensvorschuss ist sozusagen die Wurzel jeder Autorität.

Ich kenne keine biblische Leitungspersönlichkeit, die an diesem Punkt mehr zu kämpfen hatte als Mose. Jedes Mal, wenn er sich nur kurz wegdrehte, hinterfragte irgendjemand sein Urteilsvermögen, seine Aufrichtigkeit oder seinen Orientierungssinn. Man könnte sogar behaupten, dass das ständige Misstrauen und der Trotz des Volkes ihm schließlich die letzte Kraft geraubt haben.

Dagegen konnte der Apostel Paulus die Christen nur deshalb bitten, ihm Geld für die notleidende Gemeinde in Jerusalem mitzugeben, weil er wusste, dass sie ihm vertrauten. Auch als er die Mitglieder von Timotheus' Familie bat, diesen jungen Mann seiner Führung zu überlassen, setzte er auf diesen Vertrauensbonus.

Vertrauen war im Spiel, als Paulus den Korinthern strenge Anweisung gab, einen Sünder zu ermahnen. Und erneut konnte er sie nur aufgrund ihres Vertrauens dazu bewegen, den Mann, der nun Buße getan hatte, wieder in ihre Gemeinschaft aufzunehmen. Auch das Schicksal des Sklaven Onesimus hing letztendlich davon ab, ob sein Herr bereit war, Paulus zu vertrauen und seiner Empfehlung zu folgen. Da der gläubige Philemon dies tat, nahm die Geschichte ein gutes Ende. Kein Zweifel: Paulus' Wort war etwas, worauf man sich verlassen konnte.

Ich merkte in meinen ersten Dienstjahren schnell, dass die Menschen einen Weg nur mitgingen, wenn ich meine Gaben einsetzte: Reden, persönliche Ausstrahlung, neue Ideen und Träume. Ich war versucht zu glauben, dass die Menschen schon allein deshalb uneingeschränktes Vertrauen in mich haben sollten, weil ich einen akademischen Grad besaß, ordiniert war und viel über die Bibel wusste.

Dies funktionierte eine Weile; aber in Krisenzeiten kamen Fragen auf, die tiefer gingen. *Besaß ich Integrität und Weisheit oder war alles nur Schaumschlägerei? War ich verlässlich? Konnte ich auf geistlicher und organisatorischer Ebene Menschen auf unbekanntes Terrain führen?* Charme und Charisma sind wie Segelflugzeuge; sie fliegen, aber nicht unbegrenzt lange. Und in stürmischen Zeiten machen sie sich nicht besonders gut.

Krisenzeiten können kommen, wenn die Gemeinde gebeten wird, einen schwindelerregenden Betrag für ein Gebäude, für die Aufstockung des Mitarbeiterstabes oder für ein Hilfsprojekt für Arme zu spenden. Krisenzeiten können kommen, wenn die Gemeinde Althergebrachtes aufgeben und sich etwas völlig Neuem zuwenden soll. Sie können auch dann kommen, wenn Gemeindeverantwortliche Kritik üben müssen, wo Blindheit herrscht oder wo sich Positionen verhärtet haben und Buße und neue Wegweisung nötig sind.

Vertrauen im persönlichen Umgang

Noch wichtiger ist – auf lange Sicht –, welche Rolle Vertrauen in den persönlichen Begegnungen zwischen der Gemeinde und ihren Verantwortlichen spielt.

Vor Jahren durfte ich einen jungen Mann zum Glauben an Jesus führen. Damals lebte er mit einer jungen Frau zusammen, die die Tochter eines unserer Gemeindeältesten war. Ihre Familie hatte die Hoffnung aufgegeben, dass sie (oder er) jemals ein Leben nach biblischen Maßstäben führen würde. Eines Sonntags kamen die beiden (aus Gründen, die ich vergessen habe) zum Gottesdienst. Hinterher unterhielt ich mich mit dem Paar und wurde schließlich Zeuge der Bekehrung des jungen Mannes und der Veränderung seines Lebens.

Die junge Frau, die zwar im Glauben aufgewachsen war, sich dann aber abgewandt hatte, fand daraufhin ebenfalls zum Glauben zurück. Es dauerte nicht lange, bis die beiden – nachdem sie erkannt hatten, wie wichtig biblischer Gehorsam ist – mich fragten, ob ich sie trauen würde. Ich war hocherfreut.

Doch sie warnten mich: Die Eltern der jungen Frau, erzählten sie mir, würden der Heirat vermutlich ablehnend gegenüberstehen. Im Namen des Paares sollte ich auf die Eltern zugehen und ihr Einverständnis erbitten. Ich willigte ein.

Ich erinnere mich, wie ich im Wohnzimmer der Eltern saß, die seit vielen Jahren Christen waren. Dieser Moment war so dramatisch, dass ich selbst jetzt, nach vielen Jahren, noch genau wiedergeben kann, was ich zu ihnen gesagt habe. Ich sprach sie mit Namen an und sagte: „Ich möchte euch bitten, mir zu vertrauen. Ich bin der Überzeugung, dass eure Tochter und ihr Freund heiraten sollten. Ich glaube, dass er bereit ist, ein liebevoller und verantwortungsbewusster Ehemann zu sein, und dass sie bereit ist, die Pflichten einer Ehe zu übernehmen. Ich möchte euch bitten, dass ihr ihren Wunsch zu heiraten unterstützt."

Es entstand eine kurze Stille, während die Eltern das auf sich wirken ließen. Dann sagte der Vater folgende Worte: „Gordon, wir vertrauen dir. Und wenn du denkst, dass sie bereit sind zu heiraten und dass das eine gute Entscheidung ist, dann geben wir ihnen unseren Segen." Und das taten sie.

Dieses Paar ist nun seit über 25 Jahren verheiratet, und unser aller Einschätzung hat sich immer wieder bestätigt. Das wäre jedoch nicht geschehen, hätte ich mich nicht auf Vertrauen berufen können, das man mir entgegenbrachte.

Verdientes Vertrauen

Der große viktorianische Mediziner Sir William Osler sagte einmal zu seinen Medizinstudenten:

> *Das Praktizieren der Medizin ist eine Kunst, kein Gewerbe; eine Berufung, nicht ein Geschäft; eine Berufung, in der Sie Ihr Herz genauso wie Ihren Kopf einsetzen müssen. Oft wird der größere Teil Ihrer Arbeit nichts mit Säften und Pudern zu tun haben, sondern damit, dass der Starke Einfluss übt auf den Schwachen, der Gerechte auf den Verdorbenen und der Weise auf den Narren. Zu Ihnen als Ratgeber der Familie, dem man vertraut, wird der Vater mit seinen Ängsten kommen, die Mutter mit ihrem verborgenen Kummer, die Tochter mit ihren Belastungen und der Sohn mit seinen Dummheiten. Ein gutes Drittel der Arbeit, die Sie tun, wird in andere Bücher als Ihre eingetragen.*

Mit nur geringen Änderungen in der Wortwahl hätte Osler das auch zu Menschen im Gemeindedienst sagen können. Vertrauen ermöglicht es, Einfluss auszuüben. Und übrigens, Vertrauen ermöglicht es ebenso, dass man sich gelegentlich irren darf. Menschen vergeben einen Irrtum leichter, wenn sie großes Vertrauen haben.

Inzwischen sind neue Gemeindemitarbeiter herangewachsen, die mit großer Hingabe von Gemeinden getragene evangelistische Bemühungen angehen. Ich bewundere sie und schätze ihre Freundschaft. Sie haben damit sicher mehr erreicht, als ich und die meisten Pastoren meiner Generation uns jemals erträumt hätten. Und sie schreiben wirklich gute Dinge darüber, welche Fähigkeiten in Gemeinden gefragt sind: eine Vision zu haben, Leidenschaft, kulturelles Einfühlungsvermögen, Nachwuchs zu fördern und vieles andere.

Es gibt jedoch eines, über das viel zu wenig gesagt wird. Wir neigen dazu, zu denken, dass sich der Dienst in Gemeinden hauptsächlich um Begabungen und eine gute Nase dreht. Ich höre nichts von Vertrauen, das einer Beziehung eine unbeschreibliche Qualität verleiht und mit dessen Hilfe Ehren- wie Hauptamtliche die Zuversicht der Menschen aufbauen und sich ihrer erfreuen können.

„Wir gewinnen unser Geld auf altmodische Weise", machte ein Unternehmen einmal für sich Werbung. „Wir verdienen es!" Ganz ähnlich ist es mit dem Vertrauen, das man „auf altmodische Weise" gewinnt: Es wird verdient. Man kann es nicht fordern oder voraussetzen.

Eine meiner Theorien besagt, dass ein Leiter nicht mit dem nötigen Biss oder ausreichend Zugkraft führen kann, solange er nicht etwa fünf Jahre in der Leitung war. Deshalb ist im fünften und in den darauffolgenden Jahren Vertrauen besonders wichtig, weil der Reiz des Neuen verflogen ist. Mein Vater erinnerte mich gern daran: Die Menschen folgen dir eine Weile, weil sie dich ausgesucht haben. Aber auf lange Sicht folgen sie dir, weil sie gelernt haben, dir zu vertrauen.

Zurück zu den Mammutbäumen in Kalifornien: Es ist nicht schwer, sie in kürzester Zeit zu fällen. Genau wie sie kann Vertrauen binnen Kurzem zerstört werden. Ich weiß das. Ich habe einmal das Vertrauen von Menschen verloren, um die ich mich intensiv gekümmert hatte. Einige sehr wertvolle Freundschaften sind zerbrochen. Und ich verlor meine Ehre. Einiges von dem zurückzugewinnen, was verloren ging, bedurfte langer Zeit.

Wie man Vertrauen aufbaut

Jetzt zur großen Frage: Wie entsteht Vertrauen? Hier sind sieben Quellen, die ich im Laufe der Jahre ausfindig gemacht habe:

1. *Vertrauen entsteht durch Beständigkeit:* Beständigkeit in der Botschaft, in der Vision, im Umgang mit den Umständen. Menschen beobachten pausenlos. Sie wollen wissen: Bleiben Sie sich treu, wenn Dinge schiefgehen? Halten Sie ein begründetes „Nein" des Kirchenvorstandes aus? Stimmt Ihr persönliches Handeln mit dem überein, was Sie von der „sicheren Kanzel" herab predigen?

2. *Vertrauen entsteht durch Verlässlichkeit.* Sind Sie eine Person, die Wort hält? Sind Sie bei Verabredungen pünktlich? Halten Sie, was Sie jemandem zugesagt haben? Wenn Sie ein Versprechen geben, sorgen Sie dafür, dass Sie es auch einlösen.

3. *Vertrauen entsteht durch Offenheit.* Sind Sie aufrichtig, wenn es um Sie selbst geht? Sind Sie ehrlich im Blick darauf, was hinter den Kulissen der Gemeinde geschieht? Bei vertrauenswürdigen Leuten gibt es nichts Glattes, keine Sprüche und Strategien, die Dinge verheimlichen. Nur dann fühlen sich Menschen nicht hintergangen.

4. *Vertrauen entsteht durch den Ruf, hart zu arbeiten.* Predigten sollten offenbaren, dass man sein Handwerkszeug beherrscht und ernsthaftes Bibelstudium betreibt. Hauptamtliche sollten ihrer Gemeinde mehr geben, als diese für ihr Geld erwartet hat. Durchdachte Präsentationen und Erläuterungen sollten Vorstandstreffen und Sitzungen kennzeichnen. Die Gemeinde sollte spüren, dass sie gut geleitet wird.

5. *Vertrauen entsteht durch die Überzeugung, dass die Gemeindeverantwortlichen unparteiisch sind.* Die Reichen (Hauptspender), die Attraktiven, die Jungen oder die Einflussreichen dürfen nicht bevorzugt werden. Stattdessen sollte Kindern, Schwachen, Alten und denjenigen Aufmerksamkeit geschenkt werden, die sich abmühen und dort in der Gemeinde Dienst tun, wo es kaum Anerkennung gibt.

6. *Vertrauen entsteht durch Durchhaltevermögen.* Das bedeutet, dass vor allem Hauptamtliche über einen langen Zeitraum Einsatz zeigen sollten. So werden Beziehungen und verschiedene Bereiche des Dienstes (Taufen, Hochzeiten, Beerdigungen usw.) aufgebaut; die Menschen sehen, dass der Pastor am Verlauf ihres Lebens teilhat. Und wenn Krisen kommen, dann sind sie eher bereit zu sagen: „Der Pastor war für mich da; jetzt werde ich mich für das einsetzen, was Gott nach seiner Überzeugung für uns will."

7. *Vertrauen entsteht durch einen sich stetig vertiefenden Glauben.* Die Gemeinde will spüren, dass die Verantwortlichen ihren Blick auf Jesus heften. Die Gemeindemitglieder werden ermutigt, wenn sie feststellen, dass deren Leben und Leiten die Suche nach dem Vaterherz Gottes widerspiegelt, dass ihre Worte demütig und dennoch zuversichtlich sind, dass sie rückhaltlos bußfertig und dennoch barmherzig sind, zurückhaltend und dennoch kompetent durch die Kraft Gottes.

Ich habe meine Gemeinde mehr als nur einmal um ein zweites Opfer gebeten für Menschen, denen irgendwo auf der Welt ein großes Unglück zugestoßen ist. Vertrauen hat es ihr möglich gemacht, etwas tiefer in den Geldbeutel zu greifen. Ich habe meine Gemeinde mehr als einmal gebeten, im Glauben an Gott das Budget oder die Mitarbeiterzahl zu erweitern oder ein Bauprojekt anzugehen. Vertrauen hat sie dazu bereit gemacht.

Und ich habe meine Gemeinde mehrmals gebeten, etwas, das neu für sie war oder ihr nicht gepasst hat, erst einmal zu schlucken und zu akzeptieren. Nur Vertrauen hat das ermöglicht.

Vertrauen entzieht sich einer vollständigen Definition. Aber wie sagt man so schön: Man erkennt es, wenn man es sieht. Und daran denke ich, wenn ich an einem gewaltigen kalifornischen Mammutbaum hinauf in den Himmel blicke. Wie lang ist er gewachsen, wie schnell zerstört.

Zum weiteren Nachdenken

1. *Welche Verantwortlichen in Gemeinden kennen Sie, die besonders vertrauenswürdig sind? Welche Auswirkung hat es auf Ihr Leben, dass Sie ihnen vertrauen können? Sind Ihnen auch christliche Leiter begegnet, die nicht vertrauenswürdig waren? Welchen Einfluss hatte das auf Sie?*

2. *Gab es eine Zeit in Ihrem Leben, in der Sie das Vertrauen eines von Ihnen geschätzten Menschen verloren haben? Unter welchen Umständen geschah das, und waren Sie in der Lage, es zurückzugewinnen? Wenn ja, wie?*

3. *Wie inspirieren Sie die Menschen, die Gott Ihnen anvertraut hat, zu Vertrauen und Zuversicht?*

„Schau auf Jesus!“

Neue Kraft am Montagmorgen

Ich muss mir mehr Zeit für die persönliche Stille vor Gott freihalten.
Ich habe viel zu sehr in der Öffentlichkeit gelebt.
Das Verkürzen der Stille vor Gott lässt die Seele verhungern,
sie magert ab und wird kraftlos.

William Wilberforce

Montagmorgen. In den vergangenen 72 Stunden habe ich fünfmal gepredigt, mit mindestens 25 Leuten, die geistliche Veränderung brauchten, gebetet und Gespräche geführt, habe mir die Beschwerden von zwei Menschen angehört, die „verletzt" wurden, und mich mit einem Paar unterhalten, dessen Ehe zu zerbrechen droht.

Ich bin müde, verunsichert und frustriert, weil ich manches nicht besser hinbekommen habe. Für die nächsten 48 Stunden steht im Terminkalender:

- an einen wichtigen Mitarbeitertreffen teilnehmen,
- einen Abend mit mehreren Dutzend neuer Gemeindemitglieder verbringen,
- mich mit einem der Ältesten zum Frühstück treffen,
- eine verzweifelte Frau besuchen, deren Ehemann depressiv ist,
- mit einem Pastor zu Mittag essen, der darüber sprechen will, wie man Nachwuchskräfte mit Vision fördert,
- ein älteres Ehepaar besuchen, das schrecklich einsam ist, weil die meisten ihrer Freunde gestorben oder weggezogen sind,
- mit Mitgliedern unseres Pastorenteams zu Abend essen, die ein paar ihrer Zukunftsträume vorstellen möchten.
- Außerdem muss in dieser Zeit noch ein Artikel fertig geschrieben, ein erster Blick auf das Material für die Predigt am nächsten Sonntag geworfen und auf etwa 30 E-Mails geantwortet werden.

Noch nicht erwähnt habe ich die Zeit mit meiner Frau, die Gespräche mit meinen Enkeln (die sicher anrufen werden) und einige bitter nötige Momente, in denen ich mich zurückziehen kann.

Bei alldem wird erwartet (von mir selbst und von anderen), dass ich geistlich leidenschaftlich bin, also zumindest ein wenig Weisheit, Gnade, Kraft und Glauben erkennen lasse (Worte, mit denen Stephanus in Apostelgeschichte 6 beschrieben wird) und diese auch für andere zugänglich mache. Ohne diese inneren Qualitäten flaut meine Wirksamkeit als Pastor schnell ab.

Ich fühle mich allerdings so, als ob ich geistlich ständig im Entlade-Modus bin und nur ziemlich kurze Zeiten des Aufladens habe. Ich werde nie Jesu Reaktion gegenüber Simon Petrus vergessen, als dieser nicht verstand, wie Jesus inmitten einer Menschenmenge fragen konnte, wer ihn berührt habe. Jesus antwortete ihm: „Ich habe gespürt, dass eine Kraft von mir ausgegangen ist“ (Lk. 8,45-46).

Aufbau, Erhalt und Abgabe geistlicher Energie sind das Hauptthema für leitende Gemeindemitarbeiter, die vital bleiben wollen. Die Langzeitfolgen, wenn man ständig mit leerem Tank unterwegs ist, sind erschreckend: Man wird verbittert, agiert nur noch mechanisch, verfällt der Sünde, die den Dienst zerstört, verliert die Nähe zu Gott, dem Ehepartner und Freunden und beginnt (nicht zuletzt), die Arbeit zu hassen.

Als Ruth Graham einmal gefragt wurde, ob sie je daran gedacht habe, sich von Billy scheiden zu lassen, drückte sie es so aus: „Scheidung? Nie! Mord, mehrmals.“ So denke ich über meinen Dienst: *Aussteigen? Nie! Einfach in die Schweiz abhauen und bergsteigen? Jeden Montag!*

Den Geist erfrischen

Wie erfrischt man seinen Geist? Das wenige, das ich darüber weiß, habe ich auf die harte Tour gelernt, meist durch Versagen, Dürrezeiten, die schrecklichen Momente, in denen ich die Seele der Menschen anrühren wollte, aber so gut wie nichts anzubieten hatte.

Nur selten hat es mir an Worten, Ideen oder Freundlichkeit gemangelt. Aber ich hatte nicht immer das richtige „Material" anzubieten, das allein aus der Tiefe einer erfüllten Seele kommt. Hier nun ein paar wenige Gedanken, die meinen Montagmorgen erträglicher gemacht haben.

Meine Sündhaftigkeit eingestehen

Ich habe in der Vergangenheit versucht, zu handeln, zu reden und Menschen zu beeindrucken, als wäre ich eine Reinkarnation Oswald Chambers'. Manchmal habe ich versucht, fromm klingende Antworten zu geben oder das Fachchinesisch falscher Bescheidenheit einzusetzen. Ich frage mich, ob ich genauso lächerlich wirkte, wie ich mir vorkam.

Eines Tages wurde es offenbar, dass ich das Zeug dazu hatte, ein schrecklicher Sünder zu sein, und die Katze war aus dem Sack gelassen. Der Apostel Paulus hatte dasselbe Problem wie ich: Sündhaftigkeit. Ich bin ein Sünder, der oft den Rückweg zum Kreuz antreten muss, um Vergebung und Erneuerung zu finden. Warum also sollte man das nicht zugeben und sich in Zukunft der Gnade Gottes erfreuen?

Ich habe gelernt, anderen gegenüber meine Sündhaftigkeit schnell einzugestehen. Dass Paulus sich selbst als den „schlimmsten der Sünder" bezeichnet hat (1. Tim, 1,15 Hfa), ist ein guter Ausgangspunkt, selbst offen damit umzugehen.

Nicht so viele Worte machen

Nur wenige Gemeindeverantwortliche wissen, wie man anderen gute Fragen stellt, wie man herausfindet, was Gott wohl durch die Erfahrungen anderer sagt. Meistens sprechen wir eifrig über all das, was wir wissen, als sei das der einzige Weg, glaubhaft zu sein.

Ich habe hart daran gearbeitet, anderen nicht immer meine neuesten Erkenntnisse oder geistlichen Beweggründe und meine Ansichten über Mitarbeiter, Gemeinden und Dienste mitteilen zu müssen. Ich bin nicht ganz so schlau und weise, wie es den Anschein hat (ich sage das mit einem Augenzwinkern), und ich habe herausgefunden, dass es besser ist, weniger zu reden. Vorschnell, zu viel und zu schlau zu reden, ist für den Geist zerstörerisch. Glaubensgeschwister, die ich besonders schätze, sind oft ruhig in ihrer Art und eher still, als dass sie viele Worte machen.

Das ist hart für jene von uns, die nicht mit Worten geizen. Aber ich selbst bemühe mich trotzdem, mehr jemand zu werden, der Fragen stellt, und weniger jemand, der Antworten gibt. Mehr und mehr schätze ich die Weisheit von Brigid Hermann, die einmal sagte, dass wir umso weniger mit Gott sprechen wollen, je mehr wir anderen erklären, was wir alles lernen und erfahren.

Den Tag planen

Ich plane jeden Tag auf ein bestimmtes Ziel hin. Zu Beginn meines Tagebucheintrags findet sich „mein tägliches Ziel“; es beschreibt, was sinnvolles Leben für mich heißt. Mein tägliches Ziel ist das Ergebnis von viel Meditation, Gebet und Experimentieren. Wie die Ufer eines Flusses hilft es mir, meine Energien in die richtige Richtung zu lenken.

Mein tägliches Ziel ist beispielsweise eine fröhliche und ehrbare Gemeinschaft mit dem Vater, ein gutes Miteinander mit denen, die ich liebe, und pastorale und demütige Hingabe zum Dienst im

Reich Christi. Jeden Morgen betrachte ich den vor mir liegenden Tag durch diese dreifache Linse. Das gibt meinen Gebeten Form, meiner Lektüre zur Meditation ein Fundament und meiner persönlichen Planung einen Prüfstein.

Gottes Liebe neu erfassen

Als ich noch jünger war, hatte meine Liebe zu Gott eher mit Gefühlen und Romantik zu tun. Kein Wunder, dass es mir schwerfiel, die Wirklichkeit darin zu entdecken – geschweige denn, diese Liebe aufrechtzuerhalten. Heute sehe ich meine Liebe zu Gott viel eher im Vater-Sohn-Modell verwirklicht. Sie ist das Abenteuer zu verstehen, wie ich Gott ehren, ihm gehorchen und danken kann; wie ich der Trauer über Fehltritte und Sünden angemessen Ausdruck verleihe und eine gewisse „Scheu" erlange, die mich darauf hören lässt, was er in meine Seele hineinflüstert.

Das alles ist nicht Teil einer romantischen Beziehung; es ist nur dann möglich, wenn ich Gott als himmlischem Vater begegne.

Mir die Hände schmutzig machen

So eigenartig es klingen mag: Ich habe gemerkt, dass ein Schlüssel für geistliches Wachstum die Beteiligung an der alltäglichen Arbeit in Haus und Ehe ist. Zu viele Jahre habe ich die Führung unseres Haushalts, gemeinsame Termine, unsere Finanzen und unser Privatleben (auch Waschen, Kochen usw.) meiner Frau überlassen, damit ich mich uneingeschränkt den „großen und wichtigen Aufgaben" widmen konnte. Menschen in verantwortlichen Positionen (besonders Männer) haben die Neigung, sich aus der „einfachen" Arbeit im Haus ganz auszuklinken.

Aber solche Arbeit verschafft einen Zugang zu wirklicher Demut. Demut erwirbt man nicht durch Bescheidenheit; man findet sie darin, dass man sich ganz gewöhnlicher Arbeit widmet. Die Mönche wissen das seit Jahrhunderten.

Ich bringe nicht nur den Müll raus oder mache das Bad sauber, weil ich darum gebeten werde, sondern betrachte diese Aufgaben als ständige Pflicht. Ich erlebe viel von Gottes Gegenwart (und eine Steigerung des Respekts seitens meiner Frau) im Tun der einfachen Dinge.

Aufhören, nur für andere zu leben

Früher waren mir in meiner Arbeit ein paar Dinge wichtig, die ich inzwischen als gefährliche Fallen entlarvt habe: dass ich dafür zuständig sei, alle Probleme zu lösen, jeden Menschen innerlich zu erneuern und alle Arbeit im Reich Gottes zu erledigen, bis ich sterbe. Der Gemeindedienst ist mein Leben, aber ich muss genauso dafür sorgen, dass in meinem Kalender auch Dinge stehen, die einfach Spaß machen (vor allem die Zeit mit Gail und guten Freunden). Seitdem ich das tue, lache ich wieder viel mehr und lebe das Leben mit neuer Begeisterung.

In meinen Gesprächen mit anderen Gemeindeleitern höre ich mit Bestürzung, wie viele von ihnen persönliche Wünsche ganz zurückgestellt haben. Das kann eine tiefe Schlucht aus Ärger und Traurigkeit erzeugen. Als junger Ehemann und Vater habe ich das Skifahren zugunsten anderer, vermeintlich wichtigerer Dinge aufgegeben. Als ich älter wurde, ermutigte mich meine Frau, auf die Berghänge zurückzukehren. Heute gehören ein paar Tage in den Rocky Mountains für mich zu den Höhepunkten des Jahres. Ich bin morgens der Erste am Lift und am späten Nachmittag der Letzte, der ihn immer noch nutzt. Ich habe wieder gelernt, unbeschwert zu „spielen“.

Außerdem weiß ich jetzt, dass ich nicht jedes Mal recht haben muss, wenn ich meinen Mund aufmache. Ich muss nicht mehr der Beste sein, muss nicht jede Situation unter Kontrolle haben, muss als Pastor nicht länger jede erdenkliche Funktion ausüben. Und ich muss nicht zu jedem Traum, jeder Vision und jeder Bewegung eine Meinung haben, zu der sich jemand von Gott berufen fühlt. Ich habe tatsächlich gelernt, Nein zu sagen. Ich muss nicht gut dastehen, mich nicht gut verkaufen, mich nicht anbieten.

Zeit mit den Schwachen verbringen

Ich hatte immer versucht, meine Zeit vor allem mit den „Starken" zu verbringen. Ich war gezwungen, Prioritäten zu setzen und meine Zeit gut einzuteilen. Selbst jetzt noch sagt der Manager in mir: „Verbring deine Zeit mit den Leuten, die das dicke Geld haben, eine gute Nase in Bezug auf Politik, die besten Beziehungen und Charisma." Dann wurde ich eines Tages selbst einer der „Schwachen". Ich lernte, wie es sich anfühlt, wenn Menschen nur deshalb vorbeikommen, um dir zu zeigen, dass sie dich lieben. Als Folge davon habe ich hart daran gearbeitet zu lernen, den Schwachen ein Freund zu werden.

Die Schwachen sind nicht unbedingt Menschen mit Problemen; es sind eher die „Unbeachteten": die sehr alten, sehr jungen oder etwas „eigenartigen" Leute. Bei einem unserer abendlichen Mittwochstreffen in der Grace Chapel fragte ich eine junge Mutter, ob ich ihr Baby halten dürfe, während sie in einer Reihe anstand, um mit ihrem Mann und ihren Freunden eine Kleinigkeit zu essen. Das Baby und ich kamen prima miteinander aus, und die Eltern schienen gerührt, dass ein Pastor ihrem Allerliebsten Zuneigung entgegenbrachte.

Die Alten, die zutiefst Bußfertigen, die Schmerzgeplagten und die Kinder kennen die Wirklichkeit oft viel besser als die Starken. Ich habe festgestellt, dass sie es sind, die die beeindruckendsten Dinge sagen. Vielleicht verbringt Gott deshalb den Großteil seiner Zeit mit denen, die „zerschlagenen und demütigen Geistes" sind (Jes. 57,15).

In die Stille kommen

An den meisten Abenden früh zu Bett zu gehen, hat mir die Möglichkeit gegeben, die frühen Morgenstunden zu nutzen, bevor Anrufe, E-Mails und Verabredungen unbarmherzig hereinprasseln. In der Stille wurde meine Seele durchdrungen von Gottes Wort, alten Liturgien, Gebeten und geistlichen Betrachtungen. Ich habe die Bibel wieder ganz neu lieben gelernt – und mit ihr die Gedanken der alten (und auch nicht so alten) Denker verschiedenster Traditionen.

Geistliches Feuer neu entfacht

Eines Tages, wenn ich nicht mehr auf dieser Welt bin, werden meine Kinder vor der Frage stehen: Was soll mit all den Jahrgängen von Tagebüchern geschehen, in denen die Höhe- und Tiefpunkte, Erfolge und Niederlagen ihres Vaters niedergeschrieben sind? Wenn sie sich dafür entscheiden, hier und da ein Stückchen zu lesen, werden sie erkennen, was für ein durchschnittlicher Mann ich war und wie freundlich Gott in diesen stillen Momenten gewesen ist. Er hat die Leere in mir mit seinen Verheißungen und Zusagen gefüllt.

Solche geistlichen Bemühungen sind kein garantierter Schutz vor Versagen und Niederlagen. Werden sie aber zur Gewohnheit, kann man sich in den Momenten des Scheiterns zu ihnen flüchten und ihnen folgen.

So trat ich an diesem Montagmorgen nach einem stürmischen Wochenende voller Aktivitäten mit meiner Bibel, meiner Besinnungsliteratur, meinem Notebook und meiner fast leeren Seele vor meinen persönlichen Altar. Ich bin schon oft hier gewesen und weiß: Gott hat dieser müden Seele etwas zu sagen. Und wenn er damit fertig ist, werde ich wieder ein halbwegs neuer Mensch sein. Das geistliche Feuer ist neu entfacht.

Zum weiteren Nachdenken

1. *Welche Ereignisse, Aktivitäten, Leute oder andere Auslöser gibt es in Ihrem Leben, die Sie in die Erschöpfung treiben?*

2. *Wie hat sich die Art, wie Sie Ihre Beziehung zu Gott empfinden, mit den Jahren verändert? Nehmen Sie ihn als Ihren Vater wahr?*

3. *Wie finden Sie persönlich die Erholung, die Sie brauchen, um Ihren Akku wieder aufzuladen? Gibt es Hobbys oder Aktivitäten, die Sie abgelegt haben? Wenn dem so ist – wie könnten Sie diese wieder in Ihr Leben einbauen?*

Persönliche Zeiten des Rückzugs

Obwohl ich immer in Eile bin, bin ich niemals in Hetze,
weil ich nur so viel Arbeit auf mich lade,
wie ich ruhigen Herzens bewältigen kann.

John Wesley

In Walter Trobischs wunderbarem Buch *Heiraten – warum nicht?* wird von einem intensiven Gespräch zwischen dem Autor und der Frau des afrikanischen Pastors Daniel berichtet. Nach einem Sonntagsgottesdienst, in dem Walter über die Ehe gepredigt hat, sitzen Walter und Esther bei Esther zu Hause am Esszimmertisch und warten auf Daniel. Da sitzen die beiden nun vor einem herrlichen Essen, das Esther vorbereitet hat.

Das Problem ist: Daniel kommt nicht. Und das verdrießt Esther zunehmend, denn sie weiß, dass ihr Ehemann sich vor der Tür mit Gemeindegliedern unterhält. Er scheint gar nicht zu bemerken, dass er ihren Gast vernachlässigt und seine aufgebrachte Frau kränkt, die sich sehr um besondere Gastfreundschaft bemüht.

Da er die Anzeichen ihrer Enttäuschung nicht ignorieren kann, sagt Walter zu Esther: „Es ist Ihnen jetzt meinetwegen peinlich." Nachdem sie ihre Fassung wiedergefunden hat, antwortet Esther: „Ich liebe Daniel sehr, aber er ist kein Freund von Pünktlichkeit. Harte Arbeit macht mir nichts aus, aber ich möchte meinen Tag planen und Ordnung halten. Daniel dagegen handelt spontan. Er ist ein großartiger Pastor. Die Leute mögen ihn sehr, aber ich fürchte, sie nutzen ihn auch aus."

Bei Esthers Sorgen geht es im Grunde genommen um Zeit. Sie und Daniel sind sich nicht einig, wie sie richtig einzusetzen ist. Und das Ergebnis? Wenn sie ihren Verpflichtungen nachgehen, werden sie immer ineffektiver; und das Zeitproblem fängt an, ihre Ehe anzugreifen.

Richtig verstanden und eingesetzt, ist Zeit einer unserer besten Freunde. Falsch angewandt und schlecht eingesetzt, wird sie ein furchterregender Feind. Wie auch andere Autoren hat Peter Drucker ganz deutlich gemacht, dass das Thema Zeit wirklich grundlegend ist für die Effektivität unseres Dienstes für Gott. In seinem Buch *Die ideale Führungskraft* ist er sorgsam darauf bedacht, daran zu erinnern, dass Zeit *unelastisch* ist – sie kann nicht gedehnt werden, sie ist *unersetzbar* – man kann sie nicht zurückfordern, und sie ist *unverzichtbar* – ohne sie kann nichts getan werden.

Durch sein irdisches Leben lehrt Jesus uns einige hilfreiche Prinzipien über den Gebrauch von Zeit. Es ist ja nichts Neues, dass Christus nie Hinweise darauf erkennen ließ, dass er in Eile war, unter Druck stand oder irgendetwas aufholen musste. Obwohl er dann und wann bestimmt körperlich müde war, scheint er nie wegen eines Mangels an Zeit frustriert gewesen zu sein – im Gegensatz zu uns heute.

Wir lesen davon, dass Jesus große Menschenmengen ignorierte, um ausführlich mit zwölf Männern zu reden. Wir beobachten, wie er in einem Boot schläft, wie er eine Mahlzeit sausen lässt, um mit einer Frau zu sprechen, oder wie er das Zusammensein mit einer großen Anzahl Erwachsener unterbricht, um sich Kindern zuzuwenden. Das ist ein interessanter Einsatz von Zeit, meinen Sie nicht auch? Einige haben sicher den Kopf darüber geschüttelt, wie Jesus die Stunden seines Lebens investierte. Aber im Rückblick sehen wir, dass es ihm nie misslang, seine Zeit richtig einzusetzen; sein Auftrag wurde in nur 33 Jahren erfüllt.

Heute schreiben viele Leute übers Ausgebranntsein. Warum hatte Jesus kein Burnout? Ich denke, die Antwort beruht auf drei einfachen Prinzipien: Jesus maß jeden Einsatz von Zeit an seinem Auftrag, er nahm sich Zeit, um mit seinem Vater allein zu sein, und er versuchte nicht, zu viel zu tun.

Zeit und Dienen: Sechs Mythen

Wir müssen bestimmte Mythen in Bezug auf das Thema Zeit aufdecken, die wir uns viele Jahre lang gegenseitig eingetrichtert haben. Solche Mythen widersprechen den Prinzipien, die Jesus in seinem Dienst anwandte.

Mythos Nr. 1. Wir sind individuell verantwortlich dafür, die ganze Welt zu retten. Lachen Sie ruhig über die Absurdität dieser Aussage, aber viele von uns handeln, als glaubten sie wirklich daran. Quelle dieses Mythos ist unser Drang, den Möglichkeiten gerecht zu werden, die wir von Gott empfangen zu haben meinen. Außerdem werden wir nicht gern bei Dingen ausgeschlossen, die andere tun. Irgendwann wollen wir auf jeder Konferenz referieren, zu jedem Vorstand gehören, der uns dabeihaben will, zu jedem Thema, das in unserer Gemeinde aufkommt, einen Rat geben und mit jeder Koryphäe, die in unserem Blickfeld auftaucht, Freundschaft schließen.

Wenn wir unser Leben von diesem Mythos bestimmen lassen – wie es viele tun –, führt das tragischerweise am Ende zur entmutigenden Feststellung, dass wir nie genug Leute kennen, nie alle Konferenzen besuchen können und nie genug Zeit für alle Vorstandssitzungen haben. Nur langsam lernen wir, dass wir die Welt nicht retten, wohl aber Spuren darin hinterlassen können.

Mythos Nr. 2. Uns geht die Zeit aus. Laufe ich Gefahr, geliebte Glaubensgeschwister zu verlieren, wenn ich mich nicht länger bei denen einreihe, die überzeugt sind, dass die „Mitternachtsstunde" über uns hereingebrochen ist und wir keinen Augenblick mehr zu verlieren haben?

Inzwischen bewundere ich diese „Getriebenen" nicht mehr. Meine Bewunderung gilt zunehmend denen, die, wie Landwirte, Geduld gelernt haben, die wissen, dass alles seine Zeit zu wachsen braucht und dass alles, was wir tun können, darin besteht, uns nach der richtigen Reihenfolge von Säen, Pflegen und Ernten zu richten. Keine Ernte wird reicher durch panische Eile.

Mein ganzes Leben lang wurde ich von jenen bedrängt, die den Weltuntergang hinter der nächsten Ecke kommen sahen. Hätte ich auf ihre Voraussagen geachtet, dann hätte ich mein halbes Leben verplempert. Obwohl ich überzeugt bin, dass sich der Weltuntergang oder besser: die bevorstehende Wiederkunft Christi noch heute ereignen könnte, bin ich trotzdem bereit, so zu handeln, als lägen noch weitere Tausend Jahre vor uns.

Mythos Nr. 3. Gemeindeverantwortliche müssen permanent für alle Notfälle verfügbar sein. Als junger Pastor wurde mir vermittelt, dass die Berufung in den Dienst bedeute, dass meine Zeit der Gemeinde gehöre, Tag und Nacht, 52 Wochen im Jahr. Nur zu oft hörte ich bewunderndes Flüstern über den engagierten Mann, der nie einen Tag freinahm, kaum einmal Urlaub machte und ständig ansprechbar war. Es gab eine Zeit, in der ich wirklich an diese Art von Leben glaubte und mich schuldig fühlte, weil ich mit dessen Ansprüchen haderte.

Ich glaube noch immer daran, dass es wichtig ist, als Pastor in angemessenem Rahmen verfügbar zu sein. Andererseits habe ich keine Angst mehr, nicht erreichbar zu sein, wenn es für mich Zeit ist, die Einsamkeit aufzusuchen, Zeit mit der Familie zu verbringen oder die schönen Momente des Lebens in dieser wunderbaren Welt zu genießen. In all den Jahren als Pastor in drei Gemeinden habe ich nur wenige Situationen erlebt, in denen meine Gegenwart absolut notwendig war.

Mythos Nr. 4. Ruhe, Erholung und Freizeit sind nur ein zweitklassiger Einsatz von Zeit. Erinnern Sie sich an die bohrenden Fragen, die man vielen von uns als Jugendlichen immer wieder stellte? „Willst du denn, dass Jesus dich bei seiner Wiederkunft dabei antrifft, wie du im Kino sitzt, deine Freundin küsst oder mit deinen Kumpels in der Kneipe sitzt?"

Die Frage kann uns bis ins Erwachsensein hinein quälen. Dann taucht sie plötzlich aus dem Unterbewusstsein auf: Was Jesus wohl denkt, wenn er uns bei seiner Wiederkunft beim Tischtennis, beim Kanufahren auf dem Penobscot River in Maine, bei einem Konzert oder (oh, schönster aller Träume) im entscheidenden Spiel unserer Lieblingsfußballmannschaft um die Meisterschaft antrifft?

Warum verbindet sich so ein Unbehagen mit Ruhe, Erholung und Freizeit? Weil wir unabsichtlich unsere Zeit in Kategorien einteilen: gut, besser, am besten. Dienst in der Gemeinde, so denken wir, ist erstklassig genutzte Zeit; jede andere Aktivität ist zweit- oder drittklassig. Falsch! Im Großen und Ganzen ist der Gott der Bibel genauso erfreut, wenn seine Kinder spielen, wie wenn sie arbeiten – wenn alles geschieht, damit wir die anderen Zeiten umso effektiver nutzen können. „Geht ihr allein an eine einsame Stätte und ruht ein wenig“, hat Jesus gesagt (Mk. 6,31). Und „Gott ruhte und erquickte sich“, sind Worte des Mose (2. Mose 31,17).

Mythos Nr. 5. Es ist glanzvoll, sogar heldenhaft, sich für seine Berufung völlig zu verausgaben, zusammenzubrechen und sogar in Beziehungen zu scheitern. Obwohl ich nicht die Heiligen abwerten möchte, die ihr Leben für das Evangelium hingegeben haben, ist es genauso richtig, ein langes Leben in beständigem Dienst anzustreben. Es gipfelt in großer Weisheit und Erfahrung, die an die nächste Generation weitergereicht werden können.

Mythos Nr. 6. Die Familie eines Gemeindeleiters entsagt automatisch ihrem Anspruch auf geistliche und familiäre Leitung durch den Vater (oder die Mutter). Missionare früherer Generationen überließen ihre Kinder oft der Fürsorge Dritter, um in entfernte Erdteile fortzugehen. Sie taten das in der Illusion, Gott werde sich – aufgrund ihrer Treue zu ihm – um das Wachsen und Reifen ihrer Kinder kümmern. Tragischerweise musste ein beträchtlicher Teil dieser Menschen erkennen, dass das so nicht funktionierte.

Wir in christlichen Leitungsaufgaben haben kein Recht darauf, eine Familie zu haben, wenn wir uns nicht darum bemühen, für sie zu sorgen und sie ordentlich großzuziehen. Das ist nicht die Aufgabe von jemand anderem. Als junger Pastor ging ich einmal auf einen älteren Prediger zu und fragte ihn: „Was ist wichtiger, meine Familie oder die Arbeit für den Herrn?“ Seine Antwort habe ich nie vergessen: „Gordon, deine Familie *ist* Arbeit für den Herrn.“

Zeit fürs Private

Ein Geschäftsmann sagte mir: „Es beunruhigt mich, dass die Qualität der Zeit, die ich außerhalb meiner Arbeit verbringe, so schlecht ist. Mir kommt es vor, als ob ich nur noch von einem gemeindlichen oder gesellschaftlichen Termin zum anderen renne. Ich habe fast keine Zeit mehr, einfach still dazusitzen und mit meiner Frau zu reden oder meine eigenen Gedanken zu ordnen. Offen gesagt, haben wir beide dieses andauernde Gehetze so satt, dass selbst der Sex darunter leidet. Wir sind ständig erschöpft."

Viele Menschen kennen dieses Problem. Unsere Arbeit und die Anforderungen an uns scheinen zunehmend unsere gesamte Zeit zu beanspruchen. Solange wir das geschehen lassen, hängen wir immer hinterher und fragen uns, wann und wo das alles enden wird.

Was für notwendige Zeiten außerhalb des Dienstes in der Gemeinde braucht jeder von uns?

Zeit für sich allein

Überrascht es Sie zu hören, dass es mein stärkstes Bedürfnis als Mensch ist, Zeit für mich alleine zu haben? Das umfasst spirituelle Einsamkeit, während der ich mit Gott kommunizieren kann, wie Christus selbst es tat; aber dazu gehört auch Zeit zum Nachdenken, Zeit für Sport und Zeit, mir selbst Gesellschaft zu leisten. Wenn wir ständig von Lärm und vom Ansturm von Menschen und Dingen umgeben sind, können wir kaum über etwas brüten, und der Zeitmangel für solche Dinge hemmt unser geistliches Wachstum.

Mit einer gewissen Regelmäßigkeit habe ich in meinem Terminkalender Zeiten eingefügt, um allein spazieren zu gehen, einfach nur dazusitzen oder im Kanu durch die Wildnis zu paddeln. Wie lebenswichtig ist es doch, eine Weile still dazusitzen! Nur in diesen Zeiten werden mein Verstand und mein Inneres wieder zur Quelle guter Gedanken und neuer Ideen. Ich bin in der Lage, Fragen zu ordnen, mit denen ich persönlich ringe, egal, ob es um den Glauben, den Beruf oder Beziehungen geht.

Normalerweise weiten sich diese Zeiten aus und schließen die eigene Familie mit ein. Meine Frau und ich glauben daran, dass unsere Ehe *an sich* eine Gabe für unsere Gemeinde ist, weil sie beispielhaft ist für eine christliche Beziehung. Wir haben erkannt, wie wichtig es deshalb ist, dass wir möglichst viele Gelegenheiten schaffen, um miteinander zu kommunizieren. Dadurch bleibt unsere Beziehung ganz und heil. In dieser Zeit zu zweit erzählen wir uns gegenseitig, was wir an diesem Tag erlebt haben. Wir nennen dieses Treffen unsere eheliche Stille Zeit; und weil wir es für wichtig halten, dass sie sofort stattfindet, wenn ich nach Hause komme, rufe ich meine Frau üblicherweise an, wenn ich das Büro verlasse.

Dieselben Prinzipien wandten wir bei unseren Kindern an, während sie aufwuchsen, und wir arbeiteten hart daran, möglichst viel Zeit mit ihnen zu verbringen. Das Abendessen war als unantastbarer Termin bekannt, und obwohl wir alle sehr viel zu tun hatten, wussten wir, dass sich die Familie jeden Abend für eine Stunde zusammenfinden würde. Übrigens war das Telefon während dieser Zeit abgeschaltet.

Zeit des Stillstands

Mir ist klar geworden, dass in meinem persönlichen Leben auch Phasen notwendig sind, in denen Stillstand herrscht. Keiner von uns, der Verantwortung trägt, ist frei davon. Diese Phasen folgen auf Zeiten, in denen wir ungewöhnlich viel emotionale Kraft gespendet oder eine große Aufgabe abgeschlossen haben. Stillstand kann auch auftreten nach einer hochintensiven Zeit von Begegnungen, aus der wir durch unaufhörliche Gespräche, Entscheidungsfindung und Beratung ausgetrocknet herausgehen.

Ich vermute, dass es für uns alle auch während bestimmter Jahreszeiten eine allgemeine Phase des Stillstands gibt. Ich habe entdeckt, dass der Mai bei mir ein Monat ist, in dem ich wenig Energie besitze. Das scheint die Folge davon zu sein, dass ich einige Freunde und Gemeindeglieder durch die Wintermonate und bis in den Frühling „getragen" habe. Sie hatten ihre eigenen Zeiten des Stillstands, und während es ihnen schlecht ging, musste es mir gut gehen. Im Mai scheine ich dann an der Reihe zu sein.

Wie kann man mit solchen Zeiten umgehen? Zum einen können wir sie als Teil im Lebensrhythmus akzeptieren. Zum anderen sollten wir sie bei unserer Zeitplanung im Gedächtnis behalten. Wenn man den Montagmorgen als bedrückend empfindet, sollte man Verpflichtungen meiden, die noch mehr von dem aus uns heraussaugen, was wir schon während des Sonntags gegeben haben. Arbeit oder Ruhe sollten im betreffenden Zeitraum zur allgemeinen Stimmung passen. Wenn ich in meinem Terminkalender zehn aufeinanderfolgende Tage voller Beanspruchungen und Druck sehe, versuche ich sofort, am Ende einen Tag Freizeit einzuplanen. So kann ich anfangen, wieder die Energie zu tanken, die ich während der schwierigen Zeit verbrauchen werde.

Im Blick auf Zeiten des Stillstands ist es besonders wichtig, sie nicht notwendigerweise als Zeichen persönlicher oder geistlicher Unreife zu betrachten. Sie sind genauso wichtig für Verstand und Gefühl, wie es die Pause für jemanden ist, der schwere körperliche Arbeit leistet.

Sabbatzeit

Eine andere Art persönlicher Zeit, die ich mir regelmäßig nehme, nenne ich Sabbatzeit. Ich liebe die Worte im 2. Buch Mose, die von Gott und seiner eigenen Sabbatzeit sprechen.

> *Er [der Sabbat] ist ein ewiges Zeichen zwischen mir und den Israeliten. Denn in sechs Tagen machte der Herr Himmel und Erde, aber am siebenten Tage ruhte er und erquickte sich (2. Mose 31,17).*

Der Sonntag ist für keinen Pastor ein Sabbat; das gilt auch für viele, die als Laien in der Leitung großer Gemeinden tätig sind. Es wird Zeit, dass wir die Genialität der Sabbaterfahrung ernster nehmen. Ich sehe sie als ein in Freiheit geplantes Stück Zeit, das dem Schweigen, Nachdenken, spirituellen Entdeckungen und dem fröhlichen Betrachten vergangener Erfolge und Taten dient. Sabbatzeit ist definitiv nicht die Zeit, um liegen gebliebene Hausarbeit zu erledigen, kraftraubenden Freizeitaktivitäten nachzugehen oder Partys zu feiern. Sabbatzeit ist Klausur, Rückzug. Man betet Gott an, meditiert und strebt nach einem erfüllten Geist. Am Ende ist man erfrischt.

Wir sind vom biblischen Verständnis des Sabbats so weit abgeirrt, dass man fast nicht mehr beschreiben kann, was sich während solch einer Zeit ereignen sollte. Ich kann schon jemanden sagen hören, dass für derart idealistische Bestrebungen keine Zeit ist. Wenn das wahr ist, dann haben wir unser Leben mit mehr Beziehungen, Terminen und Verantwortlichkeiten beladen, als es Gott gefallen kann.

In letzter Zeit haben meine Frau und ich das Ideal eines Sabbattages pro Woche angestrebt. Das ist mehr als ein freier Tag: Es ist eine Zeit der Erneuerung, zu der in reichem Umfang Lektüre und Meditation gehören. Es ist ein Tag, an dem unsere Seele auftankt, sodass wir, wenn wir vom „Berg“ herabkommen, den Menschen, denen wir dienen, neue geistliche Energie schenken können.

Johannes' scheinbar unbedeutende Feststellung, nachdem Jesus eine Ansprache an seine Zuhörer beendet hatte, hat sich mir stark eingeprägt: „Und jeder ging heim. Jesus aber ging zum Ölberg“ (Joh. 7,53-8,1). Unser Herr wusste, dass er sich verausgabt hatte und eine Sabbaterholung brauchte. Andere gingen zurück in ihren lauten Alltag voller Menschen; Christus suchte die Stille, in der die Stimme des himmlischen Vaters zu hören war. Als er vom Berg zurückkam, hatte er neue und frische Dinge zu verkünden.

Wachstumszeit

Christen in Verantwortung sollten noch etwas anderes in ihrem privaten Lebensbereich verfolgen, das ich Wachstumszeit nennen möchte. Beginnen wir beispielsweise mit Wachstumszeit im Bezug auf den Körper. Für mich findet sie jede Woche an mehreren Morgen zwischen 5 und 6 Uhr statt, wenn ich eine halbe bis Dreiviertelstunde renne (na ja, um ehrlich zu sein, gemütlich jogge).

Üblicherweise verbünden sich mein Verstand und mein Gefühl gegen die Vorstellung, sich jetzt bewegen zu müssen, und ich habe (wie auch in meinem Gebetsleben) bisher keinen Weg gefunden, ohne innere Widerstände loszulaufen. Sobald ich aber über die Hälfte der geplanten Zeit geschafft habe, gelingt es mir, meinen Verstand und mein Gefühl zu überzeugen, dass wir tatsächlich die ganze Strecke durchziehen und dass auch sie (zusammen mit dem Körper) die Strecke bewältigen werden. Wenn wir dann alle gemeinsam die Ziellinie erreichen – Körper, Verstand und Gefühl –, habe ich das herrliche Empfinden, einen persönlichen Sieg errungen zu haben.

Wachstumszeit bedeutet auch Training für den Verstand. Ich versuche, jeden Monat ein paar Stunden lang in einer öffentlichen Bibliothek in Kontakt mit neuen Büchern zu kommen; und ich suche in den Regalen nach leicht zugänglichem Wissen, das für mich und auch für meine Gemeinde förderlich sein könnte.

Als ein weiteres Mittel der Wachstumszeit habe ich mich in der Lebensmitte bewusst einer Leidenschaft zugewandt, die mir Abgeschiedenheit, Abwechslung und Mobilität garantiert: dem Fotografieren. Für meinen Freund John Stott ist solch ein Hobby die Vogelbeobachtung, für einen anderen Freund und Pastor die Bearbeitung von Holz und für einen weiteren das Reparieren antiker Uhren. Ich mag mein Steckenpferd, weil ich meine Reisen dazu nutzen kann, an vielen Orten Bilder zu machen.

Wachstumszeit bedeutet auch, Herausforderungen anzunehmen, die die eigene Vorstellungskraft erweitern. Meine Familie und ich haben schon Kanutouren in der Wildnis Kanadas und Maines unternommen. Gerne erinnern wir uns an Beinahekatastrophen oder geistliche Hochstimmung, die wir auf solchen Touren erfahren haben. Das sind Erinnerungen, die unsere Erfahrungen bereichern und uns innerlich reifen lassen.

Disziplin und Zeit

Wie können wir unsere „öffentlichen“ und persönlichen Zeiten regeln und ordnen? Einige zufällige Beobachtungen, die meine Frau und ich im Laufe der Jahre gemacht haben, können hilfreich sein:

Erstens glauben wir an die Notwendigkeit eines Kalenders. Gail und ich haben viele Jahre lang einen Hauptkalender geführt. Sechs bis acht Wochen im Voraus tragen wir Termine ein, die in große Blöcke für die verschiedenen persönlichen Zeiten sortiert sind. Wir legen diese fest, bevor Ereignisse im Gemeindeleben am Horizont auftauchen.

Zweitens glauben wir daran, dass man zu Hause zu bestimmten Zeiten das Telefon abschalten muss. Wir sind telefonisch nicht erreichbar während des Abendessens, wenn wir in der Familie etwas besprechen und wenn Bibelstudium oder Meditation Vorrang haben. Ich kann mich an kaum eine Situation in den 50 Jahren meines Dienstes erinnern, in der es notwendig war, mich sofort zu erreichen. Wir haben gelernt, unser Telefon nicht zu unserem Sklaventreiber werden zu lassen.

Drittens haben meine Frau und ich vor einigen Jahren gelernt, wie wichtig für unsere Ehe die gemeinsame Stille Zeit ist. Unsere Kinder haben das auch erkannt und unterließen (mit zunehmendem Alter) unnötige Unterbrechungen, wenn Mama und Papa sich zurückzogen. Weil meine Frau den Hauptteil ihres Lebens als Ehefrau und Mutter zu Hause war, ist die Stille Zeit für uns als Eheleute so notwendig; hier kann ich mit ihr die Dinge teilen, die ich draußen in der weiten Welt getan habe – Dinge, die sie möglich machte, weil sie unseren Haushalt managte.

Viertens haben wir erkannt, dass es nicht richtig ist, sich in der Freizeit völlig gehen zu lassen. Wenn wir als Familie oder als Paar zusammen sind, achten wir darauf, dass unsere innere Haltung und unsere äußere Erscheinung zum Ausdruck bringen, wie sehr wir einander respektieren. Mit Gemeindegliedern würden wir genauso umgehen; warum also nicht auch mit unseren engsten Verbündeten? Ich hatte früher die Angewohnheit, am Montagmorgen unrasiert, ungewaschen und nicht vernünftig angezogen am Frühstückstisch zu erscheinen. Gail wies mich auf etwas hin: Was drückte ich ihr gegenüber mit der Art aus, wie ich mich montagmorgens kleidete (oder auch nicht), während ich mich – wie ich das sonntags tat – für Gott und die Gemeinde vernünftig anzog? Ich verstand, was sie meinte.

Zu viele Kinder und Ehepartner sehen Gemeindeverantwortliche nur am Ende des Arbeitstages, wenn sie erschöpft sind und nichts mehr zu geben haben. Gail und ich haben versucht, es so einzurichten, dass wir einander etwas von den allerbesten Zeiten im Monat geben, wenn unser Verstand, Gefühl und Körper wach und lebendig sind.

Fünftens haben wir gelernt, unsere Bemühungen um Erholung mit den Bedürfnissen unserer Familie abzustimmen. In meinem Familienleben erkannte ich früh, dass ich nicht weiterhin ausführlichen Freizeitaktivitäten mit Freunden nachgehen und dann noch genügend Zeit für meine Kinder haben konnte. Deshalb entschied ich mich für Erholung, bei der mich meine Kinder begleiten konnten: Kanufahren, Zelten, Radfahren und andere Aktivitäten, bei denen wir uns sportlich betätigen und gleichzeitig zusammen sein konnten. Ich fürchte, zu viele Väter verbrauchen enorm viel Energie auf Tennisplätzen, Golfplätzen und in Fitnessstudios zusammen mit anderen Erwachsenen und fragen sich dann, warum sie nie die beste Zeit mit ihren Kindern verbringen. Ich möchte aus Gründen der Transparenz zugeben, dass dies für mich ein leicht zu befolgender Lehrsatz war, da ich schrecklich Tennis spiele und beim Golf noch nie unter hundert Schlägen geblieben bin (auch nicht beim Spiel auf lediglich neun Löcher).

Es gibt eine uralte Ermahnung: *Erkenne dich selbst.* Aber fast genauso wichtig ist die Anregung: *Erkenne deine Zeit.* Kennen wir sie nicht, sind wir nicht in der Lage, sie einzuteilen; wie bei nicht budgetiertem Geld wird es dann schwer, sie verantwortlich zu nutzen, und sie wird unnötig und unheilvoll verschwendet. Doch wenn wir lernen, unsere private Zeit in unserem Leben gut einzuteilen, erhöhen wir die Chancen darauf, aufmerksamer und effektiver zu sein und uns dem Menschen anzunähern, den Gott und unsere Gemeinde haben will.

Zum weiteren Nachdenken

1. *Wie gehen Sie mit Ihrer Zeit um – oder genauer gefragt: Wie gehen Sie innerhalb der Zeit mit sich selbst um? Wie sind Sie der Explosion der Technik begegnet (z. B. Handy, Smartphone, Facebook, Twitter) und den Herausforderungen, die damit an die Strukturierung Ihres privaten Lebens gestellt werden?*

2. *Planen Sie einen Tag für sich ein. Ob Sie ihn allein in der Natur verbringen oder allein ein Museum besuchen: Nutzen Sie den Tag für Stille und Reflexion.*

3. *Planen Sie eine „Sabbatzeit" am Morgen ein, die Sie entweder für sich allein oder zusammen mit Ihrem Ehepartner verbringen. Nutzen Sie diese Zeit für Lektüre, Gebet, Tagebuchschreiben und Freude an Gottes Gegenwart. Schalten Sie während dieser Zeit Handy und Computer ab.*

Auf den Knien beginnt der Dienst

Keine Zeit ist so gut verbracht wie die,
die wir täglich auf unseren Knien verbringen.

J. C. Ryle

Ich trat in den frühen Sechzigerjahren in den Gemeindedienst ein – in einer Zeit großen Wandels für die Institution Kirche. In den Augen vieler hatte die Kirche ihren Tiefpunkt erreicht. „Bedeutsamkeit“ war das damalige Schlagwort; und Kirche ebenso wie Prediger wurden im Allgemeinen als unbedeutsam, vielleicht sogar als überflüssig bezeichnet. Ein Ergebnis davon war, dass viele meiner Mitstudenten im Predigerseminar in die Missionsarbeit gehen wollten, in christliche Werke und Organisationen, in die Krankenhausseelsorge und in einen neuen Bereich, der sich Beratung nannte. Nur ein paar wenige von uns glaubten, dass das Pastorenamt Zukunft hatte.

Meine Erinnerungen trügen wahrscheinlich, aber als frischgebackener Pastor kam es mir vor, als ob jede Woche jemand anderes von irgendeinem neuen Verband zu mir stürmte und mir ein neues Konzept verkaufen wollte.

Die einleitenden Worte variierten kaum: Die Kirche läge im Sterben, Pastoren seien verzweifelt, und hier sei das (von Gott gesegnete) Konzept, um alles zu retten. Irgendwo im Land (üblicherweise in Kalifornien) gäbe es eine Gemeinde, die das Konzept angewandt habe und nun Tausende neue Gemeindeglieder gewinnen würde.

Ich fühlte mich immer schuldig und ein bisschen glaubenslos, wenn ich entgegnete: „Aber das ist Kalifornien“, oder: „Der Pastor hat einen anderen Stil“, oder: „Sie kennen die Menschen hier (oder mich) nicht.“

Wenn es nicht der Vertreter einer Organisation war, war es jemand von meinen eigenen Leuten, der gerade von irgendeiner Gemeinde oder Konferenz zurückgekommen war und sagte: „Du glaubst nicht, was Gott dort tut“, oder: „Du musst unbedingt sehen, wie sie _____“, oder: „Du musst das _____ unbedingt auch hier anfangen.“

Ich versuchte immer, freundlich zu antworten, ehrliches Interesse und Begeisterung zu zeigen, aber manchmal fiel mir das schwer.

Nur auf den Knien

Im Laufe meiner Jahre als Gemeindeleiter habe ich eine Menge Trends, neue Schwerpunkte und Aufrufe zum Strukturwandel der Kirche miterlebt: Gemeindeerneuerung, persönliche Bekehrung, charismatische Gaben, Sonntagsschultagungen, die Jesus-Bewegung, zeitgenössische Musik (Schlagzeug im Altarraum?), Gemeindewachstum, Overheadprojektor und „der Pastor als Lehrer“, Tests für Geistesgaben, die Bewegung gegen Abtreibung, Jüngerschaftsprogramme, Gebetskonzerte, Kleingruppen, Anspiel/Tanz, Liturgie und Lobpreiszeiten mit Country- und Westernmusik.

Manches davon flammte kurz auf und war dann wieder weg; anderes hat sich einen festen Platz in unseren Gemeinden erobert. Aber jede Idee, die auftauchte, war nur die neueste in einer Reihe von Lösungen für die Krankheiten der Kirche.

Als ich meinen öffentlichen Dienst begann, war das Schlagwort: „Laien an die Macht“. Heute ist es: „Sei sensibel für Suchende.“ Damals wollten wir den „großen Lobgesang der Kirche“ wiederherstellen; heute scheinen wir uns im Vorübergehen Neues auszudenken. Gestern sprachen wir davon, die Welt zu verändern; heute scheint es so, als ob wir gerade mal uns verändern wollten. Es ist so ähnlich wie bei dem Spruch: „Wenn dir das Wetter gerade nicht gefällt, warte eine Viertelstunde.“

Als ich wesentlich jünger war, verunsicherten mich all diese Forderungen. Deshalb wandte ich mich eines Tages an einen älteren und weiseren Mann und bat ihn um Rat: „In meinem Kopf dreht sich alles, wenn ich mich für einen dieser Ansätze entscheiden will. Wie soll ich eine Wahl treffen? Ich kann nicht allen folgen."

Seine Antwort habe ich nie vergessen: „Nur auf den Knien werden du und deine Mitarbeiter eine Antwort finden. Es gibt einen Weg für euch und eure Gemeinde. Aber lasst niemanden zwischen euch und Gott kommen, während ihr danach sucht." Das war einfach, aber absolut fundamental. Ich habe seither immer versucht, diesen Rat zu befolgen.

Heute ist diese Empfehlung wichtiger denn je. Wir können auf Strategien, Techniken, Ressourcen und Talente in einem Überfluss zurückgreifen, den ich mir vor Jahren nicht habe vorstellen können. Wie wunderbar! Aber wie verwirrend und potenziell gefährlich zugleich. Es ist viel Scharfsinn nötig, um das Wesentliche zu erkennen.

Viele junge Pastoren (mich eingeschlossen) besuchten Seminare, die große Dinge verhießen, kamen begeistert nach Hause und erwarteten, dass etwas, das einer Reformation nahekam, in ihrer Stadt passieren würde. Ein Jahr später verließen einige davon ihre Dienstorte – innerlich gebrochen, abgelehnt und bezwungen. Die Zahl der Opfer mit ramponiertem Herzen war hoch.

Andere machten sich daran, etwas anderes auszuprobieren. Was in Kalifornien, Georgia und Colorado funktioniert (die Beispiele sind zufällig gewählt), hat in „meiner" Gemeinde eben nicht funktioniert.

„Nur auf euren Knien", sagte mein Freund. Die Knie sind der Ausgangspunkt. Von dort aus habe ich eine Reihe von Prinzipien für unseren Dienst entdeckt. Sie helfen dabei, die richtige Richtung einzuschlagen und strategisch kluge Entscheidungen zu treffen. Sie sind wahre Geschenke. Als ich jünger war, hatte ich das noch nicht begriffen. Nur im Rückblick erkenne ich den Wert dieser Prinzipien und habe verstanden, dass sie Teil der Freundlichkeit Gottes sind. Er hat mir geantwortet, wenn ich auf meine Knie ging.

Das Gewohnte mehr schätzen als das Neue

Das erste dieser Prinzipien stammt von meinen Professoren am Seminar. Zu meiner Studienzeit war die Einrichtung noch relativ neu und kämpfte ums Überleben. Die Professoren hatten nur wenig mehr zu bieten als solide Lehre und sich selbst. Sie investierten in uns junge Männer und Frauen, besuchten uns in unseren Häusern (oder Bruchbuden) oder wir sie in ihren. Sowohl in ihrem familiären als auch in ihrem beruflichen Leben waren sie Vorbilder für Stetigkeit, Charakter, akademische Fertigkeiten und spirituelle Lebendigkeit. Und sie lehrten uns all dies.

Die vielleicht großartigste Lektion war ihr Beharren darauf, dass man zuerst treu sein muss in Bezug auf die Alltäglichkeiten in Leben und Dienst, bevor man sich all den „weltverändernden" Ambitionen hingibt, die für einen jungen und aufstrebenden Geist so verführerisch sind. Anders gesagt: Tue zuerst das *Richtige*, bevor du versuchst, das *Große* zu tun.

Die alltäglichen Dinge (die richtigen) sind für das Gemeindeleben wie Brot und Butter: zuverlässig sein, hohe Qualität anstreben, sich um die kümmern, die Leid tragen, dem biblischen Lebensstil verpflichtet sein, Christus ehren, Menschen fördern. Jene Professoren taten das – und die Botschaft war deutlich, dass wir das auch tun sollten.

Die Geschichte kennen

Die Geschichte des Christentums zu kennen, kann in Zeiten des Wandels und kultureller Turbulenzen (so wie jetzt) belastend sein. Sie offenbart, dass beinahe alles schon einmal versucht wurde, wie tief man fallen kann, aber auch, was möglich ist.

Ich habe einen Großteil meiner jugendlichen Energie dahinein investiert, ein erfolgreicher Prediger zu werden. So war ich versucht, meinen Erfolg daran zu messen, wie viele Menschen durch meine Predigten angezogen wurden. Indem ich mich mit der Geschichte beschäftigte, merkte ich allerdings, dass sich die Effektivität meines Dienstes nicht nur an meinen Predigten messen lassen musste.

George Whitefield hätte mit Leichtigkeit behaupten können, dass er durch sein Predigen eine größere Anzahl von Menschen angesprochen hat als John Wesley. Doch schon kurz nachdem beide Männer gestorben waren, war klar, dass Wesleys Arbeit auf zukünftige Generationen einen weit größeren Einfluss ausüben würde als Whitefields. Warum? Wesley teilte die Menschen, die ihm folgten, in Gruppen (eine Art Hauskreise) ein; Whitefield tat das nie. Ich verstand, dass Predigen ohne die Stärkung durch tiefe Gemeinschaft gar nicht so wertvoll ist.

In Formation fliegen

Irgendwann lernte ich, mit ein paar guten Lehrmeistern „in Formation zu fliegen". Paul Tournier brachte mir viel über Menschen bei. Elton Trueblood lehrte mich die Liebe zu neuen Ideen und zum Verstand. A. W. Tozer vertiefte mein Verständnis von Gott und Anbetung. E. Stanley Jones wurde meine Inspiration im Bereich Evangelisation und Reich Gottes. John Stott lehrte mich die Kraft und Würde des Predigens und schürte meinen Hunger auf Bibelstudium, das die „Straßen" der Wirklichkeit im Blick hat. Und der liebe Henri Nouwen zeigte mir, welches die Disziplinen des inneren Lebens sind. In den Büchern dieser Autoren fand ich verlässliche Fixpunkte, die mich davor bewahrten, mich zu schnell den Ansprüchen unmittelbaren Erfolges zuzuwenden, die aus anderen Bereichen kamen.

Im Laufe der Jahre habe ich die Bandbreite meiner Lektüre erweitert und entdeckt, dass der Gott aller Wahrheit die Schöpfung in allen möglichen Bereichen mit Einsichten gewürzt hat. So trifft beispielsweise Matthew Arnolds berühmte Ode an seinen Vater, ein Gedicht mit dem Titel *Rugby Chapel,* eine großartige Aussage zum Thema Führen:

> *Wenn auf den Pfaden durch die Welt*
> *Steine deine Füße verwundet,*
> *Mühsal und Schwermut deinen Geist*
> *versucht haben – wir sahen davon*
> *nichts –, warst du für uns immer*
> *fröhlich, hilfsbereit und standfest!*

In einer Zeit, in der Menschen in Verantwortung versucht sind, alles hinzuwerfen und einfach so zu sein wie alle anderen, finde ich große Ermutigung in Arnolds Beschreibung seines Vaters.

Glaubenshelden

Wie jeder andere auch brauchte ich in meinem Dienst Glaubenshelden, an denen ich mich orientieren konnte. Charles Simeon aus Cambridge, der im 19. Jahrhundert gelebt hat, war einer von ihnen. Durch seinen über fünfzig Jahre dauernden Dienst in einer englischen Pfarrei wurde er mein Vorbild. Bereits vor über einem Jahrhundert verstand er etwas von Nachwuchsförderung, Kleingruppenarbeit, der Theologie der Gemeinschaft, von Studentenmission und Gemeindeorganisation, und setzte dies alles in die Praxis um.

Ich bin fast noch nie einer wichtigen Frage zu meinem Dienst begegnet, der sich Simeon nicht bereits gestellt hat. Seine Erfahrungen haben mich mehr als einmal davor bewahrt, mich zum Narren zu machen.

Simeons Biograf Hugh Evan Hopkins beschreibt offen eine seiner Eigenheiten: „Es besteht kein Zweifel, dass Charles Simeon sich selbst der schlimmste Feind war, wenn es darum ging, enge

Freundschaften einzugehen." Als ich das damals las, hinterfragte ich ernsthaft meine eigene Fähigkeit, anderen ein guter Freund zu sein, und ich nahm diesen Satz und die folgenden mit großem Interesse auf:

> *[Simeons] kantige und manchmal überhebliche Persönlichkeit, gegen die er sein Leben lang ankämpfte, stand ihm dabei mehr als alles andere im Weg. Obwohl er sich selbst gegenüber hochempfindsam war, dauerte es lange Zeit, bis er Empfindsamkeit für die Gefühle anderer entwickelte.*

Diese einfache Einsicht hat mich zu persönlichem Wachstum angeregt. Zusätzlich zu den Helden aus der Vergangenheit hatte ich in meinem Leben stets einen Mann an der Seite, den ich als Mentor oder geistlichen Vater betrachte. Es gab davon einige. Aber der Wichtigste von ihnen lebt über 3000 Kilometer entfernt, und unser Kontakt ist bestenfalls sporadisch. Wenn es aber dazu kommt (per Telefon, Brief oder wenn wir uns besuchen), ist die Begegnung immer sehr intensiv und ausgesprochen belebend.

Dieser Mann, den ich wirklich sehr schätze (ich lasse seinen Namen barmherzigerweise unerwähnt, damit er nicht mit Anrufen überhäuft wird), war immer für mich da – und auch für zahllose andere. Er war bei meinen größten Erfolgen dabei und in den tiefsten Tälern der Enttäuschung und Erniedrigung. Ich habe nur wenige der wichtigen Entscheidungen ohne seinen Rat getroffen.

Meine Frau steht ebenfalls auf dieser Liste. Gail ist dem Temperament nach das Gegenteil von mir, und sie hat mich mit ihren scharfsinnigen Fragen, ihrem guten Instinkt und ihrem Beharren auf bestimmten Prioritäten vor Tausenden dummer Entscheidungen bewahrt. Als ich sie vor fünfzig Jahren heiratete, ermahnte mich ein guter Freund: „Sie ist Gottes Geschenk für dich. Unterdrücke nicht ihre Begabungen, höre auf ihre Weisheit, würdige ihr Urteil." Das war ein unglaublich guter Rat. Ich fürchte, dass ich ohne ihn das Gegenteil getan hätte.

Das Geschenk von Freunden und Feinden

Dann gibt es da noch den Einfluss von Freunden. Eine kleine Gruppe davon sind enge Weggefährten (innerhalb und außerhalb der Kirche). Ich teile mit ihnen Erfahrungen des Lebens, und sie stehen mir mit gesunden Perspektiven, Gebeten, Gelächter und Tränen zur Seite. Ich hatte nicht immer solche Freunde, und in Zeiten, in denen ich mich zurückgezogen habe, hatte ich die größten Schwierigkeiten und tat die dümmsten Sachen.

Dann gibt es noch Freunde, mit denen ich während meines Dienstes zusammengearbeitet habe. Unsere Gespräche waren gekennzeichnet von Offenheit und Kreativität. Durch sie habe ich gelernt, wie wichtig es ist, in einer führenden Position gute Berater zu haben.

Ein etwas weiterer Kreis umfasst auch die Leitungsgremien, mit denen ein Pastor zusammenarbeitet. Niemand hatte mir je etwas über die Rolle von Leitungsgremien beigebracht, und ich fürchte, dass mein erster Eindruck der war, dass solche Gruppen eher Schwierigkeiten und Hindernisse bringen als Unterstützung. Ich habe diese Haltung geändert und dabei entdeckt, dass die Gremien, in denen ich verantwortlich war, mir im Allgemeinen sehr gut helfen konnten, Veränderungen und Möglichkeiten sorgfältig zu bedenken und zu bewältigen.

Mit ein wenig Zurückhaltung muss ich auch meine Kritiker würdigen, die mir über die Jahre eine große Hilfe gewesen sind. Um ehrlich zu sein, gab es nicht wenige, die mich einfach nicht mochten. Ihre unterschiedlichen Bewertungen meiner Person gingen die ganze Tonleiter von farblos, liberal, aalglatt, arrogant, ambitiös bis kaltschnäuzig hinauf und hinunter (und es gab wahrscheinlich einen oder zwei von ihnen, die alle Punkte auf ihrer Liste hatten). Einige von ihnen glaubten, dass ich überhaupt nicht im Gemeindedienst sein sollte.

Wenn ich meine Kritiker einfach übergangen und nicht auf sie gehört hätte, hätte ich den Kern der Wahrheit übersehen, der in ihren harten Beurteilungen steckte. Und ich wäre wahrscheinlich genau in die Fallen gegangen, in denen sie mich schon sitzen sahen. Es gibt Dinge, die ich nicht getan habe, und Züge, auf die ich wegen dieser Leute nicht gesprungen bin. Und in den meisten Fällen bin ich froh darüber. Obwohl es für diesen Schritt Zeit brauchte, bin ich inzwischen dankbar für sie.

Einer meiner Kritiker, der später ein guter Freund wurde, ging eines Tages hinter mir her, als ich nach einer Vorstandssitzung den Raum verließ. Vor versammelter Mannschaft hatte ich meinen Gefühlen freien Lauf gelassen, weil der Vorstand meinen grandiosen Weltverbesserungsideen eine Abfuhr erteilt hatte.

„Sie müssen wissen", sagte er, „dass Ihr Auftritt da drinnen nicht gerade toll war. Momente wie dieser werden die Befangenheit des Vorstands verstärken, Ihnen ehrlich die Meinung zu sagen; und das wird sicher dazu führen, dass Sie in der Gemeinde langfristig an Glaubwürdigkeit verlieren."

Wenn das mal kein Rüffel war ...

In der Bibel gegründet

Die Liebe zur Bibel ist ein zunehmend wichtiges Prinzip für meine Arbeit geworden – und Sie haben recht: Ich hätte schon Lichtjahre vorher darauf kommen können. Inzwischen kann ich Philipper 1, Epheser 3, Apostelgeschichte 20 und 2. Korinther 4 so gut wie auswendig. Sie sind der Schiffskiel unterhalb des sichtbaren Rumpfes meines Lebens. Biblische Persönlichkeiten wie Joseph, Jesaja, Esra, Nehemia, Johannes der Täufer und Paulus waren meine Erleuchtung. Sie haben mich gelehrt, wie ich durchhalten, mich von Fehlern erholen, mit Niederlagen umgehen und den Auftrag, den Gott mir gegeben hat, im Blick behalten kann.

Ob unsere Glaubenshelden wohl mit den Augen gerollt hätten angesichts all der Broschüren, die auf die Schreibtische von Haupt-

und Ehrenamtlichen flattern und sie zu exotischen Orten einladen, um dort neue Erkenntnisse für ihren Dienst zu gewinnen? Vielleicht würden sie voller Verzweiflung sagen: „Oh, Mann, also bitte!“, wenn sie hören würden, dass es noch ein weiteres Buch zum Thema Führen gibt. Würden sie die Zerrissenheit eines Menschen verstehen, der bekennt: „Das ist ja alles gut und schön, aber irgendwann muss ich auch mal zu Hause bleiben und all das umsetzen“?

Wenn ich in die Zukunft schaue und die Prognosen der Fachleute auswerte, dann verunsichert mich, was vor uns liegt. Zukunftsforscher, Demografen und Marktforscher liefern mehr Informationen, als ich angemessen verarbeiten kann. Ich lese das alles gern und spreche gern darüber. Ich mag es sogar, etwas dazu beizutragen, wenn ich gelegentlich dazu eingeladen werde. Aber es besteht immer die Gefahr der Überfrachtung.

Das scheint heute nicht entscheidend anders zu sein als vor vielen Jahren, als ich einen älteren Mann bat, eine Einschätzung über all diese Wahlmöglichkeiten abzugeben.

„Nur auf deinen Knien“, antwortete er mir. Und sein Rat war damals so gut, wie er es heute ist.

Zum weiteren Nachdenken

1. *Wie viel Zeit verbringen Sie im Gebet auf Ihren Knien?*

2. *Wer sind Ihre persönlichen „Glaubenshelden“? Welche besonderen Geschenke haben sie Ihnen durch ihr Leben oder ihre Schriften gemacht?*

3. *Welche heutigen Dienst- und Leitungstrends, die Sie beobachten, haben Ihrer Ansicht nach Substanz? Welche sind es nicht wert, verfolgt zu werden? Warum oder warum nicht?*

Teil II

Unser äusseres Leben

Die Kraft des gottesdienstlichen Gebets

Das Gebet eines Menschen, der nach Gottes Willen lebt, hat große Kraft.

Jakobus 5,16b Hfa

Vor Jahren schloss ich Freundschaft mit einem Mann, der sich nach langer Zeit als Reporter und Herausgeber einer großen Tageszeitung zur Ruhe gesetzt hatte. Im Laufe der Jahre erzählte er mir Geschichten aus seinem Berufsleben als Journalist – viele waren humorvoll, andere unbeschreiblich traurig. Mein Freund war ein zurückhaltender, aber beständiger Beobachter menschlicher Grausamkeit, Gier, Ausbeutung und Unmoral gewesen. Als ich das ihm gegenüber so ausdrückte, widersprach er nicht.

„Wenn du vierzig Jahre im Nachrichtengeschäft warst", sagte er, „neigst du dazu, eine zynische und misstrauische Ader zu entwickeln. Du hast jede Art von Lüge gehört, du hast jede Form von Korruption gesehen, und du warst Zeuge der schlimmsten Vergehen von Leuten, die die Öffentlichkeit für Heilige und Helden hält."

Ich fragte ihn, wie er sein geistliches Leben aufrechterhalten habe inmitten solch einer Umgebung: „Hast du dich dabei nicht manchmal gefühlt, als würdest du in einer Jauchegrube leben? Wie hast du es geschafft, innerlich nicht zu verschmutzen?"

„Ich bin mir nicht sicher, ob ich das immer geschafft habe", antwortete er. „Am Ende der Woche habe ich mich oft wie ein besudelter Mensch gefühlt. Deshalb brauchte ich, wenn ich sonntags in die Kirche ging, etwas, das mich wieder sauber machte – ein geistliches Bad."

Dieser Mann führte mir mehr als jeder andere vor Augen, was es bedeutet, am Sonntagmorgen Pastor zu sein. Ich erkannte, dass seine Not, wenn auch sehr dramatisch, im Grunde dieselbe war wie die der meisten Leute, die zum Gottesdienst kommen. Ob sie es nun wissen oder nicht: Sie kommen alle aus einer Welt, die getränkt ist mit Bösem. Alle brauchen ein reinigendes Bad. Ich fragte mich plötzlich, ob unsere Gottesdienste das hergaben.

Gebete für den Abfalleimer

Einige Jahre nachdem ich auf diese Frage aufmerksam geworden war, predigte ich in einem Gottesdienst, der von meinem Freund George McKinney, dem Bischof der Church of God in Christ, geleitet wurde. Es war offensichtlich, dass er etwas von geistlichen Bädern und vom Alltag der Gottesdienstbesucher wusste.

Bischof McKinney bat zwei Älteste, sich vor den Altar zu stellen. Einer hielt einen Korb; Gottesdienstbesucher konnten nach vorn kommen und ihre auf Zetteln notierten Gebetsanliegen hineinwerfen. Der andere hielt Wache bei einem Abfalleimer. Die Gottesdienstbesucher wurden dazu eingeladen, ihre Sünden hineinzuwerfen: entweder als geschriebenes Bekenntnis von bösen Gedanken und Taten oder den tatsächlichen Gegenstand, der dem Bösen als Werkzeug gedient hatte und von dem sie sich trennen wollten. Der Abfalleimer, so erzählte mir Bischof McKinney, enthielt oft Spritzen, Tabletten, Marihuana, gestohlene Gegenstände und einmal sogar eine abgesägte Schrotflinte.

Die meisten von uns sind zu zartbesaitet oder vorsichtig, um sich die Methode des Bischofs anzueignen. Vielleicht unterschätzen wir die geistlichen Lasten, die die Leute am Sonntag in den Gottesdienst mitbringen, und wir gestatten ihnen – leider –, mit demselben Gepäck auch wieder hinauszugehen.

Was geschieht mit dem „Schmutz", den die Gemeinde zur Kirche mitbringt? Als Prediger war meine erste instinktive Reaktion, danach zu fragen, wie meine Predigten solch einer Person helfen könnten. Eines Tages allerdings bemerkte ich, dass das „Bad" nicht notwendigerweise durch die Predigt geschah (obwohl sie wichtig ist), sondern sich wahrscheinlich während eines Bestandteils des Gottesdienstes ereignete, den ich immer wieder unterschätzte: die Gebete.

Es dauerte eine ganze Weile, bis ich den Wert der Gebete verstand, die während des Gottesdienstes gesprochen werden. Vielleicht lag das daran, dass die Menschen mich oft auf meine Predigten ansprechen, aber nur selten die Gebete erwähnen. Als ich meine Gemeinde jedoch besser kennenlernte, erkannte ich, wonach sie sich sehnte (auch wenn sie das manchmal nicht ausdrücken konnte). Es war nicht so sehr, dass ich sie lehren sollte, sondern dass ich ernstlich für sie beten sollte, um den Menschen dabei zu helfen, ihre schweren Lasten besser zu tragen. Sie kamen jede Woche müde, schmutzig und blutend in den Gottesdienst. Das vielleicht Erfrischendste, das ich für sie tun konnte, war, von ganzem Herzen für sie zu beten.

Ich erkannte, dass ich nie gelernt hatte – sei es nun praktisch oder theoretisch –, wie man wirkungsvoll im Gottesdienst betet. Meine öffentlichen Gebete waren viel zu oft nur wenig mehr als Aneinanderreihungen religiöser Phrasen. Sie waren unvorbereitet und entwickelten mit der Zeit eine eigene rituelle Qualität. Regelmäßige Besucher des Gottesdienstes konnten fast voraussagen, was ich sagen würde. Ich erkannte schmerzlich, dass nur wenige Leute den Gebeten im Gottesdienst tatsächlich zuhörten. Gebet war eine Zeit, in der die Gedanken umherwanderten, und die Gottesdienstbesucher wurden erst wieder aufmerksam, wenn sie die Worte hörten: „... und all das bitten wir im Namen dessen, der ..."

Wie war ich zu dieser Schlussfolgerung gelangt? Darf ich wirklich zugeben, dass das aufgrund meiner eigenen Erfahrung geschah? Ich selbst muss meine ganze Konzentration aufbringen, um Gebeten zuzuhören. Es war furchterregend, sich vorzustellen, dass womöglich viele, viele Menschen im Gottesdienst sitzen, während jemand laut betet, dass aber niemand auch nur einem Wort folgt, das da gesagt wird.

Dies ist vielleicht ein Grund, dass in Gemeinden, die keiner festen Liturgie verpflichtet sind, das Interesse an schriftlich formulierten Gebeten zunimmt. Jene, die vorgeblich „aus dem Herzen“ kommen, scheinen außer Herz nur wenig Sinn zu enthalten (und von daher wenig Inhalt). Allerdings geben selbst meine Freunde in liturgisch orientierten Kirchen zu, dass auch gute Formulierungen weder sie noch ihre Gemeinden davon abhalten können, öffentliche Gebete nur oberflächlich wahrzunehmen.

Deshalb beschloss ich, einige deutliche Fragen zu stellen im Blick auf die Bedeutung der verschiedenen gottesdienstlichen Gebete. Ich wollte dafür sorgen, dass wir jedes Mal, wenn wir den allmächtigen Gott ansprechen, dies mit der richtigen Absicht und mit sinnvollem Inhalt tun.

Im Gottesdienst, so entdeckte ich, gibt es mindestens sechs Arten von Gebet, die im Namen der Gemeinde gesprochen werden. Der unbedachte Gemeindeleiter oder Älteste mag diese sechs miteinander verwechseln, ihren Zweck vermengen und die Wirksamkeit jenes „Bades“ mindern, um dessentwillen mein Freund zum Gottesdienst kommt.

Die Anrufung

Das erste Gebet im Gottesdienst, gewöhnlich Anrufung genannt, hat nur einen Zweck: Gott und seine Gegenwart anzuerkennen und in die versammelte Gemeinde einzuladen. Die Anrufung ist unsere Bitte an Gott, sich für die Worte und Gedanken der Menschen zu öffnen. Es ist das Gebet, das diese Zeit als besondere, geheiligte Zeit aussondert, die sich von unserem Alltag unterscheidet. Ein heiliges Handeln beginnt nun: Anbetung, das Wichtigste, was Menschen erleben.

Die Anrufung ist kein Bittgebet für Menschen oder aktuelle Themen, auch nicht eine Darstellung des theologischen Wissens dessen, der betet. Vielmehr ist es das demütige Anerkennen, dass die, die sich versammelt haben, dankbar himmelwärts blicken und Gottes Gegenwart für das Gottesdienstgeschehen erbitten.

Meine Freunde in liturgisch geprägten Kirchen tun dies in komprimierter Form: „Im Namen des Vaters, des Sohnes und des Heiligen Geistes. Amen." Auch wenn ich ein paar Worte mehr benutze, konzentrieren sich unsere Anrufungen auf dieselbe Sache:

> *Unser Vater, durch die Freundlichkeit Jesu Christi erbitten wir deine Gegenwart. Am Ende einer Woche voller Arbeit, Studium und Spielen sind wir hier, um dich durch den Heiligen Geist anzubeten. Wir sind zusammengekommen, um unsere Dankbarkeit auszudrücken, dass du uns auf unseren Wegen sicher und liebevoll geleitet hast …*

Das Hirtengebet

Ein anderes Gebet im Gottesdienst, vielleicht das reinigendste von allen, wird oft als Hirtengebet bezeichnet. In den Gemeinden, in denen ich Pastor war, lehnte ich es beharrlich ab, dieses Gebet an jemand anderen zu delegieren, solange ich im Gottesdienst war.

Ich halte das Hirtengebet für genauso wichtig wie die Predigt des Hirten. Wenn die Predigt die Gelegenheit des Pastors ist, das Wort Gottes zu den Leuten zu bringen, dann ist das Hirtengebet die Gelegenheit, die Leute zu Gott zu bringen. Es ist jenen Situationen nicht unähnlich, in denen Mose für das Volk Israel eintrat. Und es ist die Gelegenheit der Gemeinde (und ich glaube, es ist auch ihr Recht) zu hören, wie ihr Pastor für sie betet.

Als Pastor lud ich meine Gemeinde oft ein, sich mir anzuschließen und sich zu diesem Gebet hinzuknien. Ich stelle das dem Einzelnen frei, weil ich weiß, dass einige körperliche Schwierigkeiten haben, in einer Kirche ohne Betbänke zu knien. Ich selbst kniete auf einem Knie und führte die Gemeinde in dieser Haltung an.

Ob kniend oder stehend, ich hielt es für wichtig, dieses Gebet nicht vom Pult aus zu beten. Üblicherweise kniete ich am Kopf des Mittelganges. Dies ermöglichte eine besondere Nähe zu den Menschen. Es intensivierte mein Empfinden, dass ich betete, und ich vermute, die Gemeinde empfand stärker, dass ich zu ihr gehörte.

Das Hirtengebet besteht üblicherweise aus vier Teilen. In traditionellen Liturgien kann sich das auch in separaten Gebeten ausdrücken.

Anerkennung Gottes

Der erste Teil ist die Anerkennung Gottes selbst und seiner Verbundenheit mit unserem persönlichen und gemeindlichen Leben. Wir müssen daran erinnert werden, wer Gott ist – an sein Wesen und seine Taten. Es ist eine Zeit, die Erhabenheit Gottes neu zu betonen und uns daran zu erinnern, wie klein unsere Welt im Kontrast zu Gottes unendlicher Wohnung ist.

Die ganze Woche hindurch wirkt unsere Welt bedrohlich groß auf uns; sie versucht, uns einzuschüchtern, zu beherrschen und auszubeuten. Meinem Freund, dem Journalisten, fällt es leicht, mit dem unausgesprochenen Wissen im Gottesdienst anzukommen, dass die Welt verdorben und unzuverlässig ist. Er muss, wie andere auch, an die andere Wirklichkeit erinnert werden, dass Gott nicht besudelt wird durch die Machenschaften von uns sündigen Menschen.

Deshalb muss das Hirtengebet um mindestens einen Aspekt Gottes und unsere Reaktion darauf kreisen. Seine Majestät, Heiligkeit, Freundlichkeit und Macht sind nur einige wenige Beispiele.

Herr, in einer Welt, die so hart ist, ist deine Freundlichkeit eine besondere, andere Wirklichkeit für uns. Du behandelst uns nicht nach dem, was wir verdienen, sondern nach dem, was wir brauchen. Du gibst uns Gaben und die Fähigkeit, uns an der Welt zu erfreuen, die du geschaffen hast; du gibst uns die Fähigkeit, zu lieben und Liebe zu empfangen, zu vergeben und zu vergessen. Und vor allem gibst du uns deinen Sohn, Jesus Christus. Du bist ein freundlicher Gott, unser Vater, und wir lieben dich.

Bekenntnis und Vergebung

Im Anschluss an die Würdigung Gottes ist der zweite Teil des Hirtengebetes üblicherweise das Bekenntnis, dass wir Sünder sind, dass die Woche, die hinter uns liegt, gekennzeichnet war von inneren Einstellungen und äußeren Taten, die unseren himmlischen Vater betrüben. Dieses Bekenntnis endet mit dem Zuspruch der Vergebung Gottes für alle, die demütigen und zerschlagenen Herzens sind.

Es ist kein Zufall, dass sich Jesaja in dem Augenblick, als er die Herrlichkeit Gottes im Tempel erblickte (Jes. 6), unmittelbar gedrängt fühlte, seine Sündhaftigkeit zu bekennen. Es besteht eine unauflösbare Verknüpfung zwischen diesen beiden Erfahrungen. Wir helfen Menschen dadurch, dass wir Möglichkeiten bieten, sich offen der eigenen Sünde zu stellen und die Sache vor Gott in Ordnung zu bringen.

Dies ist ein besonderer und äußerst einschneidender Augenblick im Gottesdienst. Als Pastor spreche ich im Namen meines Freundes, des Reporters, zu Gott und führe ihn und andere in Gottes Gegenwart. Gemeinsam nehmen wir wahr, dass wir verunreinigt sind mit der Sünde dieser Welt. Gemeinsam bedürfen wir der Reinigung; gemeinsam dürfen wir erkennen, dass wir wieder rein sind. Für mich ist dieser Augenblick gleichzeitig beruhigend und erhebend.

In Bischof McKinneys Gemeinde sang, nachdem die Leute die Möglichkeit zu Buße und Vergebung bekommen hatten, der Chor das schwungvolle Lied „Jesus erhörte mein Gebet, jetzt bin ich wieder frei".

Dieser Teil des Hirtengebetes sollte mit angemessener Ehrfucht gebetet werden. An diesem Punkt machen wir uns neu bewusst, was das Kreuz für uns Gläubige bedeutet. Wenn wir es wirklich ernst meinen, kann dies ein Augenblick der Befreiung, der Neuausrichtung sein für die, die voller Verzweiflung über ihre Schuld und voller Scham über ihr Versagen in den Gottesdienst gekommen sind.

Wer unter uns, Vater, würde nicht sofort eingestehen, dass wir dich in der vergangenen Woche bei vielen Gelegenheiten enttäuscht haben? Viele Gedanken und Einstellungen bereuen wir sehr. Wir wenden uns von ihnen ab. Einige unter uns bekennen, Taten begangen oder Dinge unterlassen zu haben, derer wir uns offen schämen. Einige von uns, die heute hierhergekommen sind, Herr, tragen Groll und Neid in sich, die schrecklich beschämend wären, würden andere darum wissen. All das legen wir dir hin, Vater. Wir brauchen Befreiung von unseren Sünden. Danke, dass du unser persönliches Bekenntnis in der Stille hörst.

Gebet für die Welt

Ein dritter Aspekt des Hirtengebets blickt nach außen auf unsere Welt voller Naturkatastrophen, Menschen in Not, Krisen in Politik und Wirtschaft – auf die großen Ereignisse, von denen die Leute im Laufe der Woche gehört haben. Im Gebet sollen wir diese Dinge aus dem Blickwinkel der Ewigkeit betrachten. Wir alle müssen regelmäßig daran erinnert werden, dass alles, was in der Welt geschieht, den Vater angeht – und deshalb auch seine Kinder. Nicht für diese Dinge zu beten, würde stillschweigend ausdrücken, dass das, was im Gottesdienst geschieht, keine Bedeutung hat für die Angelegenheiten, die sich während der anderen sechs Tage der Woche ereignen. Als Pastor hielt ich es für wichtig, jeden Sonntag auf dem Weg zur Kirche die aktuelle Nachrichtensendung zu hören, um sicherzustellen, dass die Liste der Themen für dieses Gebet auf dem neuesten Stand ist.

Ein Teil unserer Welt leidet heute, Herr. Männer und Frauen, die genauso wie wir denken und fühlen, haben kein Zuhause, keine Nahrung und nichts, womit sie für das Wohlergehen ihrer Kinder sorgen können. Vater, viele trauern über den Verlust eines geliebten Menschen durch einen tragischen Unfall. Präsidenten und Regierungsoberhäupter begegnen sich heute, Herr, sie bedürfen ganz dringend deiner Weisheit …

Die Bedürfnisse der Gemeinde

Der letzte Teil des Hirtengebetes kreist um die Bedürfnisse der Gemeinde selbst. Ich bete dieses Gebet nur selten, ohne dass ich an die Geschichte denken muss, die Henri Nouwen über den Abt eines Trappistenklosters erzählt hat. Der Abt traf seine Mönche jeden Abend, wenn sie schmutzig und müde von den Feldern kamen. Während sie auf ihn zukamen, hob er die Arme und rief aus: „Hat irgendjemand von euch eine Not?" Das war die Zeit, in der jeder Mönch innehielt, darüber nachdachte, ob irgendetwas in seinem Herzen oder in einer seiner Beziehungen fehlte, und dann in Gottes zugesagter Freundlichkeit und Gnade Entlastung fand.

Das Hirtengebet ist deshalb ein Gebet für jene, die in Nöten sind und darum wissen – für Menschen, die Angst haben, ihren Arbeitsplatz zu verlieren, für die, die beim nächsten Arztbesuch möglicherweise schlechte Nachrichten erwarten, für Eltern, die

Kinder großziehen, die ihre Liebe nicht erwidern, für die alleinstehende Frau, die schrecklich einsam ist, und für den Jugendlichen, der sich über seine Sexualität Sorgen macht. Solche Nöte jede Woche anzusprechen, hilft den Kirchenbesuchern wahrzunehmen, dass ihre persönlichen Bedürfnisse vor Gott gebracht werden, selbst wenn nicht jede Einzelheit erwähnt werden kann. An dieser Stelle erheben wir unsere Arme im Gebet für jene, die in Schwierigkeiten sind. Wenn wir freundlich, hoffnungsvoll, ehrlich (das meint, mit *wahren* Worten, die *wirkliche* Situationen beschreiben) und eindringlich sprechen, werden die Menschen merken, dass sie ein geistliches Bad erlebt haben.

> *Vater, einige von uns sind voller Schmerzen hierhergekommen: körperlicher Schmerzen, Schmerzen aufgrund verwundeter Beziehungen, Schmerzen durch quälende Angst. Vater, einige von uns brauchen ganz dringend Hilfe und Ermutigung …*

Weise Hirten setzen sich im Gebet auch für verschiedene Dienste in der Gemeinde ein. Natürlich nicht für alle auf einmal, aber vielleicht für einen pro Woche.

Das Hirtengebet kann mit einem gemeinsamen Lied abgeschlossen werden. Einige der Begebenheiten, an die ich mich am besten erinnere, waren jene, bei denen wir das Vaterunser ohne instrumentale Begleitung sangen. Das Gefühl, gemeinsam und in inniger Verbundenheit vor dem Thron Gottes zu stehen, ging mir oft noch viele Tage lang nach.

In kleineren Gemeinden können Teile des Hirtengebetes mit den Gottesdienstbesuchern geteilt werden, zum Beispiel durch das „Gebet im Wechsel“. Als unser Versammlungssaal kleiner war, lud ich sie gelegentlich ein, aufzustehen und einen Vers aus der Bibel vorzulesen (ich wies vorsorglich darauf hin, dass es sich wirklich nur um einen einzelnen Vers handeln sollte), der den lebendigen Gott lobt. Oft ergab sich ein wunderbares Mosaik von Versen, das unsere Gedanken auf viele Aspekte von Gottes Wesen und seinen Zielen lenkte.

Gleichermaßen in Erinnerung sind mir Einladungen an die Gemeinde, aufzustehen und ein kurzes Gebet zu sprechen, um Gott zu loben. Ich hielt es für wichtig, im Vorfeld genaue Anweisungen zu geben, um die ein oder zwei Leute in Schranken zu halten, die das Gebet sonst zu sehr dominieren könnten. Und andererseits wurden jene ermutigt, die es nicht gewohnt sind, öffentlich zu beten, da nur ein einziger Satz gefordert war.

Das Weihen der Gaben

Eine dritte Art von Gebet im Gottesdienst wird üblicherweise vor oder nach der Kollekte gesprochen. Kürzlich war ich in einer Gemeinde, in der die Kollekte durch Saaldiener eingesammelt wurde. Am Ende gingen die Saaldiener nach vorn und hielten die Gefäße hoch über ihre Köpfe empor, um sie dem Vater darzubringen. Wir sangen die Doxologie (Lob Gottes) und wurden dann im Gebet von jemandem geleitet, der verstand, dass das Geld in den Klingelbeuteln ein Symbol war für die Arbeit, die wir in dieser Woche getan hatten. Das war ein bewegender Moment.

Was bewirkte dieses Gebet? Es verlieh unserem Tun Bedeutung und Wert. Wir beteten: „Wir opfern dir, Vater, die Erstlingsfrucht unserer Arbeit." Durch sein Gebet zeigte uns der Pastor, dass ihm bewusst war, dass wir hart gearbeitet hatten. Er wusste, dass uns das Geld in den Kollektenkörben nicht einfach so zugeflogen war und dass unsere Gabe eine Tat fröhlichen Gehorsams war. Es beeindruckte mich, dass der Pastor, der unsere Gaben Gott darbrachte, sie ernst nahm, nicht als Einnahmen für das Budget der Kirche oder für wohltätige Programme, sondern als Früchte unserer Arbeit.

Vater, einige von uns, die heute hier sind, sind müde und zerschunden, weil eine harte Arbeitswoche hinter ihnen liegt. Wir haben unser Bestes an unseren Arbeitsstellen gegeben, ob es dort nun ereignisreich war oder langweilig. Wir haben dir fröhlich die Früchte unserer Arbeit dargebracht und einen Teil dessen geschenkt, das zu verdienen du uns ermöglicht hast.

Gebet um Erleuchtung und Unterordnung

Man kann die Bibel nicht wirklich ohne das erleuchtende Wirken des Heiligen Geistes verstehen, der unsere Herzen erforscht, uns die Wahrheit vor Augen führt und uns davon überzeugt. Deshalb ist ein weiteres mögliches Gebet im Gottesdienst das Gebet der Unterordnung unter Gottes Wort.

In einigen liturgischen Gottesdienstformen ist die Gemeinde daran gewöhnt, ein Lied vor der Predigt zu singen. Während des Singens kniet der Prediger und betet für sich selbst. Während er sich dem Wirken des Geistes weiht, wird der Gemeinde deutlich, dass der Prediger in göttlicher Verantwortung spricht und dass das, was sie hören werden, Gottes lebendiges Wort an sie ist.

Der Prediger kann die Gemeinde zur Aufmerksamkeit aufrufen, wenn er die Bibel aufschlägt. In diesem kurzen Augenblick werden alle dem Wirken des Heiligen Geistes anbefohlen und herausgefordert, gehorsam auf die Schrift zu hören.

Wenn wir nun die Heilige Schrift aufschlagen, Herr, um auf deine Stimme zu hören, die durch das Wirken deines Heiligen Geistes zu uns spricht, dann bitten wir dich: Gib uns die Fähigkeit, zu hören, was wichtig ist, und es in unserem Alltag umzusetzen. Wir wollen uns deiner Offenbarung und Führung unterordnen …

Gebet der Entscheidung

Angenommen, die Predigt hat eine Verbindung zwischen Gottes Wort und dem Leben des Gottesdienstbesuchers hergestellt; dann ist es angemessen, dass der Gottesdienstleiter die Predigt mit einem reflektierenden Gebet zum Abschluss bringt. Dieses Gebet sollte kein Rückblick auf die Hauptpunkte der Predigt sein, sondern eine Bitte darum, dass Gottes Wort jedem Besucher klar wird und im Leben eines jeden angemessen zur Anwendung kommt.

> *Wir alle – und ich zuallererst – sind überrascht vom Reichtum dieser Wahrheiten, Vater. Sie rufen uns zu etwas Höherem und Kraftvollerem auf, als uns bisher klar war. Wir müssen auf das, was du uns heute gesagt hast, antworten. Hilf uns, zu entdecken, wie das geschehen kann …*

Segensgebet

Das Segensgebet, manchmal auch Sendungsgebet genannt, ist das Abschlussgebet der meisten Gottesdienste. Nur zu oft ist es lediglich das Signal, dass der Gottesdienst beinahe zu Ende ist; die Leute nutzen diese Zeit, um das Liederbuch wegzustecken, nach der Jacke zu greifen oder einen Vorsprung auf dem Weg zum Parkplatz zu gewinnen.

Mit dem Gebet beenden wir einen Gottesdienst nicht einfach nur. Vielmehr bekräftigen wir abschließend, dass Gott uns segnet und dass wir dankbar sind für Gottes Gegenwart.

Das Gebet sollte kurz sein. Es ist nicht nötig, die Ereignisse des Morgens noch einmal aufzuzählen; es geht schlicht um eine Anerkennung der Treue Gottes und das Aussprechen seines Segens, wie das die traditionellen biblischen Segensformeln tun. Nur wenige Dinge sind bewegender als ein Pastor, der seine Hände über die Menschen erhebt und um Gottes Segen für ihren Weg bittet. Es ist das Schlusswort an die Kinder Gottes, bevor sie wieder die Welt betreten. Es sollte ermutigend sein, liebevoll und stärkend und sie daran erinnern, dass sie unter der bewahrenden Hand des Vaters und himmlischen Hirten gehen.

Vater, wir erbitten deinen Segen, wenn wir diesen Ort verlassen. Wir haben unser Bestes getan, dir zu sagen, dass wir dich lieben, dass wir dankbar sind für deine Freundlichkeiten, dass wir mehr von dir erkennen wollen. Wir gehen zurück in unsere Wohnungen und an unsere Arbeitsstellen im Vertrauen auf deine zugesagte Fürsorge und Leitung. Wir vertrauen darauf, dass du uns helfen wirst, die Stunden zu nutzen, die vor uns liegen, um die Arbeit an deinem Reich fortzuführen.

Der Wunsch meines Freundes nach einem geistlichen Bad bedeutet also, dass er jemanden braucht, der weiß, wie er für ihn beten soll. Denn es gibt Zeiten, in denen er nicht für sich selbst beten kann. Die gemeinsamen Gebete während des Gottesdienstes ermöglichen es, die Gewissheit der Reinigung zu vermitteln. Aber es braucht Zeit, diese Gebete zu planen, zu durchdenken und dafür zu sorgen, dass jedes von ihnen das enthält, was sowohl die Gemeinde als auch Gott hören soll. Dann ist mein Freund am Montag vielleicht wieder bereit, in seine Zeitungswelt zurückzukehren und das Leben mit neuer Kraft anzugehen.

Himmlischer Vater, ich bitte dich, dass wir Pastoren und geistlichen Leiter immer mehr unser großes Vorrecht schätzen lernen, dir Menschen im Gebet zu bringen. Gib uns rechte Einsicht, damit wir ihre Bedürfnisse erkennen. Gib uns den Glauben, der uns auf die Kraft der Fürbitte vertrauen lässt. Offenbare uns dein Wesen – und zeig uns auch, wer wir sind und wo wir zerbrochen sind, damit unsere Gebete für die Menschen Kraft haben und ihre Wirklichkeit berühren. Das bitten wir in Jesu Namen. Amen.

Zum weiteren Nachdenken

1. *Wie würden Sie die Qualität der öffentlichen Gebete und die Aufnahmebereitschaft der Hörer in Ihrer Gemeinde beschreiben?*

2. *Wählen Sie einen oder zwei der erwähnten Gebetstypen, und versuchen Sie, in Ihren eigenen Worten ein Gebet zu formulieren, das Sie mit der Gemeinde beten können.*

3. *Wie oft beten Sie während des Sonntagsgottesdienstes und während der Woche im Besonderen für die Bedürfnisse Ihrer Gemeinde?*

Anruf um drei Uhr nachts

Und ich will euch Hirten geben nach meinem Herzen, die euch weiden sollen in Einsicht und Weisheit.

Jeremia 3,15

In einem Wahlwerbespot in den USA wurden die Wähler einmal gefragt: Wenn nachts um drei Uhr im Weißen Haus das Telefon klingelt, wer soll den Hörer abnehmen und die Geschicke der Welt regeln? Ich wurde einmal in ähnlicher Weise vor diese Frage gestellt.

Das Telefon klingelte am späten Nachmittag. Ein Gemeindebesucher, den ich nur beiläufig kannte, war am Apparat. Er erzählte mir, er sei im Krankenhaus, wo seine krebskranke Frau Josie im Sterben liege und die Nacht wohl nicht überleben werde. Ob ich jetzt gleich kommen könnte?

Obwohl dieser Anruf mich vor vielen Jahren erreichte, bin ich noch immer beschämt darüber, welche Gedanken mir zuerst in den Sinn kamen. *Wo ist der Seelsorger, der sich bei uns um Krankenbesuche kümmert? Ich bin nicht für Krankenhäuser zuständig. Ich bin derjenige, der predigt, der die Gemeinde leitet, der Visionen entwickelt. Oh, und ich bin der, der den Leuten (von der Kanzel herab) immer wieder versichert, dass er sie liebt und sich um sie kümmert.*

Der Anrufer sagte, dass seine sterbende Frau Panik habe. Trotz der Beruhigungsmittel, die man ihr gegeben habe, sei sie sehr aufgebracht und könne kaum beruhigt werden. „Vielleicht können Sie ihr etwas sagen, das ihr helfen kann, ruhig zu werden und einzuschlafen", sagte er.

Das Krankenhaus war zwanzig Minuten mit dem Auto entfernt. Als ich ankam, traf ich eine Freundin der Familie, die mich zum Krankenzimmer begleitete. Auf dem Weg beschrieb sie mir, dass Josie vor lauter Angst um sich schlug. Gelegentlich würde sie schreien. Keiner wisse, was zu tun sei. Selbst die Ärzte und Krankenschwestern seien hilflos.

Ich atmete tief durch und betrat das Zimmer. Es waren wohl etwa acht Leute um das Bett versammelt: ein oder zwei Ärzte, die Krankenschwestern, Josies Ehemann und eine Tochter. Dann sah ich Josie in ihrem Bett.

„Josie!“, sagte ich, während ich näher trat, mit fester Stimme, so als ob ich meiner Gegenwart eine gewisse Autorität verleihen wollte.

„Pastor Mac!“, antwortete sie. Jemand trat zurück, um für mich Platz zu machen, und der Kreis öffnete sich.

Ich wusste offen gesagt nicht genau, was in diesem Augenblick angemessen war. Es kam mir seltsam vor, dass selbst die Ärzte ihren Platz am Bett für mich räumten. Ich erinnere mich, dass etwas in mir sagte: „Kümmere dich um sie; sei ein Pastor!“

„Josie“, sagte ich, „das ist ein schrecklicher Augenblick für Sie, nicht wahr? Sie müssen große Angst haben.“

„Ja, Pastor Mac“, antwortete Josie, ihre Augen auf ihren Mann und ihre Tochter gerichtet. „Ich weiß nicht, was ich tun soll. Ich kann sie doch nicht verlassen. Ich muss wieder gesund werden.“ Und noch einmal: „Ich weiß nicht, was ich tun soll.“

Sie wollte sich aufsetzen und aus dem Bett steigen. Ich bemerkte, dass sie wieder unruhig wurde, also legte ich meine Hände auf ihre ausgemergelten Schultern und drückte sie, so sanft ich konnte, zurück ins Kissen. Ich erinnere mich an die eindrucksvolle Stille im Raum, während mir jedermann zusah. Niemand stellte mein Handeln infrage. Vielleicht dachten sie, dass ich genau wusste, was ich tat.

Plötzlich kam mir ein Gedanke. Ich lehnte mich vor, um Josies Blick einzufangen, und sagte: „Josie, hören Sie mir zu. Sehen Sie mich an. Ich möchte Ihnen etwas sagen.“

„Ja, Pastor Mac?“

„Ich möchte, dass Sie ein paar Worten Gottes lauschen. Hören Sie einfach nur zu! In Ordnung?"

„In Ordnung!"

Ich begann: „Der Herr ist mein Hirte; mir wird nichts mangeln." Ganz behutsam zitierte ich Psalm 23 und sprach jedes Wort langsam und bewusst aus. Dann fragte ich: „Haben Sie gehört, was ich gesagt habe? Mir – das sind Sie, Josie – wird … nichts … mangeln."

„Ja, Pastor Mac, ich habe es gehört." Sie wiederholte die Worte: „Mir wird nichts mangeln."

Ich fuhr fort: „Gott weidet mich auf einer grünen Aue. Gott führt mich zum frischen Wasser. Gott erquickt meine Seele."

Ich vereinfachte den Psalm ein wenig und wiederholte die Worte. „Gott … weidet … mich … Gott gibt mir frisches Wasser … Gott gibt meinem Herzen Kraft … Haben Sie das gehört, Josie?"

„Ich habe es gehört, Pastor Mac." Sie sah mich unverwandt an und lauschte gebannt jedem Wort. Ich merkte, wie sich ihre Schultern etwas entspannten; ich zitierte den Psalm weiter, sprach von rechten Straßen, finsteren Tälern, in denen Gott gegenwärtig ist, vom Stecken und Stab des Hirten, dem gedeckten Tisch und dem Öl, das heilt und schützt. Schließlich kam ich zur letzten Zeile und erweiterte sie ein wenig: „Und ich werde bleiben im Hause des Herrn immerdar … und immerdar … und immerdar."

So bestimmt, wie ich nur konnte, sagte ich: „Josie, in diesen Worten geht es um Sie. Sie handeln von Ihnen. Sie sind jemand, um den Gott sich kümmert. Sie waren eine wunderbare Ehefrau und Mutter. Sie waren eine gute Freundin. Und nun kann es sein, dass es Zeit ist, zu gehen und in Gottes Haus zu bleiben immerdar und immerdar und immerdar. Eines Tages werden wir uns wiedersehen. Wir alle." Ich nannte Josies Ehemann und ihre Tochter. „Sie werden dort mit Ihnen zusammen sein."

„Sind Sie sicher?", fragte sie.

„Ich bin sicher", sagte ich. „Und ich will, dass Sie wissen, dass jeder hier Sie liebt und dankbar für Sie ist. Ich möchte, dass Sie sich nun ausruhen und Gott erlauben, Sie dahin zu führen, wohin er will. Josie, haben Sie keine Angst."

„Sind Sie sicher, dass es in Ordnung ist, wenn ich gehe, Pastor Mac?"

„Ja, ich bin sicher, Josie."

Dann tat Josie etwas, das ich nie vergessen werde. Sie sah von mir weg und sagte ihrem Ehemann: „Danke, dass du mir so ein guter Mann warst." Und zu ihrer Tochter sagte sie: „Ich hab dich lieb, und ich bin so stolz, deine Mutter zu sein." Zu den Krankenschwestern und Ärzten sagte sie: „Danke, dass Sie mich so gut versorgt haben." Nach ein paar Worten zu den Freunden im Kreis dankte sie mir. Dann schloss Josie ihre Augen, sank in einen stillen Schlaf, und etwa eine Stunde später verließ sie unsere Welt.

Verbindung zu Gott

Ich bin über fünfzig Jahre lang Pastor gewesen. Wenn ich versuche, das Wesen meiner Arbeit zu charakterisieren, scheint mir diese Geschichte zusammenzufassen, was die Kernaufgabe eines Pastors ist. Nennen Sie es eine priesterliche Funktion oder eine pastorale – es ist dasselbe: Menschen helfen, mit Gott in Verbindung zu kommen.

Ein verzweifelter Ehemann brauchte jemanden, der geistliche Kraft in einen der schlimmsten Momente seines Lebens brachte. Ärzte und Krankenschwestern, die am Ende ihrer fachlichen Möglichkeiten waren, brauchten jemanden, der zum Herzen einer Patientin sprechen konnte. Eine angsterfüllte und verwirrte Frau brauchte jemanden, der ihr Gottes Führung zusprechen konnte. An jenem Tag schenkte Gott es mir, dass ich die Person war, die das tun durfte.

Der Psalm, der durch mich Josies Herz erreichte, war mir seit meinem fünften Lebensjahr vertraut. Ich hatte ihn damals auswendig gelernt, weil meine Großmutter mir dafür eine Dollarnote in Aussicht stellte – viel Geld in jenen Tagen. Ich sollte ihn fehlerfrei aufsagen. Es dauerte weniger als eine Stunde, das hinzubekommen.

Als Erwachsener diente mir Psalm 23 als eine Art Beruhigungsmittel, wenn ich angespannt war und nicht schlafen konnte. Immer wieder sagte ich ihn mir vor, bis das Gefühl, dem Hirten Jesus auf sicherem Pfad zu grünen Auen und frischem Wasser zu folgen, meine innere Unruhe besiegte.

Der Psalm diente mir noch in anderer Weise, als ich schon viele Jahre Gemeindeleiter war und begann, meines Dienstes müde zu werden. Meine Arbeit hatte sich mit dem Größerwerden unserer Gemeinde verändert. Das machte mich vom Pastor, der beinahe jeden in der Gemeinde kannte, zu einer Art Geschäftsführer. Praktisch gesehen hatte ich vorher Umgang mit Menschen, nun führte ich eine Organisation. Ich fühlte mich schuldig, dass ich nicht länger wie Jesus sagen konnte: „Ich bin der gute Hirte; ich kenne meine Schafe, und meine Schafe kennen mich." Um die Wahrheit zu sagen: Ich kannte die meisten von ihnen nicht, und sie kannten mich nicht.

Als ich mir eines Tages Psalm 23 selbst vorsagte, wurde mir schlagartig klar, dass er eigentlich das Berufsbild eines Hirten oder Pastors beschrieb. Warum hatte ich das vorher nicht bemerkt?

Traditionellerweise schreiben Fachleute diesen Psalm David zu, der Schafe und das Schafehüten aus eigener Erfahrung kannte. Ein anderer Psalmist, der über Davids Lebensreise nachdachte, schrieb: „(Gott) erwählte seinen Knecht David und nahm ihn von den Schafhürden; von den säugenden Schafen holte er ihn, dass er sein Volk Jakob weide … Und er weidete sie mit aller Treue und leitete sie mit kluger Hand" (Ps. 78,70-72).

Wie oft hatte David während seiner Lehrjahre auf den Weiden die Angst seiner Herde gespürt, wenn sie Gefahr witterte? Wie oft war es nötig gewesen, sie durch gefährliche Täler zu führen, auf grünere Wiesen und zu frischerem Wasser? Wie oft hatte er Öl benutzt, um die Wunden der Schafe zu reinigen oder sie vor lästigen

Insekten zu schützen? Wie oft hatte er ein hilfloses Lamm aus einer heiklen Situation gerettet?

Es ist kein Wunder, dass David, als er später versuchte, das Wesen Gottes zu beschreiben, ein Bild benutzte, mit dem er ganz und gar vertraut war. *Gott ist wie ein Hirte.* Was das heißt? Wenn du ein Teil der Herde Gottes bist, wird dir nichts mangeln.

Sich die Hände schmutzig machen

In unserer modernen Zeit glorifizieren wir Hirten gern. Auf Bildern zeigen wir, wie sie in sauberer Kleidung niedliche kleine Lämmlein auf ihren Schultern tragen. Vorsicht!

Tatsache ist, dass die Hirten der Antike (für die heutigen kann ich nicht sprechen) üblicherweise in der untersten Gesellschaftsschicht zu finden waren. Selten gehörten ihnen die Schafe, die sie hüteten. Sie waren viel eher „Zeitarbeiter“ für die Schafbesitzer. Offen gesagt, waren die meisten Schafhirten in biblischen Zeiten keine geachteten Leute.

Als Mose aus Ägypten floh, war die einzige Arbeit, die er bekommen konnte, die eines Schafhirten. Vierzig Jahre lang hütete er die Herde seines Schwiegervaters Jitro. Die subtile biblische Botschaft darin: Schau, wie tief Mose gefallen ist: vom ägyptischen Palastbewohner zum Schafhirten. Das wirft die Frage auf: Wie verändert das Schafehüten einen Mann? Mose, David und andere mussten sich bei ihrer Ausbildung zu Führungspersönlichkeiten im Fach Schafehüten beweisen.

Es ist interessant, dass die Engel am Himmel Bethlehems für ihr Weihnachtskonzert Hirten als Zuhörer wählten. Hirten hatten die Ehre, als Erste im Stall das Kind anzubeten. Warum wohl?

Später verglich Jesus dann sich selbst mit einem Hirten. Warum nicht mit einem General, einem Firmenchef oder einem Hohen Priester in Jerusalem? Offensichtlich gefiel ihm die Vorstellung von

Schafen, die ihrem Hirten vertrauen und gehorsam folgen, sehr viel besser.

Einmal erzählte Jesus die Geschichte von einem Hirten, der unter Einsatz seines Lebens in die Wüste geht, um ein verirrtes Schaf zu suchen. War das wirklich klug? Oder handelt es sich nur um eine Übertreibung, um zu verdeutlichen, dass ein verlorenes Schaf (oder ein verlorener Mensch) gleich viel wert ist wie die neunundneunzig anderen, die bei der Herde bleiben?

Paulus legte den Ältesten von Ephesus nahe, ihr Verständnis von Gemeindeleitung vom Handeln eines Hirten abzuleiten. „So habt nun acht auf euch selbst und auf die ganze Herde, … zu weiden die Gemeinde Gottes, die er durch sein eigenes Blut erworben hat … Reißende Wölfe werden zu euch kommen, die die Herde nicht verschonen werden“ (Apg. 20,28-29).

Entsprechend der Tatsache, dass Hirten früher meist nicht Schafbesitzer waren, sondern nur Schafhüter, erinnerte Paulus die Gemeindeverantwortlichen in Ephesus daran, dass „ihre“ Herde in Wirklichkeit Gottes Herde ist. Sie sind nur da, um dafür zu sorgen, dass die Herde beieinanderbleibt.

Zurück zu Psalm 23. Wenn das so etwas wie die Stellenbeschreibung eines Seelsorgers ist, dann gilt es ein paar Dinge zu bedenken:

Eine Stellenbeschreibung des Hirtendienstes

Der Psalmist weist zuallererst darauf hin, dass ein Hirte – wie eine Mutter – dafür sorgt, dass die Schafe alles haben, was sie brauchen, damit sie gesund bleiben: Wasser, Gras und einen sicheren Ruheplatz. Darum kümmert sich üblicherweise jemand, der verantwortlich ist für das Wohlergehen der Schafe.

Aber: Derselbe Hirte, der für Gras und Wasser sorgt, führt die Herde auf Pfade, die herausfordernd sein können, sogar bedrohlich. Und er führt sie durch Täler, in denen hungrige Raubtiere lauern, die ein Lamm oder zwei reißen wollen. Dieser Hirte weiß, wie er seine Schafe beruhigen und die Wölfe fernhalten kann. Das ist ein richtiger Hirte. *Das*, scheint David zu sagen, *ist Gott für mich*.

Mit dem Wort *Pastor* ist genau solch ein Hirte gemeint. Er ernährt die Schafe, er gibt den Menschen geistliche Nahrung. Das wirft ein neues Licht auf Jeremia 3,15: „Und ich will euch Hirten geben nach meinem Herzen, die euch weiden sollen in Einsicht und Weisheit."

Im Neuen Testament verschmolzen die Worte für *Hirte* und *Pastor* zu einem Begriff. Wollen Sie Pastor einer Gemeinde sein? Dann sind Sie ein Hirte (nach dem Vorbild Gottes), und die Menschen, die Sie leiten, sind Ihre Schafe.

Ich möchte behaupten, dass der Pastor/Hirte das Kernstück jeder christlichen Gemeinschaft ist. Die klarste Beschreibung einer Gemeinde findet sich in den Worten Jesu: „Wo zwei oder drei versammelt sind in meinem Namen ..." (Mt. 18,20). Ich denke, dass unter diesen „zwei oder drei" immer einer sein wird, den Jesus mit der pastoralen Rolle „begabt" hat. Wer ist das? Und was tut er oder sie?

Eine solche Person hat – ähnlich wie ein Hirte – die einfache Aufgabe, Menschen zu versammeln und darauf zu achten, dass sie geistlich erfrischt und auf gefährliche Wege vorbereitet werden. Sie tut das vor allem einfach dadurch, dass sie da ist – dass sie über die Seelen derer wacht, die ihr anvertraut wurden.

Die Herde kennen

Vor Jahren schrieb Harry Emerson Fosdick:

> *Ich misstraue einem Prediger, für den die Predigt das Schlüsselelement seiner Tätigkeit ist. Die Versuchungen für einen beliebten Prediger – wenn er nur das ist – sind*

> *verheerend. Ihm wird von Anhängern Beifall gespendet, ihm wird eine christliche Selbstlosigkeit zugerechnet, die er nicht beanspruchen kann, und durch die vielen Zuhörer gerät er in die Verlockung, von sich selbst höher zu denken, als er sollte … Jeder Prediger, der solch eine Erfahrung macht, sollte demütig nach Hause eilen und darum beten, dass er von dieser Versuchung befreit werde. Nur die Gnade Gottes kann ihn befreien – sie und ehrliche Sorge um die Menschen. Denn nach dem Vorbild Jesu soll es für ihn allein wichtig sein, mit den Einzelnen in guten Kontakt zu treten.*

Es wäre interessant, sich mit jemandem zu unterhalten, der sich in folgenden Fragen auskennt: „Was ist die maximale Größe einer Herde, die ein Hirte führen kann? Wann wird eine Herde so groß, dass ein Hirte allein nicht länger in der Lage ist, sie zu leiten, mit Nahrung zu versorgen und zu beschützen?"

Als ich meinen Dienst antrat, leitete die Mehrzahl der Pastoren Gemeinden mit 90 bis 300 Mitgliedern. Es gab meistens nur einen Pastor, der persönlich ans Telefon ging und in vernünftigem Umfang für jedermann innerhalb und außerhalb der Gemeinde erreichbar war. Diese Arbeit ähnelte ziemlich der eines Hirten.

Als Kind hörte ich meinen Vater (einen Pastor) oft zu meiner Mutter sagen, wenn er das Haus verließ: „Ich werde bis zum Mittagessen telefonieren." Telefonate machten 80 Prozent seiner Arbeit aus. Er rief Menschen zu Hause an, im Geschäft oder wenn sie im Krankenhaus waren. Ein Anruf bestand aus einem Bibelwort, einem Gebet, Fragen zum persönlichen Glauben und einer Herausforderung. Pastoren kannten ihre Leute, und die Leute kannten ihren Pastor. So wie es bei Hirten und Schafen ist.

Ich sehne mich übrigens nicht nach jenen Tagen zurück, das können Sie mir glauben. Man sollte die Vergangenheit nicht romantisieren. Damals gab es oft nur kleine Gehälter, kleine Pfarrhäuser oder -wohnungen – und die Herde stellte vierundzwanzig Stunden und sieben Tage die Woche Ansprüche.

Aber ist die Situation heute besser? Was halten wir davon, wenn der engste Kontakt, den Gemeindeglieder zu ihrem Pastor haben, darin besteht, dass sie seiner Predigt zuhören? Gibt es irgendeine Art persönlicher Beziehung zu den Menschen, die die Herde bilden?

Ich denke oft an eine Frau in meiner Gemeinde, die leicht zu übersehen war. Sie war chronisch depressiv und musste Medikamente einnehmen. Eines Tages sah ich sie von Weitem und rief ihr instinktiv zu: „Hallo, Marilyn. Wie geht es Ihnen?" Dann wandte ich mich anderen Dingen zu. Doch sie kam zu mir und sagte: „Pastor Mac, Sie haben zwar gefragt, wie es mir geht; aber in Wirklichkeit wollen Sie es gar nicht wissen, weil Sie keine Zeit dafür haben."

Sie hatte recht. Und sie sprach aus, was mir wahrscheinlich viele andere sagen wollten, sich aber nicht trauten. Marilyns Worte verfolgen mich noch immer.

Inzwischen glaube ich nicht mehr, dass der biblische Titel Pastor angemessen ist, wenn es drei Wochen dauert, bis jemand einen Gesprächstermin bekommt, oder wenn jemand sagen muss: „Ich habe ihn (oder sie) drei Jahre lang predigen gehört, aber wir haben uns nie persönlich kennengelernt."

Damit möchte ich nicht die Leiter von Großkirchen kritisieren. Ich kenne und respektiere viele und war selbst einer von ihnen. Um ehrlich zu sein, mochte ich diese Arbeit – zumindest zu großen Teilen. Aber ich denke, es wäre ehrlicher, wenn wir solche Gemeindeleiter als Bischöfe oder Dekane bezeichnen würden oder – noch eindeutiger – als Geschäftsführer. Lassen Sie uns – und darum geht es mir – den Titel Pastor für jene Männer und Frauen vorbehalten, die Menschen direkt begegnen und auf ihre verschiedenen Bedürfnisse eingehen. Wie in jenem Krankenzimmer.

Der Pastor „hütet" Menschen nicht, indem er lediglich für sie predigt. Die Arbeit als Pastor besteht aus persönlicher Beziehung, persönlichem Gebet und persönlicher Anleitung. Pastoren beantworten Fragen, stellen zur Rede, wo Sünde herrscht, und bestärken Menschen, wenn Gott zu ihnen spricht. Das ganze Leben des Pastors soll ein Vorbild sein, dem Menschen folgen können.

Darum ging es Paulus, als er an Timotheus schrieb: „Du aber sei den Gläubigen ein Vorbild im Wort, im Wandel, in der Liebe, im Glauben, in der Reinheit“ (1. Tim. 4,12). Oder auch später, als er schrieb: „Dies lass deine Sorge sein, damit gehe um, damit dein Fortschreiten allen offenbar werde“ (Vers 15).

Wir sollten uns davor hüten zu glauben, wir hätten durch Bücher, DVDs, Internetseiten und Predigten als Pastoren gewirkt. Pastor zu sein – nach Hirtenart – bedeutet Nähe und persönlichen Einsatz. Es erfordert die Bereitschaft, ans Telefon zu gehen.

Viele Jahre nach jenem Krankenhausbesuch bei Josie lud ich einen Chirurgen ein, einen Vortrag in einer meiner Klassen am Seminar zu halten. Er sagte unter anderem: „Wenn wir Ärzte ein Krankenzimmer betreten, sprechen wir über physische Möglichkeiten, aber wenn ihr Pastoren jenes Zimmer betretet, bringt ihr Hoffnung und sprecht Worte Gottes.“

Er beschrieb perfekt, was ich an jenem Tag im Krankenhaus versucht hatte. So kann es kommen, wenn man ans Telefon geht.

Zum weiteren Nachdenken

1. *Haben Sie selbst Pastoren kennengelernt, die Sie als wirkliche Hirten bezeichnen? Welchen Einfluss haben sie auf Ihr Leben gehabt?*

2. *Denken Sie an Situationen, in denen von Ihnen tröstliche Worte erwartet wurden. Wie haben Sie sich dabei gefühlt, und was haben Sie gesagt?*

3. *Welches sind die Herausforderungen, wenn man Pastor einer großen Gemeinde ist? Welche Herausforderungen gibt es in einer kleinen Gemeinde? Wie kann man als Verantwortlicher – unabhängig von der Größe einer Gemeinde – echte persönliche Beziehungen zur „Herde“ aufbauen?*

Unangenehme Erschütterungen

O weh! Es wurde in letzter Zeit viel getan,
um zwergenhafte Christen hervorzubringen.
Armselige, kränkelnde Gläubige verwandeln die Kirche
in ein Hospital statt in eine Armee. Ach, könnten wir doch eine
Kirche aufbauen mit tiefgläubigen Leuten, die den Herrn tief in ihren
Herzen kennen und dem Lamm folgen, wo immer es hingeht!

Charles Spurgeon

Während meines Predigerseminars machte ich eine Erfahrung, die mir die Augen dafür öffnete, was es wirklich bedeutet, eine Gemeinde zu hüten. Eine Gruppe von zwanzig Familien, die als Viehzüchter und Landwirte ihr Brot verdienten, bot mir ein Pfarrhaus und einen kleinen Gehaltsscheck an, damit ich ihre Kanzel bevölkerte. Gail und ich stürzten uns begeistert in das Landleben, um den Menschen dort zu dienen. Sie haben uns viel gelehrt, und dafür liebten wir sie.

Nach ein paar Monaten beriefen die Diakone ein Treffen ein, um irgendein Problem zu klären. Ich kann mich nicht mehr an das Thema erinnern. Aber ich erinnere mich, dass Menschen, die mir am Herzen lagen, plötzlich Dinge zueinander sagten, die Gail und mich tief erschütterten. Wir fühlten uns wie die Eltern von Kindern, die sich auf dem Autorücksitz zanken. Es klingt überheblich, aber wir konnten nicht glauben, dass Menschen, die von unserem Dienst geprägt waren, derart unfreundlich miteinander umgingen.

Nach dem Treffen kam eine Frau auf Gail und mich zu und sagte: „Nun wisst ihr, wie wir wirklich sind. Und eines Tages werdet ihr genauso sein."

Gail antwortete: „Nein! Wir werden nie zulassen, dass wir so werden." Das war natürlich eine mutige Behauptung, aber wir waren jung und selbstbewusst.

Im Laufe meiner Dienstjahre habe ich mehrere solcher Abende erlebt. Und jedes Mal kämpfte ich mit derselben Enttäuschung.

Die biblische Geschichte, an die ich in solchen Momenten denke, handelt von Mose. Als er vom Berg Sinai herabkommt, sieht er die Kinder Israels („Quälgeister" wäre wohl das bessere Wort) um das Goldene Kalb herumhüpfen. Es ist übersät mit den Fingerabdrücken seines Bruders Aaron.

Auf dem Berg war Mose Gott so nah gewesen, wie man sich nur vorstellen kann. Und nun tritt er wieder in die Welt am Fuß des Berges ein (die „reale" Welt?), in der die Menschen, wenn sie auf sich gestellt sind, nicht einmal ein paar Tage treu sein können.

Auch im Leben eines Gemeindeverantwortlichen gibt es Augenblicke extremer Enttäuschung und Desillusionierung, wenn Menschen, die uns anvertraut sind, unseren Erwartungen nicht gerecht werden. Vieles, von dem ich schreibe, beruht auf Versagen von Gemeindeleitern (und besonders meinem eigenen). Aber es gibt auch Momente, in denen die Frage ist: *Was soll man tun, wenn die Gemeinde versagt?*

Bei solchen Gelegenheiten ist es klug zu ermitteln, wie frühere „Hirten" damit umgegangen sind. Ich spreche nicht von deren Organisations- oder Problemlösungsstrategien, sondern, wie sie mit Zorn, Entmutigung oder Schuldzuweisung fertigwurden, die ihre eigenen Seelen zu erschüttern drohten. Deshalb wurde Mose mein bester Berater für schwere Zeiten.

Einen widerspenstigen Haufen leiten

Wenn man die Geschichten von Mose und Israel liest, muss man sich über die widerspenstige, jammernde, undankbare Art der Hebräer wundern. Und man fragt sich, warum (oder wie) Mose es nur bei ihnen aushalten konnte.

Wie ich mich kenne, wäre ich versucht gewesen, zu kündigen und mich bei den Amoritern, Jebusitern oder anderen „-itern" zu bewerben. Vielleicht brauchte ja jemand anderes einen Befreier?

Was ich bis vor Kurzem nie richtig verstanden habe, ist die Bedeutung dessen, dass die Israeliten eine Gemeinschaft ehemaliger Sklaven waren. Sie lassen all die Haltungen und üblichen Verhaltensmuster erkennen, die die Folge von vierhundert Jahren Unterdrückung sind. All die Jahre, die ich ihre Geschichte schon kenne, übersah ich stets einen Punkt: Wenn einer Generation nach der anderen grundlegende Menschenrechte verwehrt werden und sie ihre Würde verlieren, beeinträchtigt das ein Volk ernstlich. Es beschneidet seine Fähigkeit, Entscheidungen zu treffen, loyal zu sein, Führungspersonen zu vertrauen, Hoffnung für die Zukunft zu haben oder auch nur miteinander auszukommen.

Ich hatte mich oft gefragt, warum Israel Mose niemals die angemessene Anerkennung für seine Führung zollte. Kein Festessen, kein neuer Dienstwagen, keine Reise ins Heilige Land (kleiner Spaß!).

Wann wurde Mose so richtig bewusst, was für ein Volk er da anführte? War es, als er sich im Alter von vierzig Jahren für einen Hebräer einsetzte und erkennen musste, dass ihm niemand dafür dankte? War es, als der Pharao die Arbeitsbedingungen der Israeliten zusätzlich verschlechterte (2. Mose 5,7-8) und das Volk Mose dafür verantwortlich machte und sagte: „Du hast uns beim Pharao zu einem üblen Gestank gemacht"? War es, als sich das Volk über bitteres Wasser beschwerte? Mose hatte wohl wenig Grund, es bei den Israeliten auszuhalten. *Ich* denke, er hat seine Sache meistens bewundernswert gut gemacht.

Heute sollten wir vielleicht darüber nachdenken, was Menschen charakterisiert, die aus einem Leben krassen Unglaubens in die christliche Gemeinschaft finden. Denn darauf müssen wir uns in den kommenden Jahren einstellen. Wir haben es nicht länger mit einer christianisierten Gesellschaft zu tun, in der die Mehrzahl der Menschen mit einem Grundverständnis biblischer Lebensweise und Normen zu uns stoßen. Vielen sind die allgemeingültigen Regeln einer engen Gemeinschaft fremd.

Folglich zeigen Neuankömmlinge im Gemeindeleben eine Vielzahl von Verhaltensmustern und Haltungen, die denen der Israeliten nicht unähnlich sind. Sie haben Jesus zwar wirklich lieb, aber Sport, Shopping, Spaß und Geldverdienen sind eben auch sehr verlockend.

Oberflächliche Spiritualität

Ich denke, dass Mose sich an dem Tag, an dem er das Goldene Kalb sah, *ernstlich* fragte, ob die ganze Sache mit Israel eine Zukunft hatte.

Mose war auf dem Berggipfel für eine längere Zeit mit Gott zusammen gewesen. Unten am Fuß des Berges hatten die Leute sich offensichtlich ihrem Gefühl ergeben, im Stich gelassen worden zu sein. Sie hatten Aaron überzeugt, mit ihnen zusammen einen sichtbareren „Gott" zu verehren. „Was diesen Typen Mose angeht, der uns aus Ägypten herausgeführt hat: Keine Ahnung, was mit ihm passiert ist" (vgl. 2. Mose 32,1). Wie schnell doch manche „Hirten" in Vergessenheit geraten!

Das goldene Götzenbild, über das Aaron später entschuldigend sagte, es sei einfach so aus dem Feuer gesprungen, war ganz bewusst mit Werkzeugen hergestellt worden. Wohl beinahe unmittelbar nachdem Moses auf den Berg gegangen war, hatten die Israeliten begonnen, das Bildnis als den „Gott" anzubeten, der sie aus Ägypten geführt hatte. Dann folgte eine Orgie heidnischer Rituale. Es scheint so, als habe dies alles über einige Tage hinweg stattgefunden.

Ein Beispiel für oberflächliche Spiritualität gefällig? Diese bekam Mose zu sehen, als er mit Josua vom Berg herabkam. Als die beiden entdeckten, was vor sich ging, wollten sie ihren Augen nicht trauen.

Eigenartigerweise war Mose von Gott gewarnt worden, dass etwas im Gang war, aber er musste es selbst sehen. Gott hatte gesagt: „Ich sehe, dass es ein halsstarriges Volk ist" (2. Mose 32,9). Oben auf dem Berg schien es noch so, als ob Mose einschreiten müsse, um zu verhindern, dass ein ungeduldiger Gott ein scharfes Urteil sprach.

Nun aber, da Mose erkannte, was vor sich ging, war er selbst es, der schwere Geschütze auffuhr. Er zerschmetterte die Steintafeln, die er vom Berg herabgebracht hatte. Er zerstampfte das goldene Götzenbild zu Pulver, mischte es mit Wasser und ließ es die Israeliten trinken. Was für ein wütender Mann, dieser Mose! Waren Sie je versucht, es ihm gleichzutun?

Am Ende der Geschichte sehen wir, wie Mose für das Volk eintritt (hatte er sich inzwischen beruhigt?) und Gott das Volk durch eine Plage bestraft, „weil sie sich das Kalb gemacht hatten" (Vers 35).

Die Geschichte erinnert mich daran, wie schwierig Situationen für Gemeindeleiter sein können. Einige mögen sagen: „Meine Erlebnisse sind noch schlimmer als das hier!" Und ich? Ich habe ein paar wenige Augenblicke erlebt, in denen ich den Eindruck hatte, dass Leute geistlich geradezu implodierten; aber ich musste nie durchmachen, was Mose ertragen hat. Dennoch kann ich – wie die meisten von uns – seine Verunsicherung nachfühlen, seine Wut und das Gefühl der Niedergeschlagenheit.

Großen Versuchungen widerstehen

Viele Fachleute finden es schwierig, diese Geschichten aus dem 2. Buch Mose in eine richtige Reihenfolge zu bringen. Aber für mich ist entscheidend, dass gerade der nachfolgende Abschnitt von dem Zelt handelt, das Mose errichtete. Es ist das „Zelt der Begegnung", das schon im Kapitel über bedingungslosen Glauben erwähnt wurde.

Dieses Zelt wurde „außerhalb der Gemeinschaft in einiger Entfernung“ aufgeschlagen. Sein Zweck: ein Ort zu sein, an den die Menschen gehen konnten, „um den Herrn zu befragen“. In 2. Mose 33,7 steht, dass jeder zum Zelt gehen durfte. Aber wir lesen, dass nur Mose das tat.

Warum spricht das 2. Buch Mose direkt nach dem Vorfall mit dem Goldenen Kalb über dieses Zelt? Vielleicht will die Bibel uns sagen: *So konnte Mose auch in angespannten Situationen sein inneres Gleichgewicht aufrechterhalten.* Als alles auseinanderfiel, als sogar sein Bruder Aaron vorübergehend die gemeinsame Sache verriet, hatte Mose einen Ort, an den er gehen und an dem er sich in Gottes Gegenwart stärken konnte.

Das wirft für mich eine Frage auf: Haben denn Gemeindeleiter etwas, das Moses Zelt ähnelt? Ich denke, dass das Büro, in dem die meisten arbeiten, diesen Zweck nicht erfüllt. Es gibt dort zu viele Ablenkungen.

Eine der großen Versuchungen von Leitungskräften besteht darin, sich vom Schicksal ihrer Organisation oder Gemeinde derart vereinnahmen zu lassen, dass ihre Wahrnehmung der Wirklichkeit nur noch davon bestimmt ist, was Leute tun oder nicht tun. Wenn Zustimmung oder Ablehnung von Menschen zum Maß ihres Erfolges und ihrer Zufriedenheit werden, stehen solche Verantwortliche auf gefährlichem Treibsand.

Mose allerdings ging, wenn es schwierig wurde, regelmäßig zum Zelt, um sich wieder neu ausrichten zu lassen. Es muss ein stiller Ort gewesen sein, fernab von Geschäftigkeit und Politik; hier war Gottes Flüstern hörbar. Wenn Mose sich auf den Weg zum Zelt machte, schien ganz Israel das mitzubekommen. Jeder, so sagt der Text, hielt inne und lobte Gott, wenn Mose im Zelt war.

Diese Beschreibung, wie Mose zum Zelt geht und die Leute in anbetender Aufmerksamkeit still werden, ruft in mir eine Kindheitserinnerung an meinen Vater wach. Er war damals Pastor und ging am Sonntagmorgen immer den Mittelgang des Saales entlang, nachdem sich die Leute versammelt hatten.

Ganz vorn kniete er neben dem Pult nieder und betete im Stillen. Wir alle hatten die Freude, einen Pastor zu sehen, der für seine Gemeinde auf die Knie ging. Dieser Anblick, der sich jede Woche bot, hinterließ einen bleibenden Eindruck bei mir. Ich frage mich, wie viele Gemeinden jemals ihren Leiter für sie beten, ja wirklich für sie eintreten sehen.

Genau so geht Mose in schwierigen Zeiten zum Zelt. Die Menschen haben versagt. Macht er sich Sorgen, dass es vielleicht kein Morgen mehr gibt? Hat dieser Vorfall mit dem Goldenen Kalb den Traum, Gottes Volk zu werden, gefährdet? Wer weiß schon, was ihm durch den Kopf ging?

2. Mose 33 beschreibt eindrucksvoll, was für Gespräche Mose und Gott im Zelt führten. Nach wie vor ist es bloß eine Vermutung, aber ich glaube, dass die Geschichte über das Goldene Kalb und die Gespräche im Zelt aus einem bestimmten Grund nebeneinanderstehen. Ich glaube, das soll uns zeigen, an wen Mose sich zuerst wandte, als er gekränkt und verärgert war über das, was Israel vor Kurzem angerichtet hatte.

Von Zelten und Zielen

Wonach sehnt sich Mose, wenn er das Zelt betritt? Vergewisserung, dass Gott das Volk nicht aufgibt? Bestätigung der Verheißungen Gottes? Ich vermute, dass er sich unglaublich schwach fühlt und wissen muss, woher die Energie zum Durchhalten kommen soll. Jedenfalls würde es mir darum gehen.

Worum beten Leiter, wenn sie ihre eigenen Zelte betreten? Welche Themen stärken einen entmutigten Leiter im Nebel des geistlichen Kampfes?

Der Erweckungsprediger Leonard Ravenhill, der Mitte des 20. Jahrhunderts wirkte, schrieb in ziemlich poetischen Worten:

> *Arm, wie die Kirche heute in vielerlei Hinsicht ist, ist sie am ärmsten im Gebet. Wir haben viele, die planen, aber nur wenige, die sich plagen; viele Mitspieler und Mitzahler, wenige Mitbeter; viele, die einen Ton halten können, wenige, die durchhalten können; viele Leiter, wenige Streiter; viel Befürchten, wenig Beweinen; viel Effekt, wenig Affekt; viele, die sich einmischen, wenige, die eintreten; viele Schreiber, wenige Streiter. Hier zu versagen, heißt, überall zu versagen.*

Wir bekommen eine Vorstellung davon, wie Mose mit Gott redet, wenn wir über die Dinge nachsinnen, die er vorbringt, wenn er im Zelt ist. Sie stehen in 2. Mose 33.

Gegenwart

Zuerst geht es Mose um Gottes heilige Gegenwart. Er kommentiert seinen Auftrag: „Du lässt mich nicht wissen, wen du mit mir senden willst … Wenn nicht dein Angesicht vorangeht, so führe uns nicht von hier hinauf“ (2. Mose 33,12.15). Ob zu Recht oder nicht, Mose fühlt sich in seiner Situation allein. Vielleicht mit Ausnahme des jungen Josua scheinen alle anderen den Erwartungen nicht zu entsprechen. Es ist wichtig, dass wir uns daran erinnern, dass Aaron (Moses eigener Bruder!) gerade Mose (sowie das Volk – und Gott) im Stich gelassen hatte. Sein Bemühen, das ungefestigte Volk Israel in Moses Abwesenheit zu führen, endete unheilvoll. Wie sollte er ein großer Beistand sein?

Zeigt Moses Bemerkung im Zelt, dass ihm zunehmend bewusst wird, wie sehr jedes Projekt, das heilig ist, das Bewusstsein der Gegenwart Gottes braucht? Das ist sehr viel mehr als alles, was ein „bloßer Mensch“ bieten kann.

„Wen wirst du mit mir senden?“, fragt Mose. Und Gott antwortet: „Meine Gegenwart wird mit dir gehen, und ich werde dir Ruhe geben.“

Ich liebe diese Worte. Sie geben Mose die Sicherheit, dass er keinesfalls in Panik zu geraten braucht; er kann sich auf die Gegenwart des allmächtigen Gottes, des Retters, verlassen.

Dasselbe Versprechen sollte auch Leitern, die Gott lange Zeit nach Mose in den Dienst rief, immer wieder zugesichert werden: *Ich werde mit dir sein.* Heilige Gegenwart. Und dieses Versprechen gibt auch Jesus seinen Aposteln: „Ich bin bei euch alle Tage bis an der Welt Ende“ (Mt. 28,20).

Hier zwei Fragen, die es wert sind, bedacht zu werden: Wie fühlt es sich an, die Gegenwart Gottes zu erfahren? Wie würden Sie eine solche Erfahrung von allen anderen unterscheiden?

Richtung und Absicht

Moses zweites Anliegen im Zelt hat mit Richtung und Absicht zu tun. „Lass mich deinen Weg wissen“, bittet er (2. Mose 33,13). Mit anderen Worten: „Was sind deine Absichten mit diesen Menschen und mit mir?“ Dies sind die Worte eines Leiters, der auf einem viel grundlegenderen Niveau Klarheit über Gottes Absichten braucht, als das bei Budget- oder Programmplanungen nötig ist.

„Diese Nation ist dein Volk [nicht meines!]“, erinnert Mose Gott. Es ist fast so, als sage er: „Ich hab mein Bestes versucht – aber es ist schwer für mich, viel an diesen Leuten zu finden, das noch zu retten ist.“ Ich höre ihn sagen: „Sie sind doch *dein* Volk, Gott; ich werde mit ihnen nicht fertig. Also sag mir, was du mit uns allen vorhast.“

Moses Schrei nach Erleuchtung erinnert mich daran, dass ich als junger Pastor oft verwirrt war wegen all der Einladungen und Werbung für Konferenzen und Schulungen. All das versprach, meinen Dienst zu einer von Energie und Erweckung strotzenden Erfahrung zu machen. Es schien, als habe jeder ein Programm für mein Leben als Leiter.

Dr. Howard Hendricks, langjähriger Professor am Theologischen Seminar von Dallas, kam mich einmal besuchen, und ich gestand ihm meine Verunsicherung. Wie konnte ich erkennen, wie ich angesichts all der Möglichkeiten, die vor mir lagen, unsere Gemeinde leiten sollte? Seine Worte waren lehrreich und beruhigend: „Ganz egal, welche Richtung du einschlägst, der erste Schritt besteht nicht darin, die Versprechen der Zeitschriften und Faltblätter zu lesen, sondern darin, zuerst im Gebet die wichtigen Dinge festzumachen. Versuche herauszufinden, was Gott dir zu diesem Thema sagen will."

Er hatte recht. Auch wenn Hendricks Worte nicht das ganze Problem lösten, verdeutlichten sie meine oberste Priorität, die auch bei Mose zu erkennen war. Ein Leiter muss auf seinen Knien bleiben, bis Gott geredet hat. Wenn man jung und voller Energie ist, fällt das allerdings schwer.

In Moses Fall sagte Gott: „Auch diesen Wunsch, den du gerade ausgesprochen hast, will ich erfüllen; denn ich habe dich gnädig angenommen und kenne dich ganz genau" (2. Mose 33,17 Hfa). Mose bekam, worum er gebeten hatte: die Zusage, dass er, Mose, wenn auch alles andere auseinanderfallen mochte, mit Gottes Wohlgefallen und Zuspruch rechnen konnte. Nur weil die Menschen schlecht reagierten, hieß das nicht, dass Gott mit ihrem Leiter unzufrieden war.

Herrlichkeit

Mose bittet außerdem: „Zeige mir deine Herrlichkeit." Herrlichkeit bedeutet Kraft, und in diesem Zusammenhang, so denke ich, versucht Mose, sich stärker der Möglichkeiten Gottes bewusst zu werden. Hatte er Gottes machtvolle Taten in den vergangenen Monaten vergessen? Das vielleicht nicht.

Aber Mose ist, so wie wir auch, ein Mensch; und er sorgt sich um das Morgen. Wird der Gott Israels – während sich das Volk immer weiter vom Ort der ersten Wunder entfernt – trotzdem noch die Kraft haben, die Götter der Stämme und Nationen zu überwinden, denen sie begegnen werden? Kann Gottes Kraft diesen „Flohzirkus" zusammenhalten, der Israel genannt wird? Kann Gott Mose die nötige Kraft zum Durchhalten geben?

Diese Fragen nach der Kraft und ihrer Quelle sind auch für heutige Christen in Verantwortung wertvoll. Können Leiter zu selbstsicher werden angesichts all der neuen Maßnahmen, der Technologien und des Rummels, der heute herrscht? Können wir an den Punkt kommen, an dem wir völlig erschöpft sind und langsam das Interesse verlieren an dieser Kernfrage nach der geistlichen Kraft, die von Gott kommt – und zwar von Gott allein?

Die Lehre, die unsere vollständige Abhängigkeit von Gottes Geist betont, wird zunehmend vernachlässigt. Bewirkt diese Entwicklung eine gefährliche Zunahme überzogener Selbstsicherheit, die sich aus modernen Managementtechniken, Technologien, Charisma und dem Einsatz von christlichen Stars ergibt?

Ich erkenne, wie Mose sehnsüchtig um die Erneuerung seines Vertrauens auf Gottes Herrlichkeit fleht; ich erkenne, dass er weiß, wie schwer ihm alles fällt. Er ist unsicher, ob diese Vision des Verheißenen Landes wirklich zum Ziel führt, solange er nicht durch die Vision der Macht Gottes neu mit Energie versorgt wird. Die Enttäuschungen der letzten Tage waren so verheerend, dass sie ihn fast wieder auf den Nullpunkt zurückgeworfen haben – in jene Tage, bevor der Dornbusch brannte.

Wie freundlich ist Gott doch, dass er ihn geduldig mit einem offensichtlichen Erweis seiner Macht an etwas erinnert. „Ich will vor deinem Angesicht all meine Güte vorübergehen lassen und will vor dir kundtun den Namen des Herrn: Wem ich gnädig bin, dem bin ich gnädig, und wessen ich mich erbarme, dessen erbarme ich mich" (2. Mose 33,19).

Was das bedeutet? „Mose, diese Hebräer sind ein chaotisches Volk. Aber meine Gnade und Barmherzigkeit beginnt bei Leuten, die das Zeug dazu haben, die schlimmsten der Schlimmen zu werden. Ganz offensichtlich gehört Israel in seiner Untreue in diese

Gruppe. Die Kraft Gottes erweist sich aber nicht notwendigerweise in der Fähigkeit, Armeen und deren Generäle zu überwinden; sie ist zunächst sogar eine noch größere Macht. Sie kann hoffnungslos unbrauchbare Leute retten, die um Goldene Kälber (oder was auch immer) herumhüpfen, sowie sich die Gelegenheit dazu bietet."

Das ist es, was zu Mose durchdringt, während er im Zelt ist. Und als er herauskommt, weiß er drei Dinge: Gott ist mit ihm, Gott hat große Ziele, und Gott ist der Situation gewachsen. Ich vermute, er hat auch neu gelernt, dass er Gottes Mann für diese Situation ist.

Solches kann man in einem „Zelt der Begegnung" lernen. So habe ich gelernt, in den meisten Situationen meines Lebens, in denen es verlockend schien aufzugeben, widerstandsfähig zu bleiben.

Ich las die Geschichte über Mose nach jenem ersten Treffen der Diakone, das so unschön ausgegangen war. Und seither habe ich sie viele Male gelesen. Sie hat nie aufgehört, mir etwas Neues zu offenbaren.

Deshalb scheint es mir wichtig, jeden Christen in Verantwortung zu fragen: Wo ist dein Zelt? Und wann hast du es zuletzt betreten?

Zum weiteren Nachdenken

1. *Beschreiben Sie Ihr „Zelt". Was gibt Ihnen neue Kraft, wenn Sie sich geistlich angegriffen fühlen?* Gebet, Waffenrüstung

2. *Welche Versprechen hat Gott Ihnen im Gebet gegeben? Worum haben Sie ihn besonders gebeten? Wie hat er Ihre Bitte beantwortet?*

3. *Wie würden Sie Gottes Macht definieren, und wo sehen Sie sie in der heutigen Welt am Werk, wo in Ihrem eigenen Leben?*

Segen

Deutliche Worte sprechen

Denn ich schrieb euch aus großer Trübsal
und Angst des Herzens unter vielen Tränen;
nicht damit ihr betrübt werden sollt,
sondern damit ihr die Liebe erkennt,
die ich habe besonders zu euch.

2. Korinther 2,4

Timotheus, einer der ersten Pastoren der Gemeinde in Ephesus, mochte es an seiner Arbeit offensichtlich gar nicht, dass er ab und an deutliche Worte sprechen musste. Das beunruhigte seinen Mentor Paulus beträchtlich und erklärt den Inhalt der beiden neutestamentlichen Briefe an Timotheus.

Ephesus war ein raues Pflaster und die Christen dort toughe Typen – viele von ihnen waren erst unlängst aus unbeschreiblich finsteren geistlichen Verhältnissen zum Glauben gekommen. Ich vermute, dass Ephesus und seine Christen für Timotheus kaum zu verkraften waren und er deshalb dort wegwollte. Das erklärt vielleicht, warum Paulus seine Schreiben mit der Aussage „Bleibe dort!" beginnt.

Offensichtlich war Timotheus ein netter und zurückhaltender junger Mann. „Ich habe keinen, der so ganz meines Sinnes ist", schrieb Paulus den Philippern, „keinen, der so herzlich für euch sorgen wird" (Phil. 2,20). Tolles Kompliment!

Aber er schien sich schwer damit zu tun, unangenehme Dinge anzusprechen. Damit meine ich Predigten und Unterweisungen, die irrige Glaubensansichten, sündige Einstellungen und gottloses Handeln beim Namen nennen. Deutliche Worte zu sprechen, heißt, Menschen zu einem opferbereiten Leben zu rufen. Deutliche Worte bewirken, dass Menschen sich winden; manchmal ärgern sie sich. Aber sie können auch die Bereitschaft wecken, Buße zu tun und bessere Wege zu finden.

Timotheus scheint auch in persönlichen Gesprächen als Pastor zurückhaltend gewesen zu sein. Er konnte gut aus Leuten herauskitzeln, wie sie sich fühlten, wo sie verletzt waren, womit sie rangen (und das können viele Pastoren gut). Aber er hat sich wohl vor der Konfrontation gedrückt, die notwendig ist, um Sünde und zerstörerisches Verhalten von Menschen darzulegen. Eine der ersten Botschaften in der Bibel, in der es um unangenehme Dinge ging, war Gottes Wort an Kain: „Wenn du Böses planst, dann lauert die Sünde dir auf. Sie will dich zu Fall bringen, du aber beherrsche sie" (1. Mose 4,7 Hfa). Paulus wünscht sich, solche Worte von Timotheus zu hören.

Predigt man Tacheles (in den Tagen des Timotheus genauso wie heute), steht man in der Gefahr, dass Menschen die Gemeinde verlassen – oder dafür sorgen, dass der Prediger die Gemeinde verlässt! Das erinnert mich an einen Cartoon, in dem ein Prediger in Anlehnung an Johannes 8,32 zu seiner Frau sagt: „Ich habe ihnen die Wahrheit gesagt, und sie haben mich freigesetzt." Zugegeben, offene Worte zu predigen, birgt die Gefahr, Freunde zu verlieren, das Spendenaufkommen zu senken – und die Besucherzahlen.

Timotheus scheint seine Worte eher abgemildert zu haben, wo er sie hätte schärfen sollen. Es gibt Hinweise darauf, dass er sich von seinen Ängsten leiten ließ, dass er Magenbeschwerden hatte und vorschnell nachgab, wenn man ihn angriff. Paulus – dem solche Probleme nicht unbekannt waren – sagt ganz deutlich: „Timotheus, hör auf damit! Werde erwachsen! Sei der ‚Prophet', zu dem Gott dich berufen hat! Lass dich von niemandem in die Ecke drängen!"

Es allen recht machen

Es gibt verborgene Fallstricke für uns „nette Typen“. Wir möchten nicht verletzt werden, und wir möchten andere nicht verletzen. Wir lieben Eintracht, Harmonie und Freude im Leib Jesu. Und wir schlittern in die Falle zu denken, dass man das am besten erreicht, wenn man deutliche Worte vermeidet.

Ich wette, Timotheus hatte schlaflose Nächte, in denen er darüber nachgrübelte, dass jemand seinen Leitungsstil kritisiert oder sich seinen Bemühungen entgegengestellt hatte. Bestimmt wollte er die Leute wieder für sich gewinnen. Und – das sind wirklich nur Vermutungen – er war wohl versucht, sich in der Predigtvorbereitung zurückzuhalten, wenn er bemerkte, dass er mit einer bestimmten Aussage bei wichtigen Gemeindegliedern anecken könnte.

Zu Beginn meines Dienstes begann ein Ältester, den ich mochte und schätzte, sich über mich zu ärgern. „Pastor“, sagte er eines Tages, „Sie haben ein Problem! Sie sind zu sensibel. Sie wollen keine deutlichen Worte hören und sie auch nicht äußern, wo sie nötig wären. Besser, Sie ändern das, oder aber Sie werden nicht lange im Dienst bleiben.“ Paulus lebt!

Wenn Sie die beiden Timotheusbriefe lesen, werden Sie merken, dass die übermäßige „Sensibilität für Menschen“, die Timotheus an den Tag legte, Paulus verrückt machte. So ähnlich wie bei meinem Gemeindeältesten. Deshalb fordert der ältere Mann den jüngeren so kraftvoll heraus: „Weise zurück, gebiete, lehre, niemand verachte dich wegen deiner Jugend, fahre fort mit Vorlesen, mit Ermahnen, mit Lehren, hab acht auf dich selbst und auf die Lehre; beharre in diesen Stücken“ (vgl. 1. Tim. 4).

Paulus hatte natürlich recht. Die deutlichen Worte mussten in Ephesus vom Pastor kommen. Sie waren nötig, weil die Leute in einer Kultur lebten, die von Arroganz, Gewalt, Gier, Geiz, Unmoral und (als wäre es nicht schon genug) sichtlich von Heidentum durchtränkt war. Und diese Einflüsse waren im Leben der Erlösten nicht einfach ausgelöscht.

Die unangenehmen Dinge mussten gepredigt werden, weil die Gemeinde in Ephesus nicht von geistlicher Schönheit bestimmt war. Dafür waren üble Nachrede und Verleumdung reichlich vorhanden, Möchtegernlehrer und -leiter wetteiferten um Anerkennung und Dominanz. Und es gibt Anzeichen, dass es im Gemeindeleben eine Dimension gab, die heute als geistliche Kriegsführung bezeichnet wird. Das war keine Einbildung; es war die Wirklichkeit.

Paulus bat Timotheus um etwas, das er selbst schon viele Male getan hatte. Seine Briefe an die Korinther beispielsweise sind voll von deutlichen Worten. Er ficht strohdumme Theologie an und drückt seine Fassungslosigkeit über das Übel der Uneinigkeit und Gefühllosigkeit aus. Er spricht innergemeindliche Unmoral und zerstörerische Heldenverehrung an. Er kritisiert offen den Missbrauch geistlicher Gaben und ermahnt die Korinther wegen ihres traurigen Rekords in Bezug auf finanzielle Großzügigkeit.

Nirgendwo in den Korintherbriefen werden diese Themen mit Zuckerguss überzogen; nirgendwo werden die Worte aus Angst gemildert, man könnte Menschen verscheuchen. Paulus ist Paulus. Man hört ihn förmlich sagen: „Das ist die Wahrheit; soll sie doch brennen und reinigen, wo sie es muss."

Schlechter Umgang mit deutlichen Worten

Damit soll nicht gesagt werden, dass es Paulus Spaß machte, Unangenehmes anzusprechen. Anders als einige andere (damals wie heute) war er kein homiletischer Sadist. Ich glaube, ich habe ein paar von ihnen predigen hören. Mahnende Worte zu sagen, ist ihr einziges Markenzeichen. Sie haben das Gefühl, eine Predigt sei keine Predigt, wenn sie die Zuhörer nicht verärgert, Schuldgefühle erzeugt oder den Eindruck vermittelt, sie seien die einzig „Reinen" auf der Welt (und alle anderen ausgesprochen verdorben). Nichts als harte Worte zu predigen, ist eine unterschwellige Art, Menschen zu kontrollieren.

So verrückt es auch scheint: Solche Prediger können auf Menschen anziehend wirken, die den Eindruck haben, Gottes Wort müsse mit Zorn und Anklage wie mit Rasierklingen gespickt sein.

Solche Prediger und Zuhörer (die Sadisten und die Masochisten) scheinen sich zu suchen und zu finden. Sie sind üblicherweise selbst zornige Menschen und lieben es, mit ihren Ansichten wie mit Handgranaten um sich zu werfen.

Obwohl dieser Gemeindeälteste damals meinte, ich sei zu sensibel, sprach ich von Zeit zu Zeit durchaus harte Worte aus. Und es *gab* Reaktionen.

Eines Tages, als ich noch sehr neu im Pastorenamt war, stürmte ein Familienvater aus unserer Gemeinde in mein kleines Büro. Ich hatte in meiner Predigt den Teenie-Eltern gesagt, dass ihre erzieherischen Fähigkeiten unzureichend seien. Zu jener Zeit hatte ich natürlich noch keine eigenen Kinder – worauf er mich auch sogleich hinwies. Er versorgte mich mit Informationen, die einige „Tatsachen" widerlegten, die ich den Leuten um die Ohren gehauen hatte. Und schließlich wollte er mich über einige Wahrheiten im Bezug auf Kindererziehung in Kenntnis setzen, die ich ohne eigene Erfahrungen nicht wissen konnte.

Ich hörte ihm aufmerksam zu. Der Vorfall ließ mich noch einmal überdenken, wie ich deutliche Worte predigte und welche Wirkung sie haben konnten. Ich durfte nicht unsensibel sein oder (wie in diesem Fall) schlecht informiert. Wir müssen unbedingt unsere Hausaufgaben machen (sowohl geistlich als auch intellektuell), bevor wir die unangenehmen Themen anpacken.

Mir ist immer noch unwohl, wenn ich an den Tag denke, an dem ich eine quasi-päpstliche Verlautbarung über Scheidung von mir gab. Später dann musste ich erfahren, dass seitlich vorn die Tochter eines Gemeindeglieds gesessen hatte, die jahrelang nicht im Gottesdienst gewesen war. Sie hatte gerade ihre Scheidungsverhandlung hinter sich und war gekommen, um Trost für ihr zerbrochenes Leben zu finden.

Ach ja, und dann war da noch der Tag, an dem ich mich entschlossen hatte, über opferbereites Wirtschaften zu sprechen. In der Woche hatten gerade einige Männer ihren Arbeitsplatz verloren.

Ich hatte die Tatsache übersehen, dass es bei den harten Worten um mehr geht, als den Menschen zu sagen, wie weit sie vom Kurs abgekommen sind. Ich musste lernen, was Eltern lernen müssen: Das Vertrauen deiner Kinder verdienst du nicht damit, dass du immer nur mit kritischen Kommentaren auf sie eindrischst. Wenn es sein muss – und das kommt vor –, predige das Unangenehme wie ein Hirte, der sein Leben für die Schafe geben würde.

Zorn und Liebe verbinden

Als Paulus den Korinthern harte Worte schrieb, machte er deutlich, dass das für ihn nicht leicht war. „Ich schreibe euch unter Tränen", sagte er (vgl. 2. Kor. 2,4). Das sind nicht die Worte eines Mannes, der einfach seinem Ärger und seiner Frustration über die Menschen Luft macht, die ihn (oder den Herrn) enttäuscht haben. Es sind die Worte eines gütigen Vaters, der aus der Zerbrochenheit seines Herzens heraus schreibt, weil er seine „Schafe" so sehr liebt.

Wenn Paulus unangenehme Dinge ansprach, geschah das mit Würde und vorbildlicher Offenheit. „Und ich, liebe Brüder, konnte nicht zu euch reden wie zu geistlichen Menschen, sondern … wie zu unmündigen Kindern in Christus. Milch habe ich euch zu trinken gegeben und nicht feste Speise …" (vgl. 1. Kor. 3,1+2). Wenn das nicht deutlich ist! Aber später gibt er seinen Lesern zu bedenken, dass diese Worte ihnen zugutekommen sollen. „Einige sind aufgeblasen … Euer Rühmen ist nicht gut … Es ist schon schlimm genug, dass ihr miteinander rechtet. Vielmehr tut ihr Unrecht und übervorteilt, und das unter Brüdern!" (vgl. 1. Kor. 4-6). Das sind harte Worte, und Paulus verschweigt sie nicht. Jedenfalls vollführt er seine Operation mit einem sauberen und scharfen Skalpell.

Und dann dies: „Denn wenn ich euch auch durch den Brief

[voller harter Worte] traurig gemacht habe, reut es mich nicht" (2. Kor. 7,8).

Oder das: „Denn ich fürchte, wenn ich komme, finde ich euch nicht, wie ich will …" (2. Kor. 12,20).

Ich mag an diesen Zeilen, dass Paulus offen spricht, die Korinther aber nicht ablehnt. „Ich bin verärgert über euch", höre ich ihn sagen, „aber mein Zorn ist geschürt von der Liebe zu euch."

Es waren nicht nur die Korinther, die Unangenehmes von Paulus zu hören bekamen. Den Galatern schrieb er: „Ihr unvernünftigen Galater, wer hat euch verblendet? … Diese Leute, die Unruhe bei euch stiften [im Blick auf die Beschneidung], sollen sich doch gleich entmannen lassen" (vgl. Gal. 5,12 EÜ).

Den Kolossern schrieb er: „Seht zu, dass euch niemand einfange durch Philosophie und leeren Trug, gegründet auf die Lehre von Menschen und auf die Mächte der Welt und nicht auf Christus" (Kol. 2,8). All das zusammenzusuchen, was Paulus an deutlichen Worten sagte, dauert Stunden.

Die Autorin Elisabeth O'Connor hörte einmal zufällig, wie ihre Nichten Schule spielten. Lisa, die älteste der drei, war die Lehrerin und sagte: „Also, Kinder, so etwas wie den Osterhasen gibt es nicht. Habt ihr das verstanden?"

Eine der „Schülerinnen" protestierte: „Lisa, Lisa, hör auf, uns Dinge beizubringen, die wir nicht hören wollen!"

Das ist der springende Punkt, wenn es um harte Worte geht: Sie betreffen üblicherweise Dinge, die die Leute nicht hören wollen. Der Pastor sollte sich also besser auf festen Grund stellen, wenn die Zeit für Unangenehmes gekommen ist.

Auf festem Grund stehen

Sie befinden sich auf festem Grund, wenn Sie die Bibel mit Sorgfalt lesen. Damit meine ich nicht, dass man sich eine Meinung bildet und dann in der Bibel nach Belegstellen dafür sucht. Es geht mir um eine biblische Recherche anhand solcher Fragen:

- Was sagt die Bibel zu diesem Thema?
- Welche biblischen Personen bewältigten diese Angelegenheit und wie?
- Was sind die Folgen, wenn wir uns ändern – oder es nicht tun?

Als Prediger stehen wir auf sicherem Boden, wenn wir Zeit in der Bibliothek verbringen und die Erkenntnisse großer christlicher Denker heranziehen (nicht allein aus unserer Generation, sondern auch aus vorangegangenen). Was haben sie zu diesen Themen gesagt? Wie haben ihre Schlussfolgerungen die Menschen ihrer Zeit beeinflusst? Seien Sie sich bewusst, dass manche, die harte Worte sagten, am Spieß gegrillt wurden.

Muss ich noch betonen, dass wir Fakten, die wir anführen wollen, sorgfältig überprüfen sollten? Zu oft kommen Prediger mit haltlosen Behauptungen durch, die sie irgendwo in einer Radiosendung oder einem Gespräch aufgeschnappt haben („62 Prozent der Männer sind … 84 Prozent der Gemeinden machen … 40 Prozent der Bürger sagen …“). Chirurgisches Predigen, das geistliche Krankheitsherde herausschneidet, verlangt nach unanfechtbaren Informationen.

Fester Grund entsteht auch durch tiefes und Gott suchendes Gebet. Ein Flehen darum, dass man aus liebevollem Herzen handelt; dass man nicht danach strebt zu kontrollieren und zu bestrafen; dass man für die Menschen nur das Beste will, das Gott ihnen zugedacht hat. Ich denke, dass unsere Gemeinden heute zu selten hören, dass wir für sie auf unseren Knien lagen. Allein so ein Gebet kann die Gedanken von Menschen auf das Zentrum ausrichten.

Fester Grund bedeutet, dass wir uns hinterfragen, ob unsere Worte wirklich aus tiefer Liebe und priesterlicher Sorge um die Menschen kommen. Bin ich in Kontakt mit der Lebenswirklichkeit der Menschen und den Dingen, die sie unter Druck setzen?

Beim Vergleich zweier Prediger, die über die Hölle sprachen, sagte ein Zuhörer: „Der eine predigte, als freue es ihn, wenn einige von uns dorthin kämen. Aber der andere predigte, als ob der Gedanke, dass auch nur ein Einziger dorthin käme, ihm das Herz bräche."

Und schließlich verlangt fester Grund nach Selbstprüfung. Wenn ich meiner Gemeinde harte Worte sagen will, ist es weise, dafür zu sorgen, dass ich mir damit nicht selbst das Urteil spreche. Und wenn dem so ist, muss ich die Hörer wissen lassen, dass ich ein Thema anspreche, „mit dem wir alle – angefangen bei mir selbst – ringen".

Zu den unangenehmen Dingen kann gehören, anerkannten Mehrheitsmeinungen in einer Gemeinde entgegenzutreten. Es kann bedeuten, dass ich Menschen warnen muss, wenn sie Geschwister hochmütig verurteilen, die zu moralischen und gesellschaftlichen Fragen eine andere Position einnehmen. Und es kann bedeuten, unsere Zuhörer an all das zu erinnern, was wir Christen gern außer Acht lassen, weil der kulturelle Status quo unsere Interessen schützt.

Innerhalb der Kirche selbst können harte Worte bedeuten, Menschen den biblischen Spiegel vorzuhalten, sie herauszufordern, sich im Licht der Reinheit Jesu zu beurteilen, und sie zu einem heiligen Leben zu rufen. Das beinhaltet manchmal auch, die Echtheit ihrer Bekehrung zu hinterfragen – oder ihre Blindheit für Verhaltensweisen, die für andere anstößig sind oder Spaltungen hervorrufen.

Sagen, was gesagt werden muss

Einmal musste ich in meiner Gemeinde über zunehmend polarisierende Haltungen in Bezug auf ein bestimmtes Thema predigen. Die Leute redeten zu viel, bildeten Lager, die Spannungen in der Gemeinschaft verursachten. Unnötige, verletzende Worte fielen, und manche Leute waren so verärgert, dass sie fast getrennte Wege gegangen wären.

Ich begann die Predigt mit zwei persönlichen Geschichten. Zuerst berichtete ich von einem Augenblick in meinem Leben, in dem ich unberechtigterweise eine ablehnende innere Haltung gegenüber einem anderen Menschen eingenommen hatte. Ich beschrieb, wie schwierig es für mich war, mein Einstellung zu ändern und meinem Gegenüber zu vergeben. Dann erzählte ich eine zweite Geschichte über eine Zeit, in der sich jemand über mich geärgert hatte. Ich beschrieb, wie es sich anfühlte, als Betroffener auf der anderen Seite zu stehen und Prügel zu beziehen.

Als ich die Aufmerksamkeit der Gemeinde gewonnen hatte, sagte ich schnell: „Und aufgrund dieser Erfahrungen bin ich heute um jeden von euch tief besorgt und ringe im Gebet um Gottes Gnade.“ Von dort aus entfaltete ich ein biblisches Modell des Themas, mit dem wir es zu tun hatten.

Am Ende des lehrhaften Teils sprach ich das aktuelle Problem direkt an. „Ich bin schrecklich enttäuscht über das, was ich heute sehe und höre, und …“, ich fuhr mit gedämpfter Stimme fort, „das … muss … hier … und … jetzt … aufhören! Ich bitte um nichts, das ich nicht auch schon selbst auf meiner Reise tun musste: Hört auf, euch zu verletzen! Fangt an, euch zu vergeben! Wenn ich erneut feststelle, dass diese Sache noch nicht geklärt ist, werde ich direkt auf die Einzelnen zugehen und das Thema auf einer persönlichen Ebene zur Sprache bringen.“

Weil ich zu sehr Timotheus ähnele, war dies für mich ausgesprochen schwierig. Aber ein Großteil des Problems wurde in den nächsten Tagen gelöst.

Wenn ich mich als Kind schlecht benahm und mein Vater mich bestrafen musste, sagte er oft: „Das tut mir mehr weh, als es dir wehtut." Als Kind hielt ich diese Behauptung für grotesk.

Heute verstehe ich sie. Sie drückt gut aus, was das Herz des Predigers sagen sollte: „Wenn es um unangenehme Dinge geht, empfindet der, der auf der Kanzel steht und freundliche, aber deutliche Worte sagen muss, den größeren Schmerz."

Das war der Kampf des Timotheus. Und es war meiner. Vielleicht ist es auch Ihrer.

Zum weiteren Nachdenken

1. *Würden Sie sagen, Sie ähneln eher Timotheus oder eher Paulus?*

2. *Denken Sie an eine Zeit in Ihrem Leben zurück, in der Sie jemandem „harte Worte" sagen mussten. Wie haben Sie das angepackt, und wie ging die Sache aus?*

3. *Wie können Sie dafür sorgen, dass Sie auf festem Grund stehen, wenn Sie Unangenehmes zur Sprache bringen müssen? Wie viel Zeit verbringen Sie damit, die Bibel zu studieren, zu beten und die Werke großer christlicher Denker zu lesen, seien sie aus der Vergangenheit oder der Gegenwart?*

Vorzeitig ausgeschieden

Deshalb seid vorsichtig! Gerade wer meint, er stehe besonders sicher, muss aufpassen, dass er nicht fällt.

1. Korinther 10,12 Hfa

Wenn man die Ergebnisse eines Rennens liest – ob von Autos, Menschen oder Tieren –, findet man ab und zu hinter einem Namen den Eintrag „vorzeitig ausgeschieden". Das bedeutet, dass ein gestarteter Teilnehmer das Rennen nicht beendet hat. Manchmal wird auch der Grund angeführt: z. B. technischer Defekt oder Muskelzerrung.

Was wäre, wenn man „vorzeitig ausgeschieden" hinter jeden Namen eines Absolventen eines Predigerseminars setzen würde, der entgegen seiner einstigen Berufung nicht mehr im Gemeindedienst ist? Jede Studie über Aussteiger, von der ich höre, deutet darauf hin, dass die Liste sehr, sehr lang wäre.

Wenn man zusätzlich die Gründe dafür angeben würde, könnte man von Stress und Ausgebranntsein lesen, von Konflikten, mangelnden sozialen oder Leitungsfähigkeiten, schlechter Arbeitsmoral, familiären Schwierigkeiten oder böswilligen Gemeindegliedern. Natürlich gäbe es noch viele andere Gründe.

Einer davon würde Ihnen wahrscheinlich besonders ins Auge stechen: moralisches Versagen. Der Begriff ruft starke Neugier wach und nicht gerade wenige Befürchtungen. Man fragt sich: *Was ist da passiert? Warum? Wie wurde das entdeckt? Wie erging es den Beteiligten? Könnte mir das auch passieren?*

Der Ausdruck „moralisches Versagen" deckt ein breites Spektrum tragischen Verhaltens ab. Jemand hat gestanden, dass er Pornografie konsumiert; bei jemand anderem wurde eine unangemessene Beziehung entdeckt (zu welchem Geschlecht auch immer); und bei einem Dritten spielt irgendeine Form sexueller Belästigung eine Rolle. Ist die Liste lang genug?

Geht man von Jesu weitreichender Definition von Ehebruch aus (die schon die innere Absicht einschließt), vermute ich, dass wir alle auf irgendeine Art moralische Versager sind. Und Mörder ebenfalls. Manche Gemeindeleiter gehen über die bloße Absicht hinaus und setzen sie um. Fast jedes Mal schlägt ein unsagbarer innerer Schmerz Wellen im Leben vieler Menschen. Darüber hinaus wird so eine Sünde immer von Ernüchterung, Verachtung und Vertrauensverlust begleitet. Die Sünden des Fleisches sind zerstörerisch und führen üblicherweise zu einem „vorzeitig ausgeschieden".

Sowenig ich den Ausdruck „moralisches Versagen" auch schätze, ich werde ihn hier doch beibehalten. Und ich möchte gleich zu Beginn deutlich sagen, dass moralisches Fehlverhalten unentschuldbar ist, zerstörerisch, beschämend und fraglos Sünde. Ich denke, dass die meisten von uns dem zustimmen würden.

Von allem, was ich geschrieben habe, ist dieses Thema das schwierigste – und eines, das ich gern vermieden hätte, weil ich zu viel darüber weiß. Vor Jahren habe ich mich selbst moralischen Fehlverhaltens schuldig gemacht. Zudem habe ich zusammen mit meiner Frau mit vielen Leuten gesprochen, denen es genauso ergangen ist. Ich kann Ihnen sagen, dass das Thema, seine Ursachen und der Umgang damit mit ein paar Tausend Worten nicht angemessen behandelt werden können. Man kratzt nur an der Oberfläche. Jede Situation ist anders; mit jeder muss anders umgegangen werden.

Typische Versuchungen

Als ich vor Jahren in New York City wohnte und dort eine Gemeinde leitete, in die viele Leute aus der Finanzwelt kamen, erkannte ich, dass *Gier* ein Hauptthema bei denen ist, die viel mit

Geld zu tun haben. Geld – man hat nie genug davon, und einige brachen alle Regeln, um an mehr zu kommen.

Ich hatte in Washington, D.C., die Gelegenheit, diese Erkenntnis um Erfahrungen mit sogenannten Politikern zu erweitern; ich sah, dass dort *Macht* ein ähnliches Problem war. Man hat nie genug Macht in Washington, und viele gieren danach und nehmen verbotene Abkürzungen, um sie zu erlangen.

Nachdem ich einen großen Teil meines Erwachsenenlebens in New England verbracht habe, habe ich auch etwas über die Sünde des *Wissens*, der intellektuellen Überheblichkeit, gelernt. Die brillanten Leute aus der Welt der Eliteuniversitäten sind vielleicht nicht immer die (finanziell) reichsten oder (politisch) mächtigsten Leute, aber sie können zu den stolzesten gehören – und daher grausamsten.

Was Geld für die Banker ist, Macht für die Politiker und Wissen für die Intellektuellen, das ist *Nähe* – die tiefe Verbundenheit mit Menschen – für diejenigen, die beruflich mit Menschen zu tun haben (Pastoren, geistliche Leiter, Therapeuten, Psychologen, Berater u.v.m.).

Ein überwiegender Anteil derer, die sich zur Gemeindeleitung berufen fühlen, hat einen überdurchschnittlichen Drang danach, anderen Menschen zu begegnen. Wir lieben es, unter die Oberfläche des äußerlichen Lebens der Menschen zu gelangen. Wir möchten ihre Träume verstehen und ihre Lasten, möchten sie anspornen, nach höheren Möglichkeiten zu streben, nehmen gern Anteil an ihren Freuden und Ängsten und wollen ihnen den Weg zu Gnade und Barmherzigkeit zeigen, wenn sie versagt haben. Der Begriff *nahekommen* ist für uns in diesen Zusammenhängen bezeichnend.

Wenn wir Menschen „persönlich nahekommen“, stehen wir in der Gefahr, die Grenze zum Unangemessenen zu überschreiten und den Versuchungen des Fleisches zu unterliegen.

Das wird nicht zum Problem, wenn Leiter reife, ausgeglichene, selbstkritische, demütige Menschen sind, die sich vor Sünde in Acht nehmen und in intakten Beziehungen leben, in denen man sich ehrlich Rechenschaft gibt. Aber wer will behaupten, dass dies für alle von uns zutrifft?

Im Dienst werden uns oft Vorrechte und Freiheiten eingeräumt, die angenehm sind – aber auch gefährlich. Uns wird Verantwortung übertragen, die mit Einfluss und Macht einhergeht und in den kleinen sozialen Einheiten, die wir Gemeinde nennen (oder in Teilbereichen davon), Bewunderung hervorruft. Menschen bringen uns Respekt und Achtung entgegen wie nur wenigen anderen. Sie entwickeln Idealbilder davon, wer wir sind: fromm, geistlich reif, teilnahmsvoll, einfühlsam, nahezu vollkommen. Allerdings kann es früher oder später passieren, dass sie ihre Meinung ändern und uns äußerst unsanft fallen lassen.

Wenn Verantwortliche nicht sehr (sehr!) vorsichtig sind, kann durch dieses Umfeld die Wirklichkeit verzerrt und Kopf und Herz verwirrt werden. Das verschärft beispielsweise die Einsamkeit. *Wer sind meine wirklichen Freunde?*, fragt man sich dann. *Warum kommt es mir so vor, als ob jeder ein Stück von mir besitzt und für mich selbst nichts mehr übrig bleibt? Wer kennt mein wahres Ich wirklich? Wer will nicht immer nur irgendetwas von mir? Warum bin ich ständig besorgt, was andere denken?*

Solche Gedanken verstärken sich, wenn man sich ernstlich unverstanden, ungeliebt oder nicht respektiert fühlt. Und noch schlimmer ist es, wenn dieses Gefühl innerhalb der Familie oder Ehe vorherrscht.

In dieser unwirklichen Umgebung ist es dann auch nicht hilfreich, dass es in der Gemeinde eine Tendenz zur künstlichen Nähe zwischen Menschen gibt. Gemeinde kann ein Ort sein, an dem wir unsere Geheimnisse als Gebetsanliegen oder in der Seelsorge offenbaren. Es passiert schnell, dass Fremde einander berühren („Wir wollen einen Gebetskreis bilden und uns an den Händen halten") oder Dinge anvertrauen, ohne dass zuvor über Monate oder Jahre Freundschaft gewachsen ist. Wir loben und danken einander in einer Weise, die leicht persönliche Grenzen überschreitet – was normalerweise in unserem weiteren Bekanntenkreis nicht üblich ist. Dies alles kann dazu führen, dass Leiter und Geleitete eine falsche Vorstellung von den Absichten eines anderen gewinnen.

Es ist kein großer Schritt von einem Gebetskreis zu einer Tasse Kaffee zu zweit, womit eine gewisse Sittlichkeit schon überschritten werden *kann*. Plötzlich hat jemand das *Gefühl*, in einer Weise verstanden, geschätzt und bewundert zu werden, wie es in angemesseneren Beziehungen und Umständen nicht der Fall wäre. Solche Geschichten beginnen oft mit den harmlosen Worten: „Wir waren im Park gemeinsam joggen", „Sie hat mir bei meiner PowerPoint-Präsentation geholfen", „Er hat unsere Heizung repariert" …

Kurz gesagt – und ich meine das nicht respektlos: Die Gemeinde kann mit ihrer Betonung der Transparenz, Verletzlichkeit und Authentizität leicht zum Nährboden moralischen Fehlverhaltens werden, besonders für ihre Leitungspersonen. Man sollte diese Gefahr lieber über- als unterschätzen.

Von der Nähe zum Sex

Die meisten Pastoren haben ein starkes Gespür für enge persönliche Verbindungen zu Menschen. Es überrascht mich deshalb nicht, dass einige (zumeist männliche) Pastoren von verschiedenen pornografischen Angeboten angezogen werden. Diese spiegeln Intimität vor und vermitteln – für einen kurzen Zeitraum – das Gefühl innerer Befriedigung, das eigentlich durch wirkliche Nähe zwischen Liebenden erzeugt werden soll. Auch Alkohol oder Drogen können für eine kleine Weile den trügerischen Eindruck von Wohlbefinden, persönlicher Freiheit und Schmerzlosigkeit erwecken.

Wie beinahe jeder weiß, besteht die hinterlistige Natur der Pornografie darin, dass sie zumeist ein heimliches Geschehen ist, dem man im Verborgenen nachgehen kann. Ihr Konsum wird nur offenbar, wenn jemand ertappt wird oder sich – von Schuldgefühlen überwältigt – gedrängt fühlt, ihn zu bekennen und Hilfe zu suchen. Meist hat das Problem dann bereits ein Ausmaß angenommen, das einer Sucht gleichkommt; eine Lösung gestaltet sich dann sehr schwierig.

Andere ehemalige Hauptamtliche haben ihren Eintrag in der „vorzeitig ausgeschieden"-Spalte nicht der Pornografie zu verdanken, sondern Beziehungen, die die Unversehrtheit der Ehe oder die biblischen Maßstäbe für Anstand verletzten.

Ich fürchte, dass es öfter, als wir uns vorstellen, zu „Verhältnissen" und „Verstrickungen" kommt. Menschen (ob unverheiratet oder nicht *miteinander* verheiratet) arbeiten im Dienst zusammen und werden von der gegenseitigen emotionalen Unterstützung abhängig. Das dienstliche Verhältnis (Leiter und Assistentin; Arbeitskollegen; Haupt- und Ehrenamtliche; Pastor und Ratsuchende) führt zu einer Zusammenarbeit oder Gesprächsebene, die gesunde Grenzen verletzt und die natürliche Distanz aufhebt.

Noch einmal: Diese Gefahr kann dadurch verstärkt werden, dass einer oder beide Beteiligten zu Hause eine instabile Partnerschaft haben: eine vernachlässigte Ehe, die ihre Mitte verloren hat oder in der es an gegenseitiger Unterstützung mangelt. Meine Frau sagt oft, dass es eben menschlich sei, sich den Streicheleinheiten zuzuwenden (also Orten und Menschen), durch die man die größte Ermutigung erfährt und stärker das Gefühl hat, verstanden zu werden.

Ich habe mit vielen Männern gesprochen, die moralisch versagt hatten und mir erzählten: „Ich habe diese Beziehung überhaupt nicht mit der Absicht einer sexuellen Affäre begonnen. Die Freundschaft zu dieser Person war einfach befriedigender als das, was ich bei meiner Frau fand." Der sexuelle Part ergab sich später ... wie bei einer Falle, die plötzlich im menschlichen Herzen zuschnappt. Es beginnt nicht mit einer sexuellen Affäre; es beginnt mit etwas, das ganz unschuldig erscheint.

Lassen Sie uns über eine weitere Dimension in der altbekannten Geschichte von David und Bathseba nachdenken: Wie viele andere, die in eine Leitungsposition aufsteigen, mag auch David Stück für Stück begonnen haben, jenseits der Regeln zu leben, die die anderen befolgen mussten. Die Verantwortung und der Druck verändern das Denken des Leiters oft an mehreren Punkten. Man redet sich ganz allmählich ein, dass es Vorrechte und Freiheiten gebe, die eingeräumt (wenn nicht sogar beansprucht) werden sollten, weil man so wertvoll ist für diese Organisation und deren Arbeit.

Zuerst werden die Vorrechte verteidigt, weil sie das Leben des Leiters erleichtern und ihn effektiver machen. Der eigene Parkplatz ist ein gutes Beispiel dafür: Er spart Zeit, zeugt von Anerkennung für den Leiter, ist eine Zusatzvergütung, ein Symbol der Autorität. Ein größeres Büro, vielleicht mit eigenem Bad und Toilette, mehr Urlaubstage? Das ist alles sehr angemessen für jene, die große Organisationen oder Gemeinden leiten; aber es kann zu einem Zaubertrank werden, mit dem man sich Unabkömmlichkeit vorgaukelt.

All das kann die innere Wachsamkeit zersetzen; es verlockt Verantwortliche dazu, moralische Regeln und Grenzen beiseitezuschieben („Einmal ist keinmal", denkt man und betrügt sich damit selbst). Die Fähigkeiten unseres Verstandes, uns Selbstrechtfertigungen zurechtzulegen, sind erstaunlich und ausgesprochen Furcht einflößend.

Nach seiner Versündigung mit Bathseba scheint David sich des Ernstes dessen, was er getan hat, gar nicht bewusst zu sein. Er führt das Land, als sei nichts geschehen. Ihr Ehemann ist ein Problem? Finde einen Weg, die Sache zu vertuschen – auch wenn dabei jemand stirbt. Als Nathan den König damit konfrontiert, wird klar, dass David sich zunächst überhaupt nicht der Wahrheit stellen kann. Sie muss in eine Geschichte verpackt werden, damit er sie auf sich beziehen kann.

Es wird oft gesagt, dass Leiten einsam macht. Daran ist natürlich etwas Wahres. Die Einsamkeit kann aber in Wirklichkeit der Fehler des Leiters sein. Auch wenn er besondere Verantwortung trägt, gehört es genauso zu seiner Arbeit, seiner Familie, seiner Ehe und engen Freunden angemessene Zeit einzuräumen.

Es ist nicht ungewöhnlich, dass ein Leiter (ich bitte, die männliche Terminologie zu entschuldigen) ein Gefühl von Distanz zwischen sich und seiner Ehefrau verspürt. Es kann eine intellektuelle Distanz sein, wenn er in eine andere Richtung wächst als seine Frau. Es kann sich um eine Distanz handeln, die entsteht, weil er immer mehr Zeit und Energie in seine Arbeit investiert. Die Distanz kann im Bereich des Ansehens entstehen, wenn er für seinen Erfolg immer mehr gelobt wird, während sie immer mehr in den Schatten des Privatlebens zurücktritt.

Gleichzeitig können ihm andere Frauen näherkommen, weil sie durch die Arbeit stärker in sein Leben eingebunden sind. Es ergibt sich eine neue Art von „Gemeinsamkeit", weil man die effektiven, kreativen Stunden miteinander verbringt, in denen man wichtigen Aufgaben kompetent nachgeht und gemeinsame Visionen und Erfolge wie einen Rausch teilt. Neue, vielleicht ungesunde Verbindungen werden wie Sehnen im Körper aufgebaut und gestärkt, während gleichzeitig die ursprüngliche Beziehung der Ehe geschwächt wird. Die möglichen Folgen sind unschwer vorstellbar.

Der inwendige Krieg

Ich finde es schwierig, meine Ahnung in nüchterne Worte zu fassen. Einfach gesagt: Ich bin nicht sicher, ob die vielen jungen Gemeindeleiter emotional (und geistlich?) darauf vorbereitet sind, sich den Abgründen der dunklen Seite menschlicher Beziehungen zu stellen.

Und ich bin auch nicht sicher, ob viele Männer und Frauen im mittleren Alter wirklich dankbar sind für all den Druck, der auf ihnen lastet; er erleichtert es, verbotene Wege einzuschlagen, die das wachsende Unbehagen im Beruf betäuben. Kinder loszulassen, die von zu Hause ausziehen, sich in eine nun kinderlose Ehe einzufinden, für die betagten Eltern zu sorgen, sich dem unaufhaltsamen Alterungsprozess mit seinen gesundheitlichen Fragen zu stellen:

Druck, Druck und nochmals Druck! Für die weniger Wachsamen kann die Flucht in etwas Einfacheres, Aufregenderes und scheinbar mehr Spaß Verheißendes übermäßig anziehend sein.

Der pastorale Beruf ist – verglichen mit vielen anderen Berufen – nicht einem System unterworfen, in dem man angemessen zur Rechenschaft gezogen wird. In gewissem Sinn entsenden wir Männer und Frauen in einen Dienst, der der Entsendung von Soldaten in die Schlacht ähnelt. So wie es einen Skandal gab, weil Soldaten im Irakkrieg nur ungenügend ausgerüstet waren, ist auch die Ausrüstung vieler im kirchlichen Dienst unzureichend.

Wir haben leider vor der Dunkelheit des menschlichen Herzens nicht genügend Respekt. Aber selbst die stärksten und besten „Hirten" können – quasi über Nacht – den Versuchungen erliegen, die sie vormals für völlig machtlos gehalten haben.

In meinem Buch *Wenn alles zerbricht: Schritte zum persönlichen Neuanfang* berichtete ich von einem Mann, den ich einmal auf einer Konferenz traf. Er versuchte wohl, mit mir ins Gespräch zu kommen, als er fragte: „Was denken Sie, auf welche Weise der Teufel Sie fertigmachen könnte?" Ich war damals ein junger Mann und hatte so schnell keine Antwort parat. Also sagte ich: „Das weiß ich nicht, aber ich bin davon überzeugt, dass er mich auf jeden Fall nicht damit kriegt, dass er meine persönlichen Beziehungen untergräbt." Ich hätte kaum etwas Dümmeres sagen können. Ein paar Jahre später war ich ein potenzieller Kandidat für „vorzeitig ausgeschieden", und es war mit Recht fraglich, ob ich den „Lauf" je wieder aufnehmen würde. Warum? Ich hatte für einen Augenblick versagt – in der einen menschlichen Beziehung, die für mich am wichtigsten ist.

Ich glaube nicht, dass das sogenannte moralische Fehlverhalten seltener wird, weil das Leben als Pastor durch größere Anforderungen und Erwartungen intensiver wird. Ich fürchte, dass es zunimmt und wir von noch mehr guten Leitern hören werden, die ein „vorzeitig ausgeschieden" hinter ihrem Namen haben. Allein dies schreiben zu müssen, macht mich traurig.

Vielleicht könnten folgende Veränderungen die Flut eindämmen:

1. Wir sollten aufhören, wie die Katze um den heißen Brei zu schleichen, und moralische Versuchungen beim Namen nennen. Wir sollten genauso über sie sprechen, wie ein befehlshabender Offizier über die Gefahren der Schlacht spricht. Er nimmt auch nicht an, dass jedermann davor gefeit ist, eine Kugel abzukriegen; also werden alle vorgewarnt.
2. Wir sollten darauf achten, dass jeder Mann und jede Frau in christlichen Leitungsaufgaben zu einer Gruppe etwa gleichaltriger Kollegen gehört, die gemeinsam Verhaltensabmachungen treffen wie etwa: keine gelegentlichen Essen mit Angehörigen des anderen Geschlechts, keine Reisen jeglicher Art mit Kollegen des anderen Geschlechts und keine engen Beziehungen innerhalb von Teams, solange nicht drei oder mehr Leute daran beteiligt sind.
3. Wir sollten dafür sorgen, dass Pfarrersleuten immer ein Ehepaar zugeordnet ist, das sie in Schwierigkeiten berät, ein Auge auf Familie und Ehe hat und sich einschaltet, wenn es den Eindruck hat, dass die Gesundheit von Beziehungen in Gefahr ist.
4. Wir sollten ehrlicher sein, was die hohen Risiken angeht, die sich durch den Leitungsdienst in großen Gemeinden ergeben: Wie wirkt er sich auf Ehen aus, auf die mentale und emotionale Gesundheit und geistliche Vitalität? Was wir gut können, ist zu lehren, wie man Visionen umsetzt, hinausgeht, um Menschen zu erreichen, oder wie man Gemeinden managt und leitet. Aber – das sage ich ganz unverblümt – wir versagen jämmerlich darin, jungen Menschen dabei zu helfen, die dazu nötige seelische Kraft zu entwickeln. Dabei ist *sie* doch das tragfähige Fundament ihrer Arbeit!
5. Wir sollten freimütig zugeben, dass wir – oder die meisten von uns – in unserer heutigen christlichen Kultur auf allen Ebenen nach gesunden Beziehungen hungern. Wenn wir sie nicht erfahren, können wir uns nur zu leicht der Sexualität zuwenden.

Wir müssen das an die Oberfläche bringen, Wege finden, Wünsche zu erkennen, und dann darüber sprechen, wie wir ihnen begegnen.

„Vorzeitig ausgeschieden“: Das gehört zu den traurigsten „Grabinschriften“ für einen Leiter. Moralisches Fehlverhalten gehört zu den ernstesten und tragischsten „Todesursachen“. Vielleicht denken Sie ja auch, dass wir mehr darüber sprechen müssen, und überlegen, welche Gegenmaßnahmen wir ergreifen können.

Zum weiteren Nachdenken

1. *Waren Sie schon einmal Teil einer Gemeinde oder Organisation, in der ein Leiter in einen Skandal verwickelt war? Wie wurde damit umgegangen?*

2. *Hat sich bei Ihnen selbst je moralisches Fehlverhalten ereignet, in das auch jemand aus Ihrer Gemeinde oder Organisation verwickelt war? Wenn ja, welche Schritte haben Sie unternommen, um die Situation zu bereinigen?*

3. *Falls nicht: Welche Schritte haben Sie unternommen, um dafür zu sorgen, dass Sie sich nicht versehentlich auf einen Pfad der Versuchung begeben?*

Bete, mit Sabine offen reden, Seelsorgesuche.

Das Herz erreichen

Oh, meine Brüder, mein Herz ist euch zugeneigt.
Ich bin gewiss, dass ich etwas von der verborgenen,
aber kraftvollen Gegenwart Christi spüre,
indes ich zu euch predige.

George Whitefield

Wo auch immer Paulus hinreiste, brachen Revolutionen aus. Wo auch immer ich hingehe, servieren mir die Leute Tee.“ Mit diesen Worten beklagte ein anglikanischer Bischof, dass er so wenig Wirkung auf Menschen habe.

Wir alle kennen diese Erfahrung – besonders in Bezug auf das Predigen. Man investiert Stunden in die Vorbereitung – sowohl geistlich als auch intellektuell. Man sucht nach aussagekräftigen Geschichten und Beispielen. Man erforscht sein eigenes Leben, um so transparent wie möglich zu sein. Und dann predigt man sich die Seele aus dem Leib. Die Worte sprudeln, Gedanken werden entwickelt, Geschichten lösen Gelächter aus oder nachdenkliche Stille, es kommt zur Entscheidung und man erwartet … Pfingsten!

Kurz darauf schlängeln sich die Menschen dann aus dem Gottesdienst und machen so undurchsichtige Kommentare wie: „Nette Predigt, Herr Pastor“ oder „Sie haben mir etwas zum Nachdenken gegeben“ oder „Heute lief es bei Ihnen aber“.

Wenn man dann nach Hause fährt, weiß man nicht richtig, was man denken soll. Natürlich war es ein netter Morgen, aber ist irgendetwas geschehen? So etwas wie eine Revolution beispielsweise? Oder wurde nur der übliche Tee serviert?

Solche verwirrenden Fragen habe ich mir unzählige Male gestellt. Ich war auf die Kanzel gestiegen und hatte gespürt, dass ich den Geist eines John Wesley in mir trug. Aber nach der Predigt fühlte ich mich nur noch wie ein Alleinunterhalter. Das war jedes Mal ein trauriger Moment.

Kraftvolle Prediger

Gottes Wort zu predigen, scheint – beim Blick in die Bibel – stets starke Reaktionen hervorgerufen zu haben. So unterwiesen beispielsweise Esra und die Leviten das Volk im Gesetz, und die Menge konnte nicht aufhören zu weinen. Stellen Sie sich vor, Sie wären Johannes der Täufer, als die Menge ruft: „Was sollen wir tun?" Oder Petrus, wie er zu Pfingsten predigt und es den Hörern „durchs Herz" geht. Als Paulus in Philippi predigt, tut „der Herr der Lydia das Herz auf". Das alles sind eindrucksvolle Momente, die in jedem Prediger hohe Erwartungen wecken.

Manche sprechen von „gesalbtem" oder „geisterfülltem" Predigen, wenn sie darüber nachdenken, woher die Kraft einer Predigt kommt. Wenn die Worte von den Hörern aufgenommen werden, würde ich es als „Predigen, das Herzen erreicht", beschreiben.

Durch das Predigen Herzen zu erreichen, ist etwas ganz und gar anderes, als mit der Predigt den Verstand, das Gefühl oder Schuldgefühle anzusprechen. Ersteres führt zu neuem Überzeugtsein, Buße und mutigem Handeln. Das Zweite erzeugt vorübergehend gute oder schlechte Gefühle oder Wertschätzung für kluge Ausführungen – aber nicht viel mehr.

Ein alter Cartoon zeigt, wie ein Prediger zum anderen sagt: „Letzten Endes war es nur eine Anhäufung von Klischees, aber ich denke doch, dass es mir gelang, sie in recht aufregender Weise zu arrangieren." So spricht wohl kaum ein Prediger, der Herzen erreicht.

Predigten, die Herzen erreichen, spiegeln wider, was Hebräer 4,12 über Gottes Wort sagt: „Es dringt durch, bis es scheidet Seele und Geist, auch Mark und Bein, und ist ein Richter der Gedanken und Sinne des Herzens." Tiefer kann man nicht dringen.

Offensichtlich erreichte aber nicht jedes biblische Predigen die Herzen. Nehmen Sie die Worte Gottes an Hesekiel: „Die Israeliten reden über dich … Sie fordern einander auf: ‚Kommt, lasst uns zum Propheten gehen und hören, was der Herr ihm mitgeteilt hat!' Dann kommen sie in großen Scharen, setzen sich vor dich hin und hören, was du ihnen sagst. Doch sie richten sich nicht danach. Sie tun so, als würden sie deine Worte begierig aufnehmen, aber insgeheim sind sie nur auf unrechten Gewinn aus. Du bist für sie wie einer, der … eine schöne Stimme hat … Sie hören deine Botschaft, aber sie handeln nicht danach" (Hes. 33,30-32 Hfa).

Das hört sich für mich nach einem ziemlich widerspenstigen Haufen an, nach Leuten, die nicht bereit sind, sich überzeugen zu lassen.

Diejenigen von uns, die zum Predigen berufen sind, sehnen sich danach, mit ihren Predigten Herzen zu erreichen. Wir hören von Predigten, die große Menschenmengen dazu bringen, sich zu Jesus zu bekehren oder ihr Leben für Gottes Liebe zu öffnen. Und wir möchten, dass Gott uns auch so gebraucht.

Natürlich rufen Predigten, die Herzen erreichen, nicht automatisch Lob hervor, das dem Ego guttut. Sie können aber in verschiedenen Bereichen zu Veränderungen führen: Veränderung des Herzens, des Denkens, der Einstellungen, von Beziehungen, des Verhaltens. Solche Predigten lösen Anbetung, Buße, Dankbarkeit und Gehorsam aus. Sie können Menschen plötzlich dazu bringen, mit einem neu belebten Bewusstsein für die Ziele des Reiches Gottes gemeinsam in bisher ungewohnte Richtungen zu marschieren.

Zu den Herzen sprechen

Wenn ich darüber nachdenke, was ich über solch tief greifendes Predigen gelesen, davon gesehen oder damit erlebt habe (ein paar Mal zumindest), dann kommen mir einige Gedanken in den Sinn.

Ich möchte mit dem Offensichtlichen beginnen: *Predigen, das*

Herzen erreicht, ist Gottes Werk. Man sollte es nicht (und könnte es wohl ohnehin nicht) auf Mechanismen oder Techniken reduzieren. Es gilt: „Und nun mach dich auf, geh zu ihnen und verkünde ihnen alles, was ich dir auftrage“ (Jer. 1,17 Hfa).

Eine Predigt, die das Herz erreicht, kann aus dem Mund eines einfachen, stotternden, ungebildeten Menschen kommen oder aus der Seele und dem Verstand eines angesehenen Gelehrten. Gott ist in der Wahl seiner Botschafter nicht eingeschränkt. Intellektuell gesehen, war Paulus ein Meister seines Fachs – Petrus dagegen war ein einfacher Arbeiter. Aber in der Abteilung „Predigen, das Herzen erreicht“ waren beide spitze. Darüber denke man einmal nach!

Die Person selbst ist allerdings sehr wohl von Bedeutung. Wir leben nicht in einer Zeit, in der irgendjemand aus der Menge aufsteht und die Rolle dessen übernimmt, der auf der Kanzel steht. Nein, die Person muss glaubwürdig sein und in Heiligkeit ihren Glauben selbst in den entlegenen Winkeln des Lebens offenbar machen.

Luther drückte es einmal so aus: „Wenn ich allhier predige, so steige ich aufs tiefste herunter, ich sehe nicht auf die Doktoren und Magister, deren kaum vierzig da sind, sondern auf die hundert oder tausend jungen Leute und Kinder; denen predige ich und denen passe ich mich an, die bedürfen dessen auch. Wollens die anderen nicht hören, so steht die Tür offen.“

Ich war 27 Jahre alt und in der Abschlussklasse des Predigerseminars, als ich gebeten wurde, in einer Baptistengemeinde in St. Paul, Minnesota, zu predigen. Kurz bevor ich zur Kanzel gehen sollte, lehnte sich der gastgebende Pastor zu mir und flüsterte: „Sehen Sie die Leute in der zweiten und dritten Reihe? Das ist der Großteil des Lehrkörpers vom Bethel-Seminar.“

Ich spürte, wie sich der Inhalt meines Magens umarrangierte, weil die Männer und Frauen in Reihe zwei und drei ein Respekt einflößender, ernst blickender Haufen waren. *Was in aller Welt,* fragte ich mich, *kann ich denn solchen Leuten sagen, um ihre Aufmerksamkeit zu gewinnen?* Luthers Worte hätten mir in jenem Moment helfen können.

Dann hörte ich etwas, was mir wie eine Botschaft direkt aus dem Himmel vorkam. „Predige nicht; erzähle einfach aus tiefstem Herzen, was ich dir gesagt habe. Du hast dich vorbereitet; du bist bereit; sprich einfach mit ihnen."

Einen Augenblick später stand ich auf und sprach ruhig, persönlich und so ernsthaft ich konnte. Ich gab nicht vor, mehr zu sein als ein 27-Jähriger, der davon ergriffen ist, was die Bibel zu sagen hat.

„Sprich mit ihnen." Das habe ich seither immer versucht. Keine Worte wie Bleiglasfenster, kein Vokabular, das erst durch den Vorwaschgang gegangen ist, und kein Versuch, anders zu wirken als bei einer Begegnung in der Supermarktschlange.

A. W. Tozer schrieb vor fünfzig Jahren:

> *Es gibt Prediger, die von ihrer Gemeinde wie göttliche Orakel betrachtet werden, deren Zungen den ganzen Tag in seichtem und leichtfertigem Geplauder hin und her wedeln. Und dann, bevor sie die Kanzel besteigen …, erflehen sie in einem Stoßgebet in letzter Minute Strafverschonung. Damit hoffen sie, dass der Geist der Propheten auf sie herabkommt. Es mag sein, dass sie sich in eine Gefühlshitze hineinsteigern, mit der sie über die Runden kommen; sie mögen sich sogar selbst beglückwünschen, dass sie den Freimut hatten, das Wort zu predigen. Aber sie betrügen sich selbst. Was sie den ganzen Tag und die ganze Woche lang waren, sind sie auch, wenn sie die Bibel aufschlagen, um sie für die Gemeinde auszulegen.*

Ein Wort für das Heute

Ein Prediger, der die Herzen erreicht, hält sich an die Wahrheit der Bibel und überträgt sie ins 21. Jahrhundert; das ist eine herausfordernde, aber nicht unmögliche Aufgabe. Wissen und Einfallsreichtum müssen hier zusammenwirken, um die Neugier der Gemeinde herauszufordern. Dann ist sie bereit, gemeinsam mit dem Prediger in den Text hineinzukriechen. So versteht sie, warum und wie etwas geschrieben wurde und was der Autor sagen wollte, als er dem Impuls des Heiligen Geistes folgte.

Wenn man das getan hat, geht es um das Bekenntnis, dass diese uralte Wahrheit transkulturell ist, dass sie also in die Gegenwart hineinspricht. Und was sagt sie? Wie lässt sich diese Wahrheit auf das alltägliche Leben am Arbeitsplatz, zu Hause oder in der Schule übertragen? Was kann sie bewirken? Wie sieht das Leben dessen aus, der sich nach dieser biblischen Wahrheit richtet?

Ich erzähle gern die Geschichte eines Frettchens namens „Bandit“, das unser Sohn vor Jahren mit nach Hause brachte, als er noch zur Schule ging. Nach einigen Monaten mussten wir Bandit bitten, uns zu verlassen (es gab Probleme mit seinem Benehmen), aber niemand konnte uns sagen, wie wir ihn auf angemessene Weise hinauswerfen konnten. Als ich den Leuten in einer Zoohandlung gegenüber äußerte, dass wir Bandit ja einfach in die Wälder New Hampshires entlassen könnten, waren sie entsetzt.

„Er wird sich nicht verteidigen können; er wird nicht überleben“, sagten sie. „Er hat sich daran gewöhnt, im Käfig zu leben.“

Wir müssen darauf achten, dass wir Menschen nicht nur zeigen, wie sie im geschützten Käfig der Gemeinde und unter Christen überleben können. Predigten, die das Herz erreichen, nehmen das kraftvolle Evangelium und stellen es mitten hinein in diese Welt, in ein Umfeld, in dem das Leben hart ist und Menschen Mut und Weisheit brauchen.

Wenn wir über das Predigen nachdenken, das Herzen erreicht, ist Eindringlichkeit (oder *Leidenschaft*) ein wichtiges Wort. Sie kennzeichnet einen Prediger, der wirklich glaubt, dass es in der Predigt um die Bestimmung des Menschen für die Ewigkeit geht. Dieser Gedanke kann erschrecken. Darf ich ehrlich sein? Bei den meisten Predigern habe ich nicht den Eindruck, dass sie wirklich glauben, in ihren Predigten Themen zu behandeln, die mit darüber entscheiden, wo wir die Ewigkeit verbringen.

Die Gemeinde vorbereiten

Predigten können nur dann die Herzen der Menschen erreichen, wenn diese auch bereit sind, mit ganzem Herzen zuzuhören. Ein Augustinus, ein Luther, ein Calvin, ein Wesley, ein Spurgeon und ein Graham predigten wirkungsvoll, wenn ihre Zuhörer auf besondere Weise bereit dafür waren. Es gibt auch das Gegenteil: „Und er [Jesus] konnte dort nicht eine einzige Tat tun, außer dass er wenigen Kranken die Hände auflegte und sie heilte. Und er wunderte sich über ihren Unglauben“ (Mk. 6,5+6). Markus schreibt hier über einen Tag im Leben Jesu, an dem er viel gepredigt hat – dem man jedoch (vergib mir, Herr!) den Stempel „Misserfolg“ aufdrücken könnte.

„Auf besondere Weise bereit“ habe ich es genannt. Denn es gibt Zeiten, in denen Gott – aus Gründen, die wir nicht verstehen können – die harte Schale unserer Herzen aufbricht und eine Predigt tief hineinwirken lässt. Menschen tun dann Buße; sie verändern sich; sie werden, nun ja … wunderbare Menschen. Aber was macht eine Gemeinde bereit dafür? In den meisten Fällen sind solchen Veränderungen lange Zeiten des Gebets vorausgegangen.

Ein Gottesdienstbesucher aus Wales berichtete im Jahr 1859 von genau solch einem Augenblick, den niemand erwartet hatte.

> *[Nachdem er etwas aus der Schrift gelesen hatte, machte der Pastor] ein paar weiterführende Bemerkungen, [und] alle empfanden, dass plötzlich eine Macht gegenwärtig war, die wir in solcher Weise zuvor noch nie erlebt hatten. Es lag eine Schönheit und Lieblichkeit auf dem Heiligen Wort, die wir bis dahin niemals wahrgenommen hatten. Es schien ein neues Licht darauf zu liegen. Es elektrisierte uns und ließ uns vor Freude weinen. Das Gefühl breitete sich auf alle aus. Alle Anwesenden wurden davon bewegt. Die härtesten Herzen wurden gezwungen, sich zu unterwerfen … und dann sangen wir, o ja, wir sangen mit dem Heiligen Geist und wiederholten*

das Lied immer wieder – wir konnten nicht aufhören. Jedes Herz schien beflügelt fortzufahren, und die letzten beiden Zeilen wurden eine volle Viertelstunde lang gesungen.

Tadaaa! Die zweite Erweckung in Wales war in vollem Gang.

Was Predigten bewirken, die Herzen erreichen

Wir dürfen diese Vorstellung, die wir uns von tief greifenden Predigten machen, auch nicht überfrachten; aber einige der folgenden Attribute gehören gewiss zu den besonderen Kennzeichen solchen Predigens. Das Bewusstsein der Heiligkeit und Majestät Gottes mag ein solches Kennzeichen sein. Es geht um einen Gott, mit dem wir nicht leichtfertig umgehen dürfen. Er muss respektiert und gehört werden.

Außerdem sollten wir uns nach einem Gefühl wirklich tiefer Liebe zu Jesus ausstrecken – einer Liebe, die praktisch unwiderstehlich ist und jedes Hindernis eines verhärteten Herzens überwindet. Von Jesus muss so gepredigt werden, dass man sich ein Leben ohne eine Beziehung zu ihm nicht mehr vorstellen kann.

Dazu kommt der Aufruf zur Buße. Wie können Menschen aus solch einer Predigt gehen, ohne bewegt zu sein von der eigenen Unvollkommenheit und dem Bedürfnis, Dinge vor Gott in Ordnung zu bringen? Durch die Erkenntnis, dass eine bestimmte Einstellung oder ein Verhalten durch die Leitung und Kraft des Heiligen Geistes geändert werden muss, erwächst der Wunsch nach einem Neubeginn.

Und noch eines geschieht: Der Hörer bekommt eine konkrete Vorstellung davon, wie er im Namen Jesu die Welt neu gestalten will: anderen dienen, jemanden mit Jesus bekannt machen, Unrecht bereinigen, sich für einen schutzlosen Menschen einsetzen u.v.m.

Wahrscheinlich sind Predigten, die Herzen erreichen, auch durch einen überzeugenden Abschluss gekennzeichnet. Verkäufer benutzen diesen Ausdruck „Abschluss" für den Augenblick, wenn sie Kunden die Frage nach der Kaufentscheidung stellen. Das scheint in diesem Kontext eine etwas rohe Wortwahl zu sein, aber der Prediger muss, bevor er zum Schluss kommt, klar und deutlich definieren, welche Art von Antwort Gott erwartet. Das muss ausgesprochen werden, sodass niemand der Herausforderung der Predigt entgehen kann.

Josua konnte das großartig: „So wählt euch heute, wem ihr dienen wollt … Ich aber und mein Haus wollen dem Herrn dienen" (Jos. 24,15) – und er erhielt eine positive Antwort.

Es gibt ein ganzes Spektrum von Abschlüssen. Am einen Ende steht die unmittelbare Antwort – etwa, wenn ein Prediger mit einer Einladung schließt. Ich tue dies gelegentlich ganz gern, warne meine Zuhörer aber zuvor: „Sie müssen wissen, dass ich Ihnen am Ende meiner Predigt ein Angebot machen werde. Ich werde Sie einladen – wenn Gott in Ihr Leben spricht –, Ihren Platz zu verlassen, nach hier vorn zu kommen, niederzuknien und jemanden für Sie beten zu lassen. Während Sie also dieser Predigt zuhören, behalten Sie im Gedächtnis, dass ich jeden von Ihnen herausfordern werde. Denken Sie darüber nach, ob Gott geredet hat oder nicht und ob Sie einer derjenigen sind, die auf meine Einladung antworten sollten."

Es gab nie eine solche Einladung ohne eine Antwort. Leute, die auf diese Weise vorgewarnt sind, denken mit großem Ernst mit. Sie kommen nach vorn, und oft wird das zu einem Meilenstein auf ihrer geistlichen Reise.

Am anderen Ende des Spektrums steht die offene Antwort. Durch sie wird eine Wahrheit an etwas geknüpft, das die Menschen während der kommenden Wochen erleben werden. Der Schlüssel ist hierbei eine provokative Frage oder Idee, die in den Gedanken der Hörer nachklingt.

Vor nicht allzu langer Zeit hielt ich eine Predigt über Ausdauer und zitierte darin den Baseballspieler Yogi Berra, der einmal gesagt hat: „Es ist nicht vorbei, bevor es vorbei ist.“ Dann nannte ich ein paar Anwendungsmöglichkeiten. Eine Woche später kam ein Paar auf mich zu und erzählte mir eine Geschichte.

„Unsere zehnjährige Tochter“, berichteten sie, „hat diese Woche bei einem Fußballspiel mitgespielt. Ihre Mannschaft stand kurz davor zu verlieren, da fünf Minuten vor Abpfiff noch ein Tor gefallen war. Sie hörte die gegnerische Trainerin zu ihren Mädchen sagen: ‚Das Spiel ist gleich aus, dann habt ihr gewonnen!‘“

Nach dem Spiel – das unentschieden endete – erzählte sie ihren Eltern Folgendes: „Als ich gehört habe, was die andere Trainerin zu ihren Spielerinnen gesagt hat, erinnerte ich mich daran, dass Pastor Mac gepredigt hat: ‚Es ist nicht vorbei, bevor es vorbei ist.‘ Da habe ich beschlossen, im Spiel noch mal alles zu geben.“ Sie machte weiter und schoss das Ausgleichstor.

Das ist vielleicht nicht das beste Beispiel für Predigten, die das Herz erreichen. Aber wenn ein zehnjähriges Mädchen Tage später das Gesagte direkt anwenden kann, dann ist alles möglich!

Erinnern Sie sich, warum Sie da sind

Der Gründer der Quäker, George Fox, war ein Prediger, der Herzen erreichte. Als er darüber nachdachte, wie er das geschafft hatte, sagte er schlicht: „Ich nahm Menschen zu Jesus Christus mit und ließ sie dort bei ihm.“

Vor Jahren gab es eine Zeit, in der mir das Predigen (wie ich beschämt zugeben muss) etwas langweilig wurde. Obwohl es mir wichtig war, gute Predigten zu halten, vergaß ich allmählich, dass sie einen Zweck erfüllen und Auswirkungen nach sich ziehen sollten.

„Ich weiß nicht, ob sich wirklich jemand aufgrund meiner Predigten ändert“, sagte ich zu meiner Frau. „Ich muss mir wieder vornehmen, auf Veränderung hin zu predigen.“

Das blieb bei Gail nicht ungehört. Von da an ergriff sie jedes Mal, wenn ich zur Predigt aufstand, meinen Arm und flüsterte leise: „Sei Gottes Bote; predige, um etwas zu verändern!"

Damit sorgte sie dafür, dass ich den Zweck des Predigens nicht vergaß.

Zum weiteren Nachdenken

1. *Beschreiben Sie mit eigenen Worten den Unterschied zwischen mittelmäßigem Predigen und Predigen, das Herzen erreicht.*

2. *Wie wichtig ist es, eine Predigt zu einem „Abschluss" zu bringen? Welche kreativen Strategien haben Sie angewandt, um ihre Hörer zur Tat aufzurufen?*

3. *Denken Sie an jemanden, den Sie sehr schätzen und der seelischen Tiefgang besitzt, sei es im Gemeindedienst oder in der Geschäftswelt. Was kennzeichnet die Art und Weise, wie dieser Mensch lebt und wie er kommuniziert?*

Vom Fall grosser Kirchen

Jede Institution – unabhängig davon, wie groß sie ist – ist anfällig für den Niedergang. Jeder kann fallen, und bei den meisten kommt es letztlich dazu. Aber Niedergang ist, so stellt sich heraus, weitgehend selbst verschuldet; und der Weg zum Aufschwung liegt größtenteils in unseren eigenen Händen. Wir sind nicht Gefangene unserer Umstände, unserer Geschichte, nicht einmal der erschütternden Niederlagen auf unserem Weg. Solange wir nicht vollständig aus dem Spiel ausgeschieden sind, besteht immer noch Hoffnung. Die Mächtigen können fallen, aber sie können sich auch oft wieder erheben.

Jim Collins

Kurz nachdem ich meine theologische Ausbildung abgeschlossen hatte, wurde ich gebeten, Pastor einer Gemeinde im Süden des Bundesstaates Illinois zu werden. Ich nahm an – und wurde schnell mit den Wirklichkeiten des Pastorenberufs bekannt – eine unangenehme Erfahrung.

Die Fähigkeiten (oder Gaben), aufgrund derer die Gemeinde mich bat, ihr geistlicher Leiter zu werden, waren wahrscheinlich meine Begeisterung, meine Predigten und – trotz meiner jungen Jahre – meine offenkundige Fähigkeit, auf Menschen zuzugehen und ihnen das Gefühl zu geben, für sie da zu sein.

Ich musste vor einem Gremium von Diakonen Rechenschaft ablegen, die zwar gutwillig waren, aber nicht besonders erfahren, was die Organisation der Gemeindeleitung betraf. Zudem war ich verantwortlich für einen Mitarbeiterstab, der aus einer Sekretärin, einem Jugendreferenten, zwei Tagesschullehrern, einem Teilzeitchorleiter und einem Hausmeister bestand.

In der Stellenbeschreibung stand jedoch nichts davon, dass die

Gemeinde nach einem erbitterten Streit tief gespalten und enttäuscht war. Der vorherige Pastor hatte einhundert Leute überzeugt, mit ihm die Gemeinde zu verlassen und unweit entfernt eine neue zu gründen.

Ich brauchte lediglich ein paar Monate, um zu erkennen, dass ich nur sehr wenig darüber wusste, wie man eine Gemeinde dieser Größe und Komplexität mit ihren zahlreichen Verletzungen leitete. Mit meinen 27 Jahren war ich der Situation nicht gewachsen. Irgendwie hatte ich es geschafft, die gesamte Zeit meiner Ausbildung zu glauben, man müsse nur ein glänzender Prediger und begeisterter Visionär sein, dann würde sich alles andere wie von selbst ergeben. Niemand hatte mich darauf vorbereitet, dass es Mitarbeiter gab, die klare Führung brauchten, Gremien, die Ergebnisse sehen wollten, und Gemeinden, die Heilung benötigten.

Für mich kam diese Erkenntnis etwa so überraschend wie die mancher jungverheirateter Paare, wenn die Flitterwochen vorüber sind: Dann bemerken sie, dass neben Liebe und Lebenslust auch noch Rechnungen bezahlt, lästige Pflichten geteilt und persönliche Unstimmigkeiten beigelegt werden müssen – alles Dinge, an die man bislang nicht gedacht hatte, die aber zum Ehepaket dazugehören.

Gemeinde und Ehe haben eine Gemeinsamkeit: Beides sind Organisationen. Man sollte besser wissen, wie man sie führt. Ich wusste es nicht.

Organisatorische Leitung

In diesen Tagen in Illinois machte ich Bekanntschaft mit dem ersten Buch zum Thema organisatorische Leitung: *Die ideale Führungskraft* von Peter Drucker. Es wurde zu einem der wichtigsten Bücher, die ich je gelesen habe. Es erschloss mir das Verständnis dafür, wie Leute motiviert werden, Ziele zu erreichen, die andernfalls unerreichbar sind. Dieses Buch bewahrte mich wahrscheinlich davor, dass ich als Pastor schon in der ersten Runde k.o. ging.

Seit jener Zeit vor mehr als vierzig Jahren haben zahllose Autoren versucht, Druckers Erkenntnisse zu übertreffen. Meiner Ansicht nach ist das niemandem so gut gelungen wie Jim Collins mit Büchern wie *Der Weg zu den Besten* und *Immer erfolgreich*. Ich bin mir nicht sicher, ob Collins Leute wie mich im Visier hatte, als er diese Bücher schrieb, aber viele Christen in Verantwortung haben eine Menge von ihm gelernt.

Collins und sein Forscherteam haben auch ein kleineres Werk mit dem Titel *How the Mighty Fall* („Wie die Mächtigen fallen") verfasst, das – wie Collins berichtet – aus einem kurzen Artikel entstanden ist. Als Prediger (und Autor) kann ich das gut nachvollziehen.

Collins erzählt, wie ein Gespräch während eines Seminars in der Militärakademie West Point ihn zu diesem Buch inspiriert hat. Ein paar Dutzend Führungskräfte aus Militär, Wirtschaft und Gesellschaft waren dort zusammengekommen, um Themen von gemeinsamem Interesse zu erörtern. Er hatte der Gruppe folgende Frage gestellt: „Stärkt Amerika seine Position in der Welt von Neuem oder befindet es sich an einem gefährlichen Scheitelpunkt?"

Während einer Pause ging ein Firmenchef mit folgenden Worten auf Collins zu: „Ich fand unsere Diskussion faszinierend, aber ich habe schon den ganzen Morgen darüber nachgedacht, was Ihre Frage für meine Firma bedeutet. Wir hatten in den letzten Jahren gewaltigen Erfolg, und das bereitet mir Sorgen."

Der Firmenchef erzählte dann von seiner Furcht, dass Erfolg an sich möglicherweise Warnsignale für den Niedergang verschleiert. Deshalb trieb ihn die Frage um: *Woran kann man erkennen, dass die eigene Organisation auf Schwierigkeiten zusteuert, wenn oberflächlich alles gut zu sein scheint?*

Dieser Firmenchef findet mittlerweile in *How the Mighty Fall* Antworten auf seine Frage. Collins beginnt mit einer persönlichen Geschichte, die illustriert, worum es im Buch geht. Er beschreibt einen Tag, an dem er und seine Frau Joanne einen Dauerlauf auf einer Gebirgsstraße in der Nähe von Aspen, Colorado, unternahmen. Seine Frau war in glänzender Verfassung und ließ ihn schnell hinter sich; sie hielt erst an, als sie die Höhe von beinahe 3900 Metern erreicht hatte.

Doch etwa zwei Monate später, so berichtet Collins, diagnostizierte man bei ihr Krebs, und sie musste sich einer beidseitigen Brustamputation unterziehen. Worauf Collins hinauswollte: Am Tag jenes Laufes schien seine Frau die Gesundheit in Person zu sein, musste aber bereits die fortschreitende Krankheit in sich getragen haben.

„Ich habe gelernt, den Niedergang einer Einrichtung wie eine Abfolge von Krankheitsstadien zu betrachten: Man kann ihn im Frühstadium schwerer erkennen, aber leichter heilen – in den späteren Stadien leichter erkennen, aber schwerer heilen", schreibt Collins. „Eine Einrichtung kann äußerlich stark erscheinen, aber innerlich bereits krank sein und sich gefährlich nahe am Wendepunkt zu rapidem Niedergang befinden."

Das erinnert mich an die Worte, die an die Gemeinde von Laodizea geschrieben wurden: „Du sprichst: Ich bin reich und habe genug und brauche nichts!, und weißt nicht, dass du elend und jämmerlich bist, arm, blind und bloß" (Offb. 3,17).

Fünf Stadien des Niedergangs

In seinem Buch bestimmt Collins fünf Stadien im Prozess des Niedergangs. Jedes Stadium, so sagt er, ist ein Abschnitt auf der sprichwörtlichen „schiefen Bahn", die mit der Zeit immer gefährlicher wird. Das Problem wird dadurch verstärkt, dass sich die Leitung in den meisten Fällen anscheinend (oder vorsätzlich) nicht bewusst ist, was da gerade passiert.

Jeder umsichtige Chef einer Organisation wäre froh, Collins' fünf Stadien zu kennen, und würde sich wünschen, dass auch *seine* Führungskräfte darauf achteten. Das Buch wäre daher ein hervorragendes Programm für eine Führungsklausur! Als ich es zum ersten Mal las, war ich davon beeindruckt, wie leicht sich viele seiner Beobachtungen mit biblischen Beschreibungen von Führung und Organisation vergleichen lassen.

1. Aus Erfolg geborene Selbstüberschätzung

Nehmen Sie beispielsweise das erste Stadium, das Collins „aus Erfolg geborene Selbstüberschätzung" nennt.

„Wir tun uns einen schlechten Dienst, wenn wir nur den Erfolg genau beobachten", schreibt Collins. Eine Durchsicht der Literatur über Leitungstätigkeiten in der Wirtschaft und sogar in Gemeinden legt nahe, dass nur wenige Bücher die Wurzeln des Versagens untersuchen. Die meisten sind vernarrt in das, was Erfolg verheißt.

Interessanterweise haben die biblischen Schreiber keine Angst, von Fehlschlägen zu berichten. Im Alten und Neuen Testament findet sich – eingebettet in die Geschichten großer Erfolge – eine Unmenge von Berichten über persönliches und kollektives Scheitern.

Selbstüberschätzung – Collins spricht auch von „übermäßigem Stolz", mit dem der Weg zum Scheitern gepflastert ist – findet sich überall in der Bibel. Ich bin versucht zu sagen, dass es mehr Versagen aufgrund von Selbstüberschätzung gibt als Erfolgsgeschichten aufgrund von Bescheidenheit.

So überschätzten sich beispielsweise Goliath und seine Philister völlig, als der Riese gegen den Hirten David antrat. David wiederum geriet später selbst in die Knechtschaft der Selbstüberschätzung, als er sich mit Bathseba einließ. Usia, der über fünfzig Jahre lang Israels König war, erfuhr am eigenen Leib, dass Hochmut vor dem Fall kommt, als sich „sein Herz überhob zu seinem Verderben" (2. Chr. 26,16). In keinem dieser Fälle wäre es dem Betreffenden in den Sinn gekommen, dass irgendetwas unter seiner Kontrolle schiefgehen könnte. Diese Männer gingen davon aus, dass sie den Erfolg verdienten, und zogen gar keine andere Möglichkeit in Betracht.

Auch die Geschichte des gesamten Volkes Israel ist wie mit Pockennarben übersät von hochmütigem Handeln, das Erniedrigung und Leid Tür und Tor öffnete. Die unerwartete Niederlage bei der kleinen Stadt Ai, die an einer unbedeutenden Weggabelung lag, ereignete sich beispielsweise nicht lange nach dem überwältigenden Sieg über Jericho. Vor der Schlacht von Jericho hätte niemand Israels Erfolg vorhergesagt, und vor der Schlacht von Ai hätte niemand Israels Niederlage erwartet. Demut führte zum Sieg über Jericho; Selbstüberschätzung bescherte die Niederlage in Ai (vgl. Jos. 7).

Selbstüberschätzung, der Zustand übermäßigen Vertrauens in uns selbst, unsere Möglichkeiten und unsere Erfolge, macht Leiter oft blind für die Schwachpunkte, die in einer Organisation bereits wie Blasen an die Oberfläche steigen.

So war es mit Ai. Nachdem Spione das unbedeutende Städtchen ausgekundschaftet hatten, kamen sie zu Josua und sagten: „Lass nicht das ganze Kriegsvolk hinaufziehen, sondern etwa zwei- oder dreitausend Mann sollen hinaufziehen und Ai schlagen, damit nicht das ganze Volk sich dorthin bemühe; denn ihrer sind wenige" (Jos. 7,3).

Das ist höchste Hybris: Man spielt das Problem herunter und überschätzt die eigene Fähigkeit, es zu lösen.

Das Gegenteil findet sich in Apostelgeschichte 6,1: „Als die Zahl der Jünger zunahm, erhob sich ein Murren ..." Der Vers beschreibt oberflächlichen Erfolg, während die ganze Zeit im Untergrund eine Frage brodelt, die zur Spaltung zu führen droht. Es ist den Aposteln zu verdanken, dass sie die Situation schnell erkannten und einen Problemlösungsprozess anstießen, bevor die Dinge eskalierten.

Nach dem schrecklichen Tsunami, der vor einigen Jahren viele Staaten im Pazifikraum verwüstete, begannen Wissenschaftler, auf dem Meeresgrund Sensoren zu verankern. Sie gehören zu einem Frühwarnsystem für Erdbeben, die Tsunamis auslösen können. Vielleicht müssen auch Führungskräfte für etwas Ähnliches sorgen. Sie müssen Menschen finden, spezielle Indikatoren konzipieren und geistliche „Strömungen" bestimmen, die das Entstehen eines Problems anzeigen: Noch ist es klein, aber es wird anwachsen, wenn man ihm nicht begegnet.

2. Das undisziplinierte Streben nach mehr

Collins gibt zu, dass er zu Beginn der Studie über den Niedergang von Organisationen erwartet hatte, Selbstzufriedenheit als Wurzel der meisten Probleme auszumachen. Er merkte aber, dass er damit irrte. Übertriebene Wachstumsbemühungen (in gewissem Sinn das Gegenteil von Selbstzufriedenheit) stellten sich als das wahre Problem heraus.

Diese Bemühungen, bei denen man sich übernimmt, sind Folgen des undisziplinierten Strebens nach Expansion. Gleichzeitig werden oft Kernprinzipien übergangen, auf denen eine Organisation ursprünglich fußt. Man will immer noch größer werden, sich immer mehr ausweiten – selbst auf Kosten der Seele der Organisation.

Ich frage mich, ob so nicht auch das Problem der Gemeinde in Korinth beschrieben werden muss. Paulus' Kritik an den Korinthern ist ironisch gefärbt. Während er sich selbst mit bescheidenen Worten beschreibt, geißelt er ihre übertriebenen Ansprüche: „Ihr seid schon reich geworden? Ihr herrscht ohne uns? … Ihr seid klug … Ihr seid stark; ihr seid herrlich" (vgl. 1. Kor. 4,8-10).

Diese Selbstüberschätzung wurzelt in dem verführerischen Gedanken, man sei durch Erfolge in vertrauten Bereichen qualifiziert, beliebige andere Aufgaben ebenso erfolgreich zu meistern. Das war die Situation der Korinther.

Manche Verantwortliche, sei es in Wirtschaft oder Gemeinde, werden vom Glanz der Expansion geblendet. Nur zu oft rührt das daher, dass sie beständig ihren Selbstwert beweisen müssen und dafür keinen anderen Weg kennen als den Bau immer größerer „Scheunen", ohne Rücksicht auf die Folgen.

Es ist die allgegenwärtige Vorstellung, dass alles größer, schöner und eindrucksvoller werden muss. Man betrachte Salomo, der als recht junger Mann den Thron seines Vaters David bestieg. Anfangs war er „klug" genug, seinen Mangel zu erkennen, und er betete um „Weisheit". Gott entsprach seiner Bitte, und die ersten Seiten der

Geschichte Salomos sind von ganz erstaunlichem Erfolg gekennzeichnet.

Aber im Lauf der Zeit wurde er immer anspruchsvoller. Mehr Pferde und Streitwagen, mehr Geld, mehr Frauen – obwohl doch Mose schon viele Jahre vorher gesagt hatte, dass ein König in Israel diese drei Dinge meiden und sich selbst täglich an deren Gefahr erinnern solle.

Um es ganz offen zu sagen: Salomo zog ins Land „Mehr“ ein und aus dem Lande „Weisheit“ aus. Ich würde wetten, hätte einer von uns Salomo auf dem Höhepunkt seiner Karriere interviewt, so hätte dieser wasserdichte – eventuell sogar theologische – Gründe für seine Expansionen angeführt. Vielleicht hätten seine Begründungen die Besten unter uns zum Schweigen gebracht. Aber seine Maßlosigkeit führte letztlich zu seinem Untergang. Wir fragen uns: Warum musste dieser weise Mann immer noch mehr haben? Und warum musste Israel als Konsequenz daraus leiden?

Gibt es auch in unserer Zeit solch salomonische Maßlosigkeit?

Ich bin beeindruckt davon, dass Jesu Auftrag an die Apostel viel mehr damit zu tun hat, Menschen zu Jüngern zu machen, als größere Gemeinden aufzubauen. Er scheint gewusst zu haben, dass kleine, gut ausgebildete Einheiten von Jüngern sich in jeder Stadt und in jedem Dorf um die Entfaltung des christlichen Glaubens kümmern und seine Wahrheit rein halten würden. Vielleicht fürchtete Jesus genau das, was durch die Jahrhunderte hindurch immer wieder versucht wurde: die christliche Bewegung zu systematisieren, zu zentralisieren und sie aufzublähen, um größeren Eindruck zu machen.

3. Leugnung von Risiko und Gefahr

Collins' drittes Stadium des Niedergangs liegt vor, wenn Leiter und Organisationen entscheidende Informationen ignorieren oder verharmlosen oder wenn sie sich weigern, etwas zu hören, was sie nicht hören wollen. Dann gehen sie Risiken ein, die nicht ausreichend abgeschätzt wurden und verheerende Folgen haben können. Eine meiner liebsten biblischen Nebenerzählungen handelt vom Gespräch zwischen König Ahab und König Joschafat. Die beiden treffen sich, um über eine Kriegserklärung gegen Ramot in Gilead zu beratschlagen. Der umsichtige Joschafat sagt: „Frage doch zuerst nach dem Wort des Herrn."

Artig versammelt Ahab vierhundert Propheten und wünscht, ihre Meinung zu hören. Die einhellige Antwort lautet, dass der Krieg eine kluge Entscheidung sei. Doch Ahab hat das Ergebnis zu seinen Gunsten beeinflusst, indem er falsche Propheten zurate gezogen hat.

Joschafat, der den Braten riecht, fragt: „Ist hier kein Prophet des Herrn mehr, dass wir durch ihn den Herrn befragen?"

Ahabs Antwort ist bemerkenswert: „Doch, es gibt noch einen, durch den man den Herrn befragen kann. Aber ich hasse ihn, denn er kündigt mir immer nur Unglück an, nie etwas Gutes! Es ist Micha …" (1. Kön. 22,8 Hfa).

Als Micha vor die Könige tritt, handelt er genau so, wie Ahab es erwartet hat. Er umreißt deutlich, was geschehen wird, wenn Ahab und Joschafat in den Krieg ziehen. Und er behält recht: Schließlich stirbt Ahab in der Schlacht.

Collins macht sich Sorgen um Organisationen, die ihre Entscheidungen aufgrund falsch gehandhabter Informationen treffen. Vielleicht würde er sich um Kirchengemeinden sogar noch mehr sorgen, die sich nicht einmal darum kümmern, Daten zu sammeln, und stattdessen auf Hörensagen oder „Eindrücke" vertrauen.

Am Anfang meiner Leitungstätigkeit merkte ich, wie gefährlich es ist, auf Kommentare zu hören, die mit den Worten beginnen: „Man sagt …" oder „Neulich habe ich gehört, dass …" oder „Viele Leute haben den Eindruck, dass …" Mir wurde zunehmend die Unzuverlässigkeit dieser „Fakten" bewusst.

Die wertvollsten Informationen erhielt ich durch vertrauenswürdige, weise Menschen, die die Fähigkeit hatten, die Gemeinde systematisch an Gesprächen zu beteiligen, in denen es um Zukunftsfragen ging. Das ermöglichte es dem Leitungskreis, sich ein Bild vom Willen, Glauben und der Ausrichtung der Menschen zu machen, wann immer wir die nächsten Schritte für unsere Gemeinschaft planten. Natürlich war nichts für mich so brauchbar wie die Auskünfte, die ich in direkten Gesprächen mit Einzelnen oder Kleingruppen erhielt.

4. Kopflose Rettungsversuche

Das vierte Stadium beginnt, so schreibt Collins, „wenn eine Organisation auf einen Abwärtstrend reagiert, indem sie taumelnd nach der Wunderwaffe sucht". Er nennt als Beispiele das Eingehen eines hohen Risikos bei einem unerprobten Produkt, die Investition in einen Imagewechsel, das Anheuern vollmundiger Berater oder die Suche nach einer neuen, heldenhaften Führungsperson, die auf einem weißen Pferd herbeireitet und mit links den Karren aus dem Dreck zieht.

Als ich biblische Vorbilder für dieses Prinzip suchte, stieß ich auf König Saul. Israel, das unbedingt einen König wollte, um wie andere Völker zu sein, wählte sich ihn aus, weil er aus einer bekannten Familie stammte, eine stattliche Erscheinung besaß und wortgewandt war. Die Israeliten waren so überschwänglich optimistisch wie eine Fußballmannschaft, die einen Superstar einkauft und ganz sicher ist, dass sie nun auf dem besten Weg zur Meisterschaft ist.

Sie drückten das so aus: „Wir wollen einen König haben! Wir wollen nicht anders sein als unsere Nachbarvölker! Unser König soll uns Recht und Gesetz geben und als Anführer in den Krieg vorausziehen" (1. Sam. 8,19+20 Hfa). Das klingt für mich nach Wunderwaffe. Manchmal wirken sie tatsächlich; aber, wie Jim Collins andeutet, leider nicht immer.

Die Wunderwaffe Saul wirkte zwar für kurze Zeit, aber in Wahrheit besaß er nicht die innere Größe, um der Anführer zu sein, der Israel zu einem beständigen Königreich machen und dessen potenzielle Größe entfalten konnte. Mit zunehmendem Druck zeigte sich der verborgene – der wirkliche – Saul, bis Gott ihm schlicht seine Unterstützung entzog. Sauls Tod auf dem Schlachtfeld, auf dem er verzweifelt einen Sieg erringen wollte, ist tragisch.

Ich erinnere mich an Zeiten, in denen auch ich verzweifelt den bahnbrechenden Sieg suchte, um all dem entgegenzuwirken, was die Gemeinde zurückzuwerfen drohte. Wir stellten keine Untersuchungen an, wie wir als Gemeinde unseren grundlegenden Aufgaben als Diener Gottes mit Ausrichtung auf Christi Herrschaft nachkamen. Stattdessen waren wir versucht, uns nur auf eine schnelle Erweckung, ein spezielles Programm und Hochleistungsmitarbeiter zu konzentrieren. Ich erinnere mich daran, wie ich mich bemühte, perfekte und leidenschaftliche Predigten zu schreiben, die alles über Nacht ins Lot bringen würden. Mittlerweile weiß ich, dass es nur die Suche nach Erlösung durch eine originelle Idee war, sei es durch eine besondere Präsentation, eine Person oder ein Programm.

Ich bin dankbar, dass ich – so wie jene um mich herum – lernte, dass solche Mätzchen beinahe nie funktionieren. Die Dinge kommen nur da wieder ins Lot, wo wir uns erneut um Menschen kümmern, lernfähige Mitarbeiter ausbilden, Menschen mit Jesus bekannt machen und Gott mit ganzem Herzen dienen.

Die beschriebenen Phasen führen, schreibt Collins, alle hin zu Stadium fünf …

5. Bedeutungslosigkeit oder Tod

Wo Unternehmen das Geld ausgeht, geht Gemeinden Glaube und Geist aus.

Dem Tempel in Jerusalem muss es wohl fast genauso ergangen sein, als Jesus hinausging und sagte: „Ich komme nicht wieder zurück.“ Er nahm damit einen Tag in naher Zukunft vorweg, an dem der Tempel kaum mehr als ein Steinhaufen sein würde.

Vor nicht allzu langer Zeit stand ich an der Stirnseite eines Kirchengebäudes in Wales. An der Tür hing ein Schild mit der Aufschrift „Zu verkaufen“. Die Jahreszahl auf einem Eckstein verriet, dass die Kirche auf dem Höhepunkt der Erweckung in Wales erbaut worden war. Nun war sie von Unkraut überwuchert und offensichtlich bereits viele Jahre nicht mehr genutzt worden.

An welchem Punkt hatte hier das Abrutschen in den Tod begonnen? Wer hatte die verborgenen Zeichen übersehen? Wer hatte die Kernüberzeugungen missachtet? Wer hatte Hinweise falsch interpretiert? Wer hatte sich für den alles entscheidenden Elfmeter bereit gemacht, Anlauf genommen und danebengeschossen?

Wichtige Fragen. Werden sie missachtet, fallen die Mächtigen.

Zum weiteren Nachdenken

1. *Waren Sie schon einmal Teil einer Organisation, deren wichtigstes Ziel es war, immer größer zu werden, und die dabei ihre Seele aus dem Blick verlor? Was haben Sie unternommen, um das zu verhindern?*

2. *Warum verzichtete Salomo Ihrer Ansicht nach auf Weisheit und strebte immer mehr nach materiellen Dingen? Fällt Ihnen dazu ein Beispiel aus der Gegenwart ein?*

3. *Gibt es in der Gemeinde oder Organisation, zu der Sie gehören, verborgene Anzeichen für Niedergang, die vielleicht übersehen werden? Werden wichtige Überzeugungen missachtet? Wie könnten Sie das ansprechen?*

Vom richtigen Umgang mit Konflikten

Wir können also sagen, dass das Apostelkonzil in Jerusalem einen doppelten Sieg errang – einen Sieg der Wahrheit, weil das Evangelium der Gnade bekräftigt wurde, und einen Sieg der Liebe, weil die Gemeinschaft durch einfühlsame Zugeständnisse gegenüber jüdischen Gewissensvorbehalten bewahrt wurde.

John Stott*

Ich bin von Natur aus Idealist. Ich beginne fast alles im Leben, indem ich vom günstigsten Szenario ausgehe. Als junger Mann stellte ich mir nur das Beste für meine Ehe vor. Als Vater hatte ich das günstigste Szenario für das Aufwachsen unserer Kinder im Kopf. Als Pastor ging ich immer zuerst von den verheißungsvollsten Entwicklungen aus.

Wenn man aber in den meisten Bereichen Idealist ist, wird man schnell gewahr, dass man mit Enttäuschungen leben muss. Nichts reicht je an die hohen Idealzustände heran, die man in Gedanken kreiert hat. Jene Leser, die mir ähnlich sind, verstehen genau, was ich meine. Und jene, die nicht so sind wie ich, halten das vielleicht für verrückt. Aber mit Enttäuschungen müssen die meisten von uns umgehen lernen.

Oft haben wir eine idealistische Vorstellung von Gemeinde. Wir forschen im Neuen Testament, besonders in der Apostelgeschichte, und lesen von einer Gemeinde, die vieles in Bewegung gesetzt hat. Wir stellen uns vor, wie wunderbar es gewesen wäre, zu dieser

---

* aus: Die Botschaft der Apostelgeschichte, © 2000 SCM Hänssler, D-71088 Holzgerlingen, www.haenssler.de

Gemeinde zu gehören. Alles scheint dort perfekt gelaufen zu sein. Doch glauben Sie das nicht – die neutestamentliche Gemeinde hatte einige schwierige Momente zu überstehen. Und es ist beeindruckend, dass der Heilige Geist uns die pechschwarzen Einzelheiten nicht erspart hat, als er die neutestamentlichen Schreiber inspirierte. Manchmal zeigt uns der Heilige Geist Menschen von ihrer schlimmsten Seite.

Eine meiner idealistischen Neigungen besteht darin, auch über jegliche Gemeinschaft immer nur das Beste zu denken. Mit den Jahren musste ich lernen, dass jemand, der heiratet, einen sündigen Menschen heiratet. Und man sollte nicht überrascht sein, dass man selbst auch einer ist.

Dasselbe gilt, wenn man Teil einer Gemeinde ist. Auch dort kann es passieren, dass man von Menschen enttäuscht wird. Ich musste erkennen, dass es dort, wo zwei oder mehr Menschen zusammenkommen und eine Gemeinschaft bilden, immer ziemlich ungeordnet und sündhaft zugeht. Der einstige Idealismus wird früher oder später durch eine Dosis Realismus in die Luft gejagt. Wir haben als Menschen Schwierigkeiten, miteinander zu kommunizieren und uns zu verstehen. Weil wir von Haus aus ziemlich selbstsüchtig sind, werden Situationen oftmals vom Chaos dominiert.

Frühchristliche Unordnung

Apostelgeschichte 15 zeigt uns das anschaulich. Meines Erachtens erzählt dieses Kapitel eine der bedeutendsten Geschichten des gesamten Neuen Testaments. Sie ist deshalb so wichtig, weil sie beinahe vom Ende der frühen Kirche hätte handeln können. All die wundervollen Dinge der ersten vierzehn Kapitel hätten entzweigerissen und zerstört werden können, hätten die Menschen diese Situation nicht mithilfe des Heiligen Geistes gemeistert.

Lassen Sie mich zunächst den Kontext der Geschichte beschreiben. Apostelgeschichte 14,26 fasst den Abschluss der ersten Missionsreise von Paulus und Barnabas zusammen: „Und von da [Attalia] fuhren sie mit dem Schiff nach Antiochia, wo sie der Gnade Gottes befohlen worden waren zu dem Werk, das sie nun ausgerichtet hatten." Man kann diesen Satz leicht überlesen; er ist es aber wert, bedacht zu werden. Paulus und Barnabas begannen ihre Reise in Kapitel 13, nachdem der Heilige Geist sie dazu berufen hatte. Sie waren ungeheuren Herausforderungen ausgesetzt worden. Wenn wir die Texte untersuchen, die sich mit dieser ersten Missionsreise befassen, erfahren wir, dass Paulus gesteinigt wurde und fast gestorben wäre. Einmal war er todkrank. Paulus und Barnabas waren schrecklichen Verfolgungen ausgesetzt gewesen, hatten ihre Reise aber dennoch zu Ende geführt und ihre Arbeit damit vollständig abgeschlossen; in Bezug auf die Berufung durch Gottes Geist gab es keine unerledigten Aufgaben.

In Apostelgeschichte 14,27 lesen wir, dass sie bei ihrer Rückkehr nach Antiochia in ihre Heimatgemeinde gingen, die sie entsandt und beauftragt hatte. Wie froh müssen sie gewesen sein, wieder auf vertrauten Boden zurückzukehren, in die ihnen vertraute Kultur und zu Freunden, die sie herzlich liebten! Der rote Teppich war ausgerollt. Als sie zu Hause ankamen, versammelten Paulus und Barnabas die Gemeinde und berichteten von allem, was Gott durch sie getan hatte – wie er den Heiden die Tür zum Glauben geöffnet hatte. Das war beispiellos gewesen. Davor hatten die Leute in Antiochia nur hier und da einige wenige Heiden gekannt, die gerettet worden waren. Nun aber erhielten sie Berichte davon, dass Heiden lawinenartig bekehrt und zum Glauben gekommen waren. Eine Erweckung, ein geistliches Wiederaufleben war im Gang.

Stellen Sie sich vor, wie aufgeregt die Menschenmenge in Antiochia gewesen sein muss, als sie eine Geschichte nach der anderen darüber hörte, was Gott getan hatte. Stellen Sie sich die Begeisterung vor, die die Gemeinde ergriff. Wenn Sie Christus schon lange nachfolgen, kennen Sie solche Augenblicke sicherlich. Wenn man an Orte kommt, wo Gottes Geist wirkt und

Menschen verwandelt werden, wird man einfach ganz davon eingenommen.

Unglücklicherweise schlägt die Stimmung ab Apostelgeschichte 15,1 um. „Und einige kamen herab von Judäa und lehrten die Brüder: Wenn ihr euch nicht beschneiden lasst nach der Ordnung des Mose, könnt ihr nicht selig werden."

Wie oft haben Sie schon die Erfahrung gemacht, dass Sie Erfolg haben und wundervolle Dinge geschehen, und dann platzt ein Miesepeter in die Situation, der das Feuer wie mit einer Decke ersticken will? Was man selbst als Segen Gottes betrachtet, bekommt eine andere Richtung und gerät plötzlich ins Stocken. Genau das geschah in Antiochia. In all die Begeisterung und Aufregung hinein kamen einige Leute aus Jerusalem und trampelten die Freude wie Weizenhalme nieder. Und Paulus und Barnabas sagten: „Hier stimmt etwas nicht."

Dieses Etwas war Folgendes: Diese Männer verfochten eine judaistische, pharisäische Sicht auf den christlichen Glauben: dass nämlich ein Mensch – besonders ein Heide – nicht gerettet werden kann, solange er nicht beschnitten ist und das ganze Gesetz des Mose befolgt.

In der heutigen Zeit sind wir etwas empfindlich, wenn es um Beschneidung und deren Bedeutung geht. In jenen Tagen war das Wort jedoch alltäglich und unanstößig. Wir alle wissen, dass in der jüdischen Tradition der Bund zwischen Gott und seinem Volk seit Jahrhunderten darin bestand, dass Jungen am achten Tag nach ihrer Geburt beschnitten wurden. Dieses körperliche Symbol erinnerte die Menschen an das Band zwischen Gott und seinem auserwählten Volk.

Auseinandersetzungen brechen auch unter Menschen aus, die nur das Beste im Sinn haben. Wir müssen den Männern aus Jerusalem gegenüber fair sein und sie etwas in Schutz nehmen. Auch sie glaubten, aber sie waren Erben einer jahrtausendealten Tradition. Die Überzeugung, dass niemand Gottes Kind sein konnte, solange er nicht beschnitten war und das Gesetz des Mose befolgte, war ihnen in Fleisch und Blut übergegangen. Wenn Heiden in die Gemeinde kommen und Teil der Bewegung des Gottesvolkes werden wollten – und das war an sich schon ein ungeheuerlicher Gedanke –, dann würde das auf demselben Weg geschehen müssen wie bei den jüdischen Männern.

Diesen Abschnitt zu lesen und zu denken: *Jungs, ihr seid ganz schön neben der Spur. Das ist doch Blödsinn*, fällt mir sehr leicht. Schließlich bin ich geprägt von den letzten zwanzig Jahrhunderten neutestamentlicher christlicher Lehre. Sie besagt, dass Beschneidung für einen Gläubigen nicht notwendig ist. Aber dieser Gedanke war den Menschen damals noch fremd.

Das ist eine wichtige Lernerfahrung für alle, die mit Menschen zu tun haben, die sich einer Veränderung widersetzen: Ich muss mir selbst bewusst machen, dass es Menschen gibt, die fest überzeugt sind von dem, was sie verteidigen. Bevor ich sie gering schätze und mich von ihnen abwende, muss ich verstehen, woher sie kommen.

Die Männer aus Jerusalem hatten gute Absichten. Trotzdem erstickten sie die Freude der Gemeinde im Keim, und die Menschen merkten plötzlich, dass da Probleme auf sie zukamen. In Apostelgeschichte 15,2 (Hfa) heißt es: „Paulus und Barnabas widersprachen, und es kam zu einer heftigen Auseinandersetzung." Das klingt nicht sonderlich freundlich. Wir sollten diese Worte nicht entschärfen und meinen, es habe sich lediglich um ein ruhiges, höfliches Gespräch gehandelt. Diese Leute waren äußerst verärgert – und für die Gemeindeglieder wurde die Debatte zu heiß: Die Sache geriet außer Kontrolle.

Es gibt mehrere Beispiele für solche Debatten in der neutestamentlichen Gemeinde. Als Paulus den Philippern schrieb, sagte er an einer Stelle in etwa: „Liebe Gemeinde, ich bitte euch, Evodia und Syntyche [zwei Leiterinnen] zusammenzubringen, damit sie sich wieder vertragen und die Dinge nicht aus dem Ruder laufen."

Gemeinschaften bergen Probleme. Oberflächlich betrachtet, sieht alles gut aus; im Innern können aber schreckliche Kämpfe ausgetragen werden. Die Gemeinde in Antiochia sah äußerlich gut aus, aber unter der Oberfläche gab es ziemliche Probleme. Wie sollten diese gelöst werden? Sie denken vielleicht: *Warum soll ich mir Gedanken über eine Geschichte machen, die mehr als neunzehnhundert Jahre alt ist? Was soll ich daraus noch lernen?* Ich glaube, Sie werden entdecken, dass wir von der Gemeinde in Antiochia eine Menge lernen können durch die Art, wie sie den Konflikt löste.

Die Gemeinde in Antiochia sagte: „Also, dieses Problem ist zu groß, als dass wir es selbst bewältigen können." Wir lesen in Vers 2, dass die Gemeinde Paulus, Barnabas und einige andere Gläubige nach Jerusalem zurückschickt, um die Muttergemeinde zu bitten, diesen Konflikt zu lösen.

In Apostelgeschichte 15,3-4 steht: „Sie wurden von der Gemeinde geleitet und zogen durch Phönizien und Samarien und erzählten von der Bekehrung der Heiden und machten damit allen Brüdern große Freude. Als sie aber nach Jerusalem kamen, wurden sie empfangen von der Gemeinde und von den Aposteln und von den Ältesten. Und sie verkündeten, wie viel Gott durch sie getan hatte."

Danach jedoch entzündete sich der Streit von Neuem. Einige der Gläubigen, die zur Gruppe der Pharisäer gehörten – der christlichen Pharisäer –, standen auf und wiederholten das Argument: „Man muss die Nichtjuden beschneiden und von ihnen verlangen, dass sie das Gesetz des Mose befolgen" (Hfa). Mit anderen Worten: „Wenn diese fremden Typen kommen und Teil unserer Bewegung werden wollen, müssen sie es auch genauso machen wie wir." Das waren gute Leute, die unsere Achtung verdienen, und sie sagten das aufgrund einer Tradition, die viele Hundert Jahre alt war.

Und so begann die Gemeindeversammlung. Wenn sie nicht gut ausgegangen wäre, hätte das die Bewegung der ersten Christusnachfolger wahrscheinlich geteilt und gelähmt (oder zumindest stark geschwächt). Die Kirche, so wie wir sie durch die Jahrhunderte hindurch kennengelernt haben, wäre nie entstanden.

Ich glaube, dass dies ein bedeutsamer Augenblick war – wichtiger sogar als die lutherische Reformation. Diese Geschichte erzählt von Christen, die unterschiedliche Zielvorstellungen und eine ernste Meinungsverschiedenheit hatten – und das bewältigten. Wir haben andere Situationen in der Kirchengeschichte gesehen, in denen Christen mit ihren Meinungsverschiedenheiten falsch umgegangen sind und nachfolgende Generationen einen schrecklichen Preis dafür bezahlen mussten.

Die Streitfrage lösen

Die Geschichte geht weiter: „Da kamen die Apostel und die Ältesten zusammen, über diese Sache zu beraten" (Apg. 15,6). Es gab viele Reden, so berichtet Lukas, und das Treffen erstreckte sich wahrscheinlich über mehrere Tage. Allerdings besitzen wir lediglich einige wenige Auszüge aus zumindest drei Reden.

Die erste Rede hielt der Apostel Petrus. Er sagte: „Ihr Männer, liebe Brüder, ihr wisst, dass Gott vor langer Zeit unter euch bestimmt hat, dass durch meinen Mund die Heiden das Wort des Evangeliums hörten und glaubten. Und Gott, der die Herzen kennt, hat es bezeugt und ihnen den Heiligen Geist gegeben wie auch uns" (V. 7+8). Der Apostel spielte damit natürlich auf die Bekehrung des Kornelius in Apostelgeschichte 10 an.

Petrus hatte damals gelernt und akzeptiert, woran sich jeder jüdische Christ nur schwer gewöhnen konnte: dass ein Heide gerettet und mit dem Heiligen Geist erfüllt werden konnte. Damals dachte jeder, dass nur Juden gerettet werden könnten. Das erscheint heutigen Christen lächerlich, aber die Judenchristen des ersten Jahrhunderts nahmen das todernst.

Petrus wollte den Gläubigen also zu verstehen geben, dass Gott Großes bewirkte, indem er Heiden ebenso annahm wie Juden. Man musste ja nur zusehen, was dort in der Südtürkei und in Syrien geschah, wo Paulus und Barnabas ihre Missionsarbeit getan hatten.

Übrigens: Wenn man das zweite Kapitel des Galaterbriefes liest, stellt man fest, dass Petrus diese Rede nicht leichtgefallen ist. Als er in Antiochia war, schwankte er an genau diesem Punkt. Petrus änderte sich nicht von heute auf morgen. Paulus sagt in Galater 2,11, dass er Petrus vor der gesamten Gemeinde tadeln musste. Wir würden das heute so nicht tun, aber Paulus nahm kein Blatt vor den Mund und sagte vor allen: „Petrus, du liegst falsch."

Petrus hatte nämlich eine Zeit lang mit Heidenchristen zusammen gegessen und es dann wieder unterlassen, um seine jüdischen Freunde nicht vor den Kopf zu stoßen. Paulus sagte ihm klipp und klar, dass er ein Heuchler sei. Und Petrus besaß letzten Endes die Demut zuzugeben, dass Paulus recht hatte.

Aus diesem Grund konnte Petrus also vor dem Apostelkonzil aufstehen und sagen: „Ja, Gott machte keinen Unterschied zwischen uns und ihnen: Er befreite sie von aller Schuld, als sie an ihn glaubten. Warum wollt ihr jetzt Gott herausfordern und diesen Brüdern eine Last aufbürden, die weder wir noch unsere Vorfahren tragen konnten?" (Apg. 15,9+10 Hfa) Als Petrus schloss, wurde die gesamte Versammlung still und hörte Barnabas und Paulus zu.

Schlechtes Zuhören

Mir ist aufgefallen, dass wir in unserer modernen Gesellschaft einander oft nicht besonders gut zuhören. Wir beharren eisern auf unseren Positionen, ob es nun um Wirtschaft, Politik oder Theologie geht. Viele von uns beginnen Diskussionen mit der Einstellung: *Ich weiß, was richtig ist, und was du denkst, ist mir egal.* Wir werden reizbar und unnachgiebig, und das sickert auch in die Gemeinde und in alle möglichen Bereiche, wohin man auch sieht. Wir müssen lernen, still zu sein, so wie es die Gemeinde in diesem Abschnitt war. Wir müssen zuhören und versuchen, wahrzunehmen, wo Gottes Stimme heute mitten in unser Leben spricht.

Damals in Jerusalem saßen die führenden Gemeindemitglieder still da und hörten Barnabas und Paulus zu, wie sie von den übernatürlichen Zeichen und Wundern erzählten, die Gott durch sie an den Heiden getan hatte. Als Paulus und Barnabas schlossen, ergriff Jakobus das Wort. Irgendwie, ohne dass dafür eine Erklärung gegeben wird, war Jakobus zum Leiter und Sprecher der Gemeinde in Jerusalem aufgestiegen. Jakobus sagte: „Liebe Brüder! Simon Petrus hat eben erzählt, wie Gott selbst begonnen hat, unter den Nichtjuden ein Volk zu sammeln, das ihm gehört. Das sagen ja schon die Propheten …" (Apg. 15,13-15 Hfa). Dann zitiert er den Propheten Amos, der Jahrhunderte zuvor vorausgesagt hatte, dass Heiden Teil des Volkes Gottes werden würden.

In Vers 19 spricht Jakobus offen aus, was er von der Angelegenheit hält. Er sagt nicht: „Lasst uns darüber abstimmen", sondern: „Ich beurteile die Sache so", und dann formuliert er eine der wichtigsten theologischen Schlussfolgerungen, zu der die Kirche in ihrer zweitausendjährigen Geschichte gelangt ist:

„Ich meine deshalb, wir sollten den Nichtjuden, die zu Gott umgekehrt sind, keine unnötigen Lasten aufbürden" (Hfa). Er meint damit: „Wir haben da draußen eine ganze Welt, die es zu gewinnen gilt. Menschen außerhalb der Gemeinschaft des Kreuzes sind anders als wir. Wir müssen unser Bestes geben, damit sie so deutlich wie möglich spüren, dass sie bei uns willkommen sind. Wir halten an den Grundüberzeugungen des Evangeliums fest. Aber zugleich werden wir nicht eine Silbe mehr hinzufügen als nötig, damit Menschen spüren, dass sie willkommen sind – seien sie Juden oder Heiden."

Heute würden wir gut daran tun, Vers 19 auswendig zu lernen. An zu vielen Stellen macht es die Kirche heute ungläubigen Menschen immer schwerer, das Evangelium zu hören. Es ist nicht unsere Absicht, aber wir erschweren jungen Menschen verbindliche Schritte. Wir machen es einem Menschen mit postmodernem Denken schwer, auf das Evangelium zu hören.

Jakobus schlug vor, einen Brief zu schreiben (V. 24-28 Hfa):

Wir haben gehört, dass euch einige Leute aus unserer Gemeinde – ohne von uns beauftragt zu sein – durch ihre Lehren beunruhigt und verunsichert haben. Deshalb beschlossen wir einstimmig, zwei Männer aus unserer Gemeinde auszuwählen und sie zu euch zu senden, zusammen mit unseren lieben Brüdern Barnabas und Paulus … Geleitet durch den Heiligen Geist kamen wir zu dem Entschluss, euch außer den folgenden Regeln keine weitere Last aufzuerlegen.

Mit anderen Worten steht in diesem Brief: „Wir würden uns freuen, wenn ihr als Heidenchristen zwei oder drei Dinge beachten würdet. Die Beschneidung ist nicht notwendig. Wir wünschen uns allerdings, dass ihr vom Tun einiger Dinge Abstand nehmt, die für unsere judenchristlichen Brüder fürchterlich anstößig sind."

Hier wurde das Gesetz der Liebe angewandt. Man schloss einen Kompromiss. Obwohl die heidenchristlichen Männer nicht aufgefordert wurden, sich beschneiden zu lassen, bat man sie, sich aus Respekt vor ihren jüdischen geistlichen Vorvätern einiger Dinge zu enthalten – so wie es den Juden über Jahrhunderte hinweg wichtig gewesen war. Anders ausgedrückt: „Beleidigt nicht grundlos die Juden, sondern ergreift eure Freiheit in Christus und macht so weiter, wie Paulus und Barnabas euch unterwiesen haben."

Beachten Sie bitte, dass der geschriebene Brief zudem persönlich überbracht und nicht per E-Mail versandt wurde. Selbst heute brauchen Worte manchmal ein Gesicht. Die Gemeinde in Jerusalem schickte den Brief durch einige fromme Männer, sodass die Gemeinden in der Ferne hinter der Entscheidung die Freundlichkeit, Ruhe, Überzeugung und Heiligkeit erkennen konnten, in der sie zustande gekommen war.

Zwei Schlüssellektionen

Was können wir aus dieser Geschichte lernen? *Erstens, die Gemeinde in Jerusalem achtete darauf, dass der Inhalt, der Kern des Evangeliums in keiner Weise angetastet wurde.* Während dieser Debatte wurden das Kreuz Christi, das Blut des Herrn, das für unsere Sünden vergossen wurde, und der Ruf zur Umkehr niemals angefochten. Die Gemeinde verstand, was Menschen – seien sie Juden oder Heiden – tun mussten, um wirklich gerettet zu werden.

Es hätte damals auch passieren können, dass das Evangelium von der Erlösung schrecklich missverstanden wird; die Kirche hätte sich aufgrund dogmatischer Fehleinschätzungen und Uneinigkeiten spalten können. Sie bewahrte aber, was Paulus später in 1. Korinther 1 formulierte: *Wer in irgendeiner Weise das Kreuz aus dem Evangelium streicht, begeht damit einen Fehler.* Und so wurde in dieser bedeutenden Debatte am Evangelium der Erlösung festgehalten.

Zweitens bewahrte man die Einheit des Leibes Christi. Niemand verließ die Gemeinde. In der heutigen Zeit ist das nicht immer so. Wir haben uns viel zu sehr an unsere Kultur angepasst, die von einer individualisierten Gesellschaft bestimmt ist, in der jeder alles auf seine eigene Weise tut. Ob wir uns über das Geschäftsleben, Kleidung oder unsere Arbeit unterhalten: Wir erwarten zunehmend, dass alles nach uns läuft. Ist das nicht der Fall, gehen wir eben weg. Man findet diese Haltung auch in heutigen Gemeinden: „*Wir machen es, wie ich es will, oder ich gehe.*“

Die Schönheit dieses Kapitels aus der Apostelgeschichte besteht darin, dass Leute heftig aneinandergerieten, aber den Zusammenhalt und die Einheit des Leibes Jesu wahrten. Ich bin sicher, dass nicht jeder diese Versammlung damals glücklich verließ. Manche Leute werden tief beunruhigt gewesen sein, aber sie ließen sich nicht unterkriegen von den Schwierigkeiten. Die Kirche und ihr Auftrag bestanden fort, weil der Geist Gottes gesprochen hatte.

Hier wird eindrücklich davon berichtet, wie Menschen handeln sollen, wenn es in Gemeinden zu Unordnung kommt. Auch wenn wir manches unterschiedlich sehen, bleibt das Evangelium unsere wesentliche Mitte, und die Einheit wird gewahrt. Das ist der Weg, wie ein Konflikt gehandhabt werden sollte.

Zum weiteren Nachdenken

1. *Gab es eine Zeit, in der Umstände oder Menschen Sie enttäuscht haben? Wie beeinflusste diese Enttäuschung Ihr Leben emotional?*

2. *Gab es eine Zeit, in der Sie zu einer Gruppe gehörten, die von Harmonie und Zusammenhalt gekennzeichnet war und in die dann durch Meinungsverschiedenheiten ein Keil getrieben wurde? Wie wurde das Problem gelöst? Wie haben Sie sich bei der ganzen Sache gefühlt, und welche Rolle spielten Sie dabei?*

3. *Wie können Sie es als Verantwortlicher in der Geschäftswelt oder Gemeinde vermeiden, Schlüsselüberzeugungen aufzugeben, aber gleichzeitig das Bewusstsein für Einheit und Harmonie wahren?*

Manchmal muss man einfach verschwinden

Geh von Zeit zu Zeit davon,
entspanne ein wenig,
denn wenn du zu deiner Arbeit zurückkommst,
wird dein Urteil gewisser sein.

Leonardo da Vinci

Ich denke oft an einen Gastwirt, den Gail und ich in Vermont trafen. Alles an ihm schien ungewöhnlich: seine Kleidung, seine Ausdrucksweise, die Atmosphäre seines Gasthauses. Er machte mich neugierig, und ich begann, ihm Fragen zu stellen. Ich erfuhr, dass Jack Coleman Direktor von Haverford gewesen war, einer bekannten Universität im Bundesstaat Pennsylvania. Später wurde er Vorsitzender einer angesehenen Stiftung für Erziehung. In seinem Vorruhestand führte er nun ein Gasthaus. Außerdem erzählte er, dass er sein ganzes Leben lang der Gewohnheit nachgegangen war, für eine kurze Zeit einfach zu verschwinden. Er ließ sich schlicht nicht mehr blicken. Vermutlich wussten irgendwelche Assistenten (oder Verwandten), wo er zu finden war, aber alle Leute, die sonst zu seiner Welt gehörten, wussten es nicht.

Wenn er wieder auftauchte (üblicherweise nach etwa zehn Tagen), berichtete er beispielsweise davon, wie er als Schuhputzer auf einem Bahnhof gearbeitet oder mit einer Gruppe von Leuten Müll eingesammelt hatte. *Warum tat er das?*

„Weil ich infolge meiner Leitungsaufgabe", so sagte er, „leicht den Kontakt zur großen, sehr realen Welt der gewöhnlichen Leute verliere. Und wenn das passiert, wird man zunehmend ineffektiv. Man vergisst, worum sich das Leben eigentlich dreht."

In meinen ersten sechs Monaten als Pastor reiste ich jedes Wochenende zu einer anderen Gemeinde, um dort Seminare über kreative Evangelisationsformen zu leiten. Die damalige wirtschaftliche Lage gebot, dass ich bei Gemeindegliedern untergebracht wurde. Besonders Männer sprachen dann sehr offen mit mir über ihre Haltung zum Glauben und zur Gemeinde. Immer wieder kamen wir nach dem Essen mit der Kaffeetasse in der Hand auf den jeweiligen Pastor zu sprechen.

„Wir lieben unseren Pastor", konnte ich da hören. „Aber wenn man ganz ehrlich ist, muss man sagen, dass er fast keine Ahnung hat, wie mein Leben von Montag bis Freitag aussieht. Das merkt man in seinen Predigten und daran, was er so von uns verlangt."

Ein Mann erzählte mir: „Unser Pastor offenbart uns seine Weltsicht durch den Segen am Ende des Gottesdienstes. Er sagt: ‚Herr, entlasse uns nun mit deinem Segen, und führe uns wieder zum Gebetstreffen am Mittwoch zusammen. Sei mit der Jugend bei ihrem Stillen Tag am kommenden Freitag. Und hilf uns, mehr Mitarbeiter für die Sonntagsschule zu finden. Amen.'" Dann fuhr mein Gastgeber fort: „Unser Pastor scheint nicht zu wissen, dass ich eine Arbeit habe; seine Sicht ist total gemeindezentriert."

Ich bin dankbar für diese Wochenendgespräche, die beinahe vierzig Jahre zurückliegen. Sie veränderten die Art und Weise, wie ich als Pastor gearbeitet habe. Sie überzeugten mich davon, dass es beim Pastorendienst (nun halten Sie sich fest!) nicht um die Gemeinde geht, sondern darum, Menschen für das Leben unter der Woche – zu Hause, an der Arbeitsstelle, in der Schule – auszurüsten und zu ermutigen.

Jahre später sagte mir ein Gemeindeglied: „Ich weiß, dass Sie an jedem Tag der Woche mit Ihren Gedanken vollkommen bei Ihrer Kirche sind – und das sollten Sie auch. Aber Sie sollten auch wissen, dass ich, wenn ich von der Gemeinde nach Hause gehe, vielleicht mehrere Tage lang nicht ein einziges Mal an sie denke. Ich bin zu beschäftigt damit, mit meiner Arbeit Schritt zu halten, mit meiner Familie und dem Druck in meinem Leben." Er erinnerte mich daran, dass ich nicht meinen sollte, jeder sei so mit der Gemeinde beschäftigt wie ich selbst.

Was wäre, wenn Pastoren – zumindest jene, die predigen und neue Gedanken über die Nachfolge Jesu in Herz und Verstand einpflanzen sollen – gelegentlich verschwinden würden wie mein Freund, der Universitätsdirektor? Was würden wir dadurch lernen?

Unbewährte Heiligkeit

Zu meinen Lieblingsgeschichten gehört eine, die schon jahrzehntealt ist und aus Osteuropa stammt.

> *Ein brillanter jüdischer Gelehrter kam zu einem runzeligen Rabbi und fragte ihn: „Rabbi, man sagt, ich sei der heiligste aller Menschen. Denkst du, das ist wahr?" Der Rabbi wollte zunächst nicht darauf antworten. Nachdem ihn der Gelehrte immer weiter hartnäckig bedrängte, sagte er aber: „Du bist der frömmste Mann unsrer Zeit. Du studierst Tag und Nacht, ziehst dich von der Welt zurück, bist umringt von deinen Bücherregalen, dem heiligen Schrein, den Gesichtern andächtiger Gelehrter. Du hast tiefe Heiligkeit erlangt. Doch wie hast du sie erlangt? Gehe hinab auf den Markt zu den anderen Juden. Ertrage ihre Arbeit, ihre Lasten und was an ihnen zehrt. Mische dich unter die Welt, höre das Zweifeln und die Gottlosigkeit, von denen auch sie hören, ertrage die Schicksalsschläge, die sie hinnehmen müssen. Und dann lass uns sehen, ob du noch immer der heiligste aller Menschen bist."*

In meinen Jahren als Pastor rang ich mit der Aussage dieser Geschichte. Es gehört zum ureigenen Wesen einer großen Organisation, dass man vollkommen von ihr eingenommen wird. Die Gespräche drehten sich um Strategien und Probleme und nur selten um handfeste Fragen des alltäglichen Lebens. Kaum einmal sagte jemand: „Gehe hinab auf den Markt! Verschwinde doch einfach einmal!" Selbst die Vorstände, denen ich verantwortlich war, sahen wenig Sinn darin, mich von meinem Schreibtisch und den Verwaltungsaufgaben wegzubekommen.

Ich versichere Ihnen: Hätten sie darauf bestanden, dann hätten meine Predigten viel mehr Farbe und Realitätsbezug bekommen und wären viel praktischer anwendbar gewesen. Vielleicht hätte mein Führungsstil an Reife gewonnen.

Um gegen die Sachzwänge anzukämpfen, tat ich Folgendes: Ich machte es mir zum Ziel, alle verantwortlichen Gemeindemitarbeiter (und soweit möglich darüber hinaus) dort zu besuchen, wo sie ihren Lebensunterhalt verdienten. Ich füllte meinen Kalender mit Treffen zum gemeinsamen Frühstück oder Mittagessen. Oft wurde ich dazu eingeladen, Büros zu besuchen, Baustellen, Geschäfte und Labors, wo ich Vorgesetzte, Kollegen und Assistenten traf.

Das Wichtigste dabei war aber, dass ich den Menschen in einem Umfeld begegnete, in dem sie kompetent waren. Sie sahen *mich* am Sonntag ja auch von meiner besten Seite; warum sollte ich *sie* nicht ebenfalls dort besuchen, wo sie Heimvorteil hatten?

Eigentlich profitierte jede Beziehung durch solch einen Besuch. In diesen Begegnungen gewann ich viel Inspiration für Beispielgeschichten oder ganze Predigten. Aber vor allem entstand eine neue Glaubwürdigkeit in meinen Beziehungen zu den Gemeindegliedern.

Ich kann mir gut vorstellen, dass Jesus bei seinem Dienst auf Erden ähnlich vorging. Die Evangelien berichten ja nicht, dass er seine Arbeit in theologischen Hochschulen verrichtete. Sondern er begegnete den Menschen beinahe ausschließlich dort, wo sie arbeiteten und Handel trieben, wo sie litten und ums Überleben kämpften. Seine Gleichnisse und Erzählungen stammten direkt aus dem Umfeld, in dem er sprach. „Ein Sämann ging aus zu säen … Eine Frau kehrte den Boden … Ein Mann machte seine Abrechnungen." Das sind Erzählungen von einem, der unter den Menschen lebte.

Manchmal fürchte ich, dass das Amt eines Pastors eine Entwicklung genommen hat, die auf Dauer Nachteile haben könnte. Pastoren haben nun elegante Büros, in die Menschen kommen, nachdem sie einen Termin ausgemacht haben. Viele von ihnen schaffen es aber kaum einmal über unsere Schwelle. Die Kommunikation per E-Mail nimmt immer mehr zu.

Zusätzlich werden die Pastoren oft als Prediger *und* Manager angestellt. Sie leiten zahlreiche Mitarbeitersitzungen, Planungssitzungen, Finanzausschusssitzungen usw. Das führt dazu, dass die „normalen“ pastoralen Tätigkeiten abnehmen, die den Kontakt zu den Menschen und die geistliche Effektivität maximieren würden.

Ich weiß das, weil ich oft in genau diese Fallen getappt bin. Zu oft ließ ich zu, dass festgelegte Abläufe meine Agenda bestimmten. Ich verfiel der Vorstellung, dass „Orga-Treffen“ wichtiger sind als persönliche Begegnungen mit Menschen vor Ort.

Orientierung an der „wirklichen Welt“

Nehemias „Freunde“ gaben ihm einmal den Rat, sich im Tempel einzuschließen, damit seine Feinde ihm nichts anhaben konnten. Er war allerdings klug genug zu erkennen, dass sein Platz nicht in der künstlichen Welt einer Institution war; er wollte sich dort aufhalten, wo viele Männer unter Lebensgefahr an der Stadtmauer arbeiteten.

Als ich mich noch in bester Kampfkondition befand, wollte ich es Nehemia gleichtun. Also befolgte ich einige allgemeine Prinzipien:

Verabredungen in der „wirklichen Welt“ treffen. Ich versuchte, mich mindestens vier bis fünf Mal pro Woche mit Gemeindegliedern zu verabreden. Bei diesen Treffen ging es nicht um Probleme oder Strategien, sondern um das Leben in der „wirklichen Welt“ und darum, wie man durch den Einfluss Jesu verändert wird.

Spannende Fragen stellen. Ich versuchte stets, das Gespräch darauf zu konzentrieren, was im Leben des anderen – nicht in meinem eigenen – am dringendsten war. Also bemühte ich mich, kreative Fragen zu den Träumen meines Gegenübers zu stellen, zu seinen Ängsten und größten Herausforderungen. Bei Verheirateten fragte ich nach der Familie, bei Unverheirateten nach den Freunden. Wenn es die Zeit zuließ, lotete ich ihre Bedürfnisse als Gemeindeglieder aus – statt von dem zu sprechen, was ich ihnen „verkaufen" wollte. Das schönste Kompliment, das ich bei solchen Gesprächen je bekommen habe, war: „Mann! Sie stellen tolle Fragen. Das hat mich noch nie jemand gefragt."

Sich an Schlüsselereignisse erinnern. Wann immer es möglich war, trug ich in meinen Kalender Ereignisse ein, die für Menschen an ihrer Arbeitsstelle wichtig waren. Ich versuchte, zur entsprechenden Zeit eine Karte zu schicken, um ihnen zu versichern, dass ich für sie betete, und hinterher nachzufragen, wie die Sache ausgegangen war.

Die eigene Lektüre erweitern und weitergeben. Selbst jetzt noch versuche ich, die Bandbreite meines Lesestoffs um Themen zu erweitern, die mich mit den Herausforderungen derer vertraut machen, denen ich jede Woche predige. Wenn es möglich ist, verschicke ich Kopien aus Büchern oder Artikel, um Menschen zu ermutigen.

Konkrete Fürbittgebete. Es war mir ein großes Anliegen, ganz konkret für meine Gemeindeglieder und ihre Arbeit zu beten. „Herr, ich bitte dich, das Büro meines Bruders in Christus mit deiner Gegenwart zu erfüllen …" „Vater, wenn jemand heute den Weg meiner Schwester kreuzt, so bitte ich dich, dass die Liebe Christi …" „Du Geist Gottes, gib meinem Freund Weisheit für das Problem an seinem Arbeitsplatz."

Keine abgehobene Sprache benutzen. Ich versuche noch immer, beim Predigen die Sprache der „wirklichen Welt" zu benutzen. Manchmal habe ich zu hören bekommen: „Du benutzt in deinen Predigten zu viele Begriffe aus der Geschäftswelt." Es kann sein, dass ich es gelegentlich etwas übertreibe. Aber ich habe bemerkt, dass die Briefe des Paulus auch vollgestopft sind mit Begriffen, die aus der Wirtschaft, der Welt des Sports oder dem Militär stammen. Er war mit alldem vertraut!

Lektionen von der Boxencrew

Kürzlich saßen mein Enkel Lucas und ich zusammen vor dem Fernseher und verfolgten ein Autorennen. Er liebt Geschwindigkeit; ich war fasziniert von der Arbeit der Boxencrew. Wussten Sie, dass eine gute Boxencrew in nur 15,8 Sekunden vier Reifen wechselt, den Wagen betankt, die Windschutzscheibe putzt, dem Fahrer zu trinken gibt und manchmal sogar noch einen Kotflügel wechselt? Eine *gute* Boxencrew, wohlgemerkt!

Was ihr Ziel ist? Sie will, dass Fahrer und Wagen voll einsatzfähig wieder ins Rennen zurückkönnen. Denn es geht einzig und allein um das Rennen. Rennen werden verloren, weil jemand beim Boxenstopp zu lange braucht.

Weiß Ihre Gemeinde das? Wissen Sie es? Stellen Sie sich ein Team vor, das nur herumsteht, wenn der Fahrer schnell wieder auf die Piste muss. Was geschieht, wenn die Boxencrew vergisst, dass es darum geht, was auf der Strecke geschieht, und nicht darum, was (abgesehen von 15,8 Sekunden) in der Box passiert? Wenn ich eine Boxencrew zusammen am Wagen des Fahrers arbeiten sehe, bekomme ich eine Vision von Pastoren und ihren Mitarbeitern: betanken, reparieren und Leute wieder ins Rennen entlassen.

Das Rennen des wirklichen Lebens

Als Pastor bin ich zu der Überzeugung gelangt, dass der Segen am Ende des Gottesdienstes ausgesprochen wichtig ist. Er ist eine Möglichkeit, die Leute daran zu erinnern, dass sie sich wieder auf den Weg zurück ins „Rennen" des wahren Lebens begeben. Wenn ich meine Hände erhebe, biete ich ihnen den Segen an und mache über ihnen das Zeichen des Kreuzes:

> *Geht nun wieder hinaus auf die Straßen dieser Welt. Geht mit der Erinnerung an diese Stunde, in der ihr eure Seele in der Gegenwart Gottes und seiner Mannschaft erfrischt habt. Geht mit der Absicht, Jesus treu zu sein. Geht mit der Verheißung, dass ihr seine Liebe hinaustragen werdet und sie unter euren Familien und Freunden ausbreiten werdet, unter denen, die ihr auf dem Weg trefft und die sie brauchen. Geht mit dem Mut und der Entschlossenheit, nicht zu sündigen, und seid daran erinnert, dass Jesus jederzeit wiederkommen kann. Im Namen des Vaters und des Sohnes und des Heiligen Geistes. Amen.*

Zum weiteren Nachdenken

1. *Wie oft ziehen Sie sich aus der täglichen Routine zurück, um mit dem „wirklichen Leben" Kontakt aufzunehmen? Wohin gehen Sie, um zu verstehen, welchen Problemen sich Ihre Gemeindeglieder tagtäglich stellen müssen?*

2. *Nennen Sie einige positive Folgen, die sich einstellen, wenn Sie am Leben und den Interessen derer Anteil nehmen, denen Sie dienen.*

3. *Welches sind einige der Schlüsselzugänge, die Sie gefunden haben, um mit den einzelnen Menschen in Ihrer Gemeinde in Beziehung zu treten – nicht nur geistlich?*

Zehn Voraussetzungen für Gemeindewachstum

*Gemeindewachstum entsteht aus Gemeindegesundheit.
Wer sich nur auf das Wachstum konzentriert,
hat das Wesentliche nicht verstanden. Wenn Gemeinden gesund sind,
werden sie so wachsen, wie Gott es vorgesehen hat.
Gesunde Gemeinden brauchen keinen besonderen Schnickschnack,
um zu wachsen – sie wachsen ganz natürlich.*

Rick Warren

Warum wachsen Gemeinden? Trotz all der Konferenzen, Schulungen und Bücher zu diesem Thema stelle ich fest, dass oft einige sehr wichtige Dinge übersehen werden. Wenn wir aber weiterhin bestimmte unverzichtbare Voraussetzungen unbeachtet lassen, könnte daraus schnelles, künstliches Gemeindewachstum folgen, das irgendwann wie eine Blase zerplatzt. Um echtes und langfristiges Gemeindewachstum zu erreichen, müssen wir Grundlegendes, Stärkendes anpacken, das es Gottes Volk ermöglicht, Menschen oder Methoden zu überdauern.

Die Voraussetzungen, die ich aufzählen möchte, tauchen stets dann als Gesprächsthema auf, wenn eine Gemeinde eine bestimmte Wachstumsebene erreicht hat. Man könnte statt von einer Ebene auch von einer Wachstumsgrenze sprechen – einem Punkt, an dem das Gemeindewachstum stagniert, wenn nicht große Anstrengungen unternommen werden.

Das zahlenmäßige Wachstum einer Gemeinde kann stocken, wenn sie mit der Umsetzung praktischer Dinge oder dem Willen zum Durchbruch zur nächsten Wachstumsebene ringt. Dieser Zeitraum der Flaute ist oft gekennzeichnet durch bedrückende

Vorstandssitzungen und gedämpfte Gespräche innerhalb von Familien oder auf den Fluren des Gemeindehauses: „Was läuft in unserer Gemeinde schief?“ oder „Ich erinnere mich noch daran, als alles so gut lief und wir wuchsen und wuchsen. Und jetzt ...“

In Wirklichkeit muss sich eine Gemeinde jedoch die Frage stellen, ob sie tatsächlich den Glauben und die Energie aufbringt, eine natürliche Wachstumsgrenze zu durchstoßen. Viele Gemeinden versagen dabei, die notwendigen Schritte zu gehen; sie bleiben auf der erreichten Wachstumsebene stecken. Später kann es dann passieren, dass ihre Mitgliederzahlen und ihre Lebendigkeit Stück für Stück abnehmen.

Eine erste Ebene ist erreicht, wo eine Gemeinde eine regelmäßige Besucherzahl von 150 in ihrem Hauptgottesdienst verzeichnen kann; eine zweite ist bei 450 bis 500. Und eine dritte liegt wohl irgendwo im Bereich von 950 bis 1000.

Abgesehen vom quantitativen Unterschied, scheinen sich diese drei Ebenen gar nicht so unähnlich zu sein. Das Durchbrechen einer Wachstumsgrenze bedarf bestimmter Entscheidungen vonseiten der Gemeinde. Üblicherweise geht es dabei um wachsenden Bedarf an Räumlichkeiten und Pastoren und um die unbewusste Bereitschaft, mehr Menschen in den Kreis der Gemeinde zu lassen, als ein Einzelner je persönlich kennenlernen kann. Das alles kann selbst die mutigsten Gemeindeglieder einschüchtern. Die Notwendigkeit, mehr Geld einzusetzen, Einfluss abzugeben oder sich mit „Fremden“ zusammenzuschließen, verursacht oft ein Gefühl des Unwohlseins.

Deshalb werden große Entscheidungen häufig aufgeschoben, praktisch aber dennoch getroffen – denn sich nicht zu entscheiden, bedeutet, Stagnation hinzunehmen. Räumliche Enge, überlastete Pastoren und Gemeindeglieder, die nicht offen sind für neue Beziehungen, töten eine Gemeinde schneller als alles andere.

Hat man eine Ebene oder Grenze durchstoßen, beginnt eine Gemeinde üblicherweise stetig bis zur nächsten Grenze zu wachsen. Dann beginnt derselbe Prozess wieder, bis die Leute spüren, dass sie – unter Gottes Führung – bereit sind für den nächsten Schritt. Trifft eine Gemeinde die mutige Entscheidung, die dritte Ebene zu erklimmen, dann wird sie von diesem Punkt an regelmäßig und unbegrenzt wachsen.

Ich bin davon überzeugt, dass die Mehrzahl der folgenden Voraussetzungen gegeben sein muss, damit eine Gemeinde wachsen kann. Sind sie nicht vorhanden, handelt es sich um ein wie auch immer erzwungenes und wahrscheinlich nur zeitlich begrenztes Wachstum. Selbstverständlich kann eine Gemeinde auch aufgrund der Dynamik einer einzelnen charismatischen Persönlichkeit wachsen, aufgrund örtlicher Gegebenheiten, die den Zustrom in die Gemeinde begünstigen, oder aufgrund eines Programms, das momentan in Mode ist. Aber wünschen wir uns solch ein Wachstum? Bestimmt nicht! Wir suchen nach ehrlichem, auf lange Zeit angelegtem Wachstum, das Jünger in das Bild Jesu Christi verwandelt.

Voraussetzung 1: Strategien für die Zukunft

Eine Gemeinde, die wächst, hat auf irgendeine Weise die Entscheidung getroffen, sich auf die Zukunft auszurichten, nicht auf die Gegenwart. Das bedeutet, dass sie Strukturen schafft, hauptamtliche Mitarbeiter einstellt und Dinge in Bewegung bringt, die auf zukünftiges Wachstum abgestimmt sind, nicht auf gegenwärtiges.

Wenn man sich auf tatsächlich vorhandenes Wachstum stützt, hinkt man der Dynamik immer mindestens ein bis zwei Jahre hinterher. Unglücklicherweise warten die meisten Gemeinden beispielsweise damit, einen Jugendpastor einzustellen, bis Jugendliche da sind, die vielleicht bereits die Stadien von Kinderstunde und Jungschar durchlaufen haben. Plötzlich geraten die Leiter in Panik, weil sie erkennen, dass die jungen Leute einen eigenen Pastor brauchen. Doch wo findet man die richtige Person dafür? Die Suche kann nun einige Monate dauern, darauf folgen Monate der Eingewöhnung in den Kreis der Mitarbeiter und weitere Monate der Stabilisierung. Für effektive Arbeit geht dadurch viel zu viel Zeit verloren.

Dasselbe gilt für Gebäude und Strategien. Es ist ein Schritt des Glaubens, alles auf zukünftiges Wachstum auszurichten. So wie im Wunder des Fischzugs füllt Jesus nur jene Netze, die außerhalb des Bootes im Wasser sind. Eine Gemeinde, die wachsen möchte, muss *heute* Räume, Mitarbeiter und eine Strategie für die Bedürfnisse von *morgen* bereitstellen.

Voraussetzung 2: Strukturelle Erneuerung

Damit ein Düsenflugzeug die Schallmauer durchbrechen kann, muss es den stark anwachsenden aerodynamischen Widerstand überwinden. Von Ingenieuren weiß ich, dass ein Flugzeug dafür entsprechend konstruiert sein muss. Viele Gemeinden stecken noch in Strukturen und Planungen, die entwickelt wurden, als sie nur ein Fünftel ihrer gegenwärtigen Größe besaßen. Sie fragen sich, warum sie nicht wachsen; die Antwort könnte in der Tatsache liegen, dass die Umstände von gestern es unmöglich machen, Wachstumsgrenzen zu durchbrechen. Eine größere Gemeinde bedarf einer zentralisierten Festlegung ihrer Ausrichtung, aber einer dezentralisierten Umsetzung dieser Ausrichtung.

Ist eine kleine Gruppe an der Spitze der Gemeinde nicht bereit, die Verantwortung für wichtige Aufgaben zu teilen, erschwert das möglicherweise ernsthaft die Fähigkeit einer Gemeinde, sich Veränderungen anzupassen. John Gardner sagt, dass eine wachsende Organisation ihre Strukturen und Strategien jährlich überprüfen muss, um immer neu aufleben zu können. Alles muss beseitigt werden, was Wachstum und Effektivität einschränkt.

Eine Gemeinde sollte bereit sein, mit Ausnahme ihrer Lehre alles der Veränderung zu unterziehen. Sie sollte bereit sein, jede Strategie genau dann aufzugeben, wenn sie nicht mehr die erwartete Wirkung erzielt. Und sie sollte bereit sein, alles in die Tat umzusetzen, was nach Ansicht weiser Leiter die Gesundheit der Gläubigen im biblischen Sinne fördert.

Voraussetzung 3: Teilgemeinden

In dem Augenblick, in dem eine Gemeinde die erste Ebene mit 150 regelmäßigen Besuchern erreicht hat, besteht sie bereits aus mindestens zwei oder mehr Teilgemeinden. Es handelt sich um Gruppen mit einer bestimmten Verbundenheit: Dazu kann die geografische Nähe der Wohnorte zählen, ähnliche Aufgaben innerhalb der Gemeinde oder Gemeinsamkeiten in Bezug auf Alter, Bildung oder berufliche Interessen. Der Gemeindechor kann eine solche Teilgemeinde sein, auch die Sonntagsschulleiter, das Team für die Jugendarbeit oder die Mitarbeiter bei evangelistischen Einsätzen. Gleiches gilt für den Kreis der jungen Ehepaare oder der Senioren.

Je größer eine Gemeinde wird, desto mehr Teilgemeinden werden in Erscheinung treten. Sie sind Grundlage der Gemeinschaft für jeden Gläubigen. Wenn jemand sagt: „Die Gemeinde ist so groß, dass ich nicht mehr alle kenne", lautet die Antwort schlicht: „Niemand muss alle kennen; sorge einfach dafür, dass du zu einer Teilgemeinde gehörst. Es kann sowieso kein Mensch Beziehungen zu mehr als vierzig oder fünfzig Leuten pflegen. Die Struktur der Teilgemeinden ermöglicht aber auch Beziehungen innerhalb einer großen Gemeinde." Die Gemeinde in Jerusalem war offensichtlich eine große Gemeinde, und ihre Teilgemeinden trafen sich „hier und dort in den Häusern".

Durch die Teilgemeinden wird die Größe einer Gemeinde unbedeutend. Die alte Debatte über den Wert kleiner oder großer Gemeinden ist ausgesprochen sinnlos. Unsere Aufmerksamkeit sollte sich darauf konzentrieren, ob es kleinere Gruppen gibt, denen sich jeder anschließen kann.

Voraussetzung 4: Genügend Mitarbeiter

Wachsende Gemeinden müssen ernstlich darauf achten, genügend Mitarbeiter zu haben. Viele warten zu lange, bis sie auf die Bitten des Pastors reagieren, der sich oft genug bis zur Erschöpfung abarbeitet.

Eine gute Faustregel lautet: Zusätzlich zu einem Hauptpastor muss pro 200 regelmäßigen Besuchern ein weiterer Pastor mit besonderen Aufgaben berufen werden. Solche Pastoren machen beispielsweise Jugendarbeit, leiten Kindergruppen, sind für die Musik zuständig oder haben Aufgaben in der Verwaltung. Üblicherweise reagiert eine Gemeinde dann, wenn irgendwo eindeutiger Bedarf besteht. Die Jugendarbeit ist ein Beispiel dafür. Oft viel wichtiger, aber weniger offensichtlich ist der Bedarf an Mitarbeitern in der Verwaltung. Eine aufmerksame und betende Gemeindeleitung ermittelt – zusammen mit dem Pastor – rechtzeitig, wo weitere Mitarbeiter notwendig sind, und baut einen entsprechenden Stab auf. So kann unnötige Panik vermieden werden.

Beispielsweise brauchen fünf kleine Gemeinden jeweils einen eigenen Prediger, der auch alles andere tut, was von einem Pastor verlangt wird. Eine große Gemeinde kann dagegen fünf Pastoren mit speziellen Aufgaben und Dienstbereichen haben. Diese Tatsache sollte nicht einfach übersehen werden; sie zeigt einen bedeutenden Unterschied darin auf, wie man heute Bedürfnissen der Gemeinde begegnet.

Voraussetzung 5: Hohe Qualität

Wenn eine Gemeinde wächst, muss sie dafür sorgen, dass die, die bei den Hauptveranstaltungen singen, lesen und leiten, dies auf höchstem Niveau tun. Unqualifizierten das Ausüben von Leitungsfunktionen zu gestatten, nur weil „jeder eine Chance bekommen sollte", kann in einer großen Gemeinde nicht funktionieren. Wenn ein vernünftiges Maß an Qualität nicht erreicht werden kann, sollte die betreffende Person mit anderen Möglichkeiten betraut werden, in denen ihre Gaben besser genutzt und geschätzt werden.

Die Frage nach der Qualität wird leider sehr häufig mit „Starrummel" verwechselt. Es ist mir bewusst, dass ich in dieser Frage niemals alle Skeptiker überzeugen werde. Dennoch ist es eine Tatsache, dass eine wachsende Gemeinde jede Woche neue Besucher hat, die aufgrund von ersten Eindrücken weitreichende Entscheidungen treffen. Sie sind jeden Tag der Woche in Unterhaltung, Beruf und Öffentlichkeit hohe Qualität gewöhnt. Gottes Werk kann keinen geringeren Standard bieten als denjenigen, an den eine Gesellschaft gewöhnt ist. Zweitklassigkeit in Predigt, Musik, Verwaltung und Strategien wird die Dynamik einer wachsenden Gemeinde sehr schnell erdrosseln.

Voraussetzung 6: Systematischer Predigtdienst

Wirkliches Langzeitwachstum einer Gemeinde beruht stark auf einem systematischen Predigtdienst, der die Menschen geistlich ernährt. Grundsätzlich ist dies ein Dienst, der von *einem* Prediger geleistet wird. Ein Team von Predigern kann ihn sich nicht über einen längeren Zeitraum teilen (auch wenn es ein paar wenige ungewöhnliche Experimente gibt, die für das Gegenteil sprechen). Ich bin überzeugt, dass die meisten Gemeinden den Predigtdienst eines Einzelnen brauchen, der Gottes Wort systematisch lehrt.

Gemeinden können eine gewisse Zeit aufgrund eines attraktiven Programms wachsen; sie können kurzfristig von der Arbeit von Spezialisten profitieren, die für bestimmte Aufgaben „eingeflogen" werden. Langzeitwachstum hängt allerdings davon ab, ob der Hauptpastor gut genug predigen kann, um die Seelen der Gottesdienstbesucher zu ernähren.

Die Predigten müssen eine biblische Basis haben, auf das Leben anwendbar und in dem Sinn konfrontativ sein, dass sie zu Entscheidungen auffordern, die beispielsweise den persönlichen Lebensstandard und Beziehungen betreffen. Die Zuhörer müssen darin erfahren, wie sie leben sollen und wie sie mit dem Druck fertigwerden, der jede Woche auf sie einwirkt. Wenn von der Kanzel – basierend auf Auslegungen des Wortes Gottes – ehrliche Antworten auf die Fragen des täglichen Lebens gegeben werden, wird Wachstum erfolgen.

Voraussetzung 7: Unterricht für alle

Zahlenmäßiges Wachstum muss begleitet werden von umfassender Hingabe an kirchlichen Unterricht. Dabei geht es nicht allein um Sonntagsschule, obwohl es damit anfängt. Und es geht auch nicht nur um Kinder, obwohl auch das dazugehört. Es geht um Unterricht, der jedes Gemeindeglied erreicht – vom vier Wochen alten Säugling, der in eine warme und behagliche Kinderkrippe gebracht wird, wo er erste Eindrücke von der Gemeinde gewinnt, bis zum Ältesten, der an einer Gruppe zum Thema Bibelauslegung teilnimmt.

Unterricht für alle bedeutet auch, dass sowohl neu Bekehrte als auch reife Christen berücksichtigt und alle Teile der Bibel und der christlichen Lehre durchgenommen werden. Außerdem sollten praktische Kurse für christliche Ethik angeboten werden, in denen man sich mit der modernen Weltsicht auseinandersetzt.

Unterricht für alle beinhaltet nicht nur massive Anstrengungen in Bezug auf die Lehre, sondern fordert auch, dass (in vernünftigem Umfang) keine Kosten gescheut werden, um die bestmöglichen und wirkungsvollsten Lerneinrichtungen bereitzustellen. Echtes Langzeitwachstum ereignet sich nicht, wenn nicht jeder in den christlichen Unterricht eingebunden ist.

Voraussetzung 8: Disziplinierte Gemeindemitgliedschaft

Wenn ich von disziplinierter Mitgliedschaft spreche, meine ich mindestens zwei Dinge: dass Mitgliedschaft nicht billig ist und dass sie Engagement erfordert.

Eine wachsende Gemeinde setzt hohe Standards für jeden, der sich mit der christlichen Familie identifizieren will. Sie unternimmt jede vernünftige Anstrengung, um sich zu vergewissern, dass neue Mitglieder eine persönliche Beziehung zu Gott und Gottes Volk haben. Sie wird anhand von Gesprächen, dem Umgang mit anderen und im Blick auf die Bedürfnisse der Gemeinde prüfen, ob man zusammenpasst. Man kann kurzzeitiges, künstliches Wachstum erreichen, indem man Mitgliedschaft zu einer einfachen Angelegenheit macht; Langzeitwachstum ereignet sich jedoch nur bei einer hohen „Qualität" der Mitglieder.

Eine aktive Mitgliedschaft ist auch Teil dieser Disziplin. Von Mitgliedern sollten mindestens vier Dinge erwartet werden: ihre Loyalität im Blick auf die Hauptveranstaltungen der Gemeinde, ihre Bereitschaft, geistliche Gaben einzusetzen, wenn sie darum gebeten werden, ihre finanzielle Beteiligung proportional zum Segen Gottes in ihrem Leben und ihre positive und ermutigende Unterstützung der Gemeindeleiter. Es kann kein Wachstum geschehen, wenn das nicht gewährleistet ist.

Voraussetzung 9: Schwerpunkt Beziehung

Keine Gemeinde wird langfristig wachsen, wenn sie im persönlichen Umgang Kälte ausstrahlt. Das beginnt beim Pastor, der eine ernste und ehrliche Liebe zu den Menschen erkennen lassen muss. Wenn er in seiner Liebe echt ist und sie auch ausdrücken kann, wird das ansteckend wirken. In einer Welt, die dazu neigt, den anderen auszubeuten und zu beherrschen, sehnen sich Menschen nach Liebe. Wenn sie diese in der Gemeinschaft der Kinder Gottes finden, werden sie zu ihr gehören wollen.

In einer großen Gemeinde kann – genauso wie in einer kleinen – mit Leichtigkeit persönliche Wärme erzeugt werden. Aber es fängt bei den Gemeindeverantwortlichen an. Der Schwerpunkt Beziehung muss das Gemeindeprogramm bestimmen, damit Familien gestärkt werden und Freundschaften entstehen können, die Menschen in Notzeiten unterstützen.

Wachsende Gemeinden müssen Wege finden, Menschen in Kleingruppen zu integrieren, in denen man sich umeinander kümmert; diese können sich von den Teilgemeinden unterscheiden. In Kleingruppen muss man sich unmittelbare Aufmerksamkeit zukommen lassen, wenn durch Krankheit, Tod oder berufliche Schwierigkeiten eine Notlage entsteht. Werden solche Beziehungen gefördert, wird sich niemand verloren, unnütz oder ungeliebt fühlen. Für Wachstum ist das unumgänglich.

Voraussetzung 10: Mutige Entscheidungen

Gemeindewachstum ereignet sich letztlich in einem Klima des Glaubens. Keine Gemeinde wird je von Gottes Geist gesegnet, wenn sie ihren Entscheidungsprozess auf das Offensichtliche und „Sichere" beschränkt. Glaube verlangt die Bereitschaft, große Risiken einzugehen (die aber eigentlich gar keine Risiken sind). Ähnlich wie die Jünger, die ihre Netze in einen See auswarfen, in dem es keine Fische zu geben schien, ist die Gemeinde von Gott berufen, mutige Schritte zu gehen, auf die Gott mit Kraft und Bestätigung reagieren kann.

Mutige Entscheidungen sind keine dummen Entscheidungen. Sie werden nicht von Einzelnen getroffen, die sich selbst durch große Taten ein Monument errichten wollen. Vielmehr sind es vertrauens- und glaubensvolle Entscheidungen einer betenden Schar Gläubiger, die ihrem Herrn große Dinge zutrauen, aber nicht absolut sicher sind, zu welchen Ergebnissen das führen wird. Sie wissen aber, dass ihre Gemeinde dem Herrn gehört; wohin er sie leitet, ist seine Sorge. Sie gehen vorwärts im Glauben, und darauf antwortet Gott.

Wo diese Voraussetzungen vorhanden sind, werden die Stufen des Wachstums leicht erklommen. Die christliche Gemeinde wird für uns alle an Bedeutung zunehmen, gerade in einer Zeit, in der die Gesellschaft immer antichristlicher wird. Wir dürfen nicht länger zögern; wir müssen diese Voraussetzungen schaffen, damit mehr Menschen das Evangelium hören, mehr Menschen für Jesus Christus gewonnen werden und Gemeinden auf der ganzen Welt wachsen.

Zum weiteren Nachdenken

1. *Haben Sie schon einmal zu einer Gemeinde gehört, die von 150 auf 500 Besucher gewachsen ist? Von 500 auf 1000 oder mehr Besucher? Was haben Sie zu diesem Wachstum beigetragen?*

2. *Welchen Herausforderungen sind Sie in kleinen Gemeinden begegnet? Wie war es in mittelgroßen oder größeren Gemeinden? Entsprachen die Herausforderungen der Größe der Gemeinde, oder waren die Herausforderungen dieselben – unabhängig von der Größe?*

3. *Formulieren Sie bitte mit eigenen Worten die Schlüssel zu gesundem Gemeindewachstum.*

Gezielte Nachwuchsförderung

Die Methoden, die Jesus anwendete, um seine Jünger auszurüsten,
sind ein inspirierendes Muster dafür, wie man Haupt- und
Ehrenamtliche für ihren Dienst schult und ausrüstet. …
Kirche ist nicht der Ort, an den Menschen gehen,
sondern Kirche sind die Menschen selbst.
Die eigenen Gaben und Talente zu entdecken und einzusetzen,
bereichert sowohl den ganzen Leib als auch den einzelnen Gläubigen.

D. Stuart Briscoe

Wenn ich mich an die frühen Jahre meines Gemeindedienstes zurückerinnere, wird mir peinlich bewusst, wie viel ich in etwas investierte, das man „Gordon MacDonald GmbH“ hätte nennen können. Es ging zu sehr um mich selbst und zu wenig um Jesus und andere Menschen.

Irgendwann machten meine selbstsüchtigen Anstrengungen dem tatsächlichen Aufbau einer Gemeinde Platz. Dazu gehörte, Teams zu bilden, verantwortliche Mitarbeiter zu ermutigen und Strategien zu entwickeln sowohl für das geistliche als auch für das zahlenmäßige Wachstum der Gemeinde. Die Arbeit als Pastor befriedigte mich sehr, und ich liebte sie … meistens zumindest.

An einem Wochenende allerdings, nachdem ein paar Jahre vergangen waren, kam mir etwas noch viel Besseres in den Sinn – der „Sweetspot“ im Gemeindedienst, also der Punkt seiner höchsten Effektivität. Statt mich selbst groß zu machen oder eine Gemeinde, musste ich auf Menschen setzen und sie ausbilden: junge Christen, die – richtig vorbereitet – unser Ziel weiterverfolgen könnten, die Welt innerhalb und außerhalb der Gemeinde zu verändern.

Dies wurde mir schlagartig klar, als ich die Kapelle für Offiziersanwärter der Militärakademie West Point besuchte, wo ich predigen sollte. Ich staunte über die Würde und Stärke der Männer und Frauen, denen ich begegnete. Das war unvergesslich.

Der Auftrag der US-Militärakademie lautet,

> *… das Korps der Offiziersanwärter zu erziehen, auszubilden und zu inspirieren, sodass jeder Absolvent eine Führungsperson von einwandfreiem Charakter ist, die sich den Werten Pflicht, Ehre und Land verpflichtet weiß und vorbereitet ist für eine Laufbahn vorzüglicher beruflicher Leistung und den Dienst an seinem Land als Offizier in der Armee der Vereinigten Staaten.*

Ich fragte mich nach dem Besuch: *Was ist hierfür die Entsprechung in meiner Gemeinde? Wo und wie erziehen, lehren und inspirieren wir neue verantwortliche Mitarbeiter, sodass sie fähig werden, andere im Namen Jesu Christi zu prägen?* Die Wahrheit war, dass wir das nicht taten.

Oh ja, natürlich gab es auch bei uns Leiterschulungen. In unserem Gemeindebrief konnte man lesen: „Jeder, der in diesem oder jenem Bereich ausgebildet werden möchte, kann am Mittwochabend kommen." In neunzig Minuten – so ließen wir durchblicken – machen wir dich zum verantwortlichen Mitarbeiter. So wie in der Fernsehwerbung: Drei Raten à 39,95, und schon sind Sie Großgrundbesitzer. An der Militärakademie West Point wird das jedenfalls nicht so simpel gehandhabt.

„West Point" für unsere Gemeinde

Wieder zu Hause, versuchte ich den Haupt- und Ehrenamtlichen meine Vision eines „West Point"-Nachwuchsprogramms schmackhaft zu machen. Offensichtlich gelang mir das nicht sonderlich gut. Ich erntete Lächeln, prinzipielle Zustimmung und Kommentare wie: „Ja, darüber sollten wir noch einmal nachdenken … irgendwann.“ Zugegeben, ich hatte ja auch nur eine grobe Vorstellung und noch keine konkreten Pläne.

Doch eines Tages war der Groschen gefallen. Für eine Vision ohne Präzedenzfall bedarf es in einer Gemeinde üblicherweise einer Person (in diesem Fall war ich das), die die Arbeit selbst macht.

Ein erster Durchbruch gelang, als meine Frau Gail erkannte, wie ernst es mir war, und sagte: „Lass uns das gemeinsam anpacken. Wahrscheinlich wäre es klug, wenn wir die Sache nicht in der Gemeinde weiterplanen, sondern bei uns zu Hause.“ Das war die erste ihrer brillanten Ideen für unser Vorhaben.

Ich suchte nach Material, das unserer Vision entsprach, fand aber nichts Befriedigendes. Wir erkannten, dass es beim Aufbau neuer Leitungskräfte nicht mit Programmen getan ist. Entscheidend sind starke Beziehungen, sodass Menschen immer mehr in Gottes Plan für ihr Leben hineinwachsen können. So machte es auch Jesus, als er sich zwölf Schüler aussuchte, die mit ihm gehen sollten: zwölf Typen, in denen er – und nur er allein – Leitungspotenzial erkannt hatte.

Gail und ich entschlossen uns, zwölf bis vierzehn Leute auszuwählen. Ein verantwortlicher Gemeindemitarbeiter hatte sich bislang mit einer Gruppe junger Erwachsener getroffen. Als er bei uns ausschied, um an einen anderen Dienstort zu ziehen, setzte ich mich mit dieser Gruppe zusammen, erzählte ihnen von meinem Traum und fragte, ob sie sich eine Woche später mit Gail und mir bei uns zu Hause treffen wollten. Alle stimmten zu.

Als der Abend kam, legten Gail und ich unsere Vision im Detail dar. Wir schlugen vor, uns über neun Monate jede Woche am Mittwochabend zu treffen.

„Wir möchten euch alles erzählen, was wir darüber gelernt haben, Jesus nachzufolgen, seinen Ruf zu hören und Begabungen zu entdecken“, erklärten wir ihnen. „Und was es heißt, einen biblisch geformten Charakter zu erlangen und Menschen zu prägen.“

„Und nun zum Kleingedruckten“, sagten wir. „Ihr werdet in eurem Kalender etwa vierzig Abende frei halten müssen, damit ihr hier sein könnt – pünktlich, gründlich vorbereitet, neun Monate lang jeden Mittwochabend. Ihr dürft nicht fehlen, solange nicht Krankheit oder Tod dazwischenkommen oder ihr beruflich verreisen müsst und nicht absagen könnt, ohne euren Job zu verlieren."

Wir beendeten diesen ersten Abend mit den Worten: „Betet und denkt darüber nach. Und wenn ihr glaubt, dass Gott euch dabeihaben will, ruft uns an." Innerhalb weniger Tage meldeten sich alle zurück, sagten zu, und der Termin stand fest.

Das war vor über zehn Jahren. Und seitdem haben wir fast jedes Jahr neue Leute ausgesucht und eine neue Gruppe ins Leben gerufen. Heute können Gail und ich etwa hundert Menschen aufzählen, die unsere „West Point"-Schleife durchlaufen haben und – beinahe ohne Ausnahme – Gott in irgendeiner verantwortlichen Position dienen. Einige haben akademische Grade erlangt und sind hauptberuflich in den Dienst Gottes eingetreten. Die Mehrzahl übt verschiedene ehrenamtliche Tätigkeiten aus und tut Gutes im Namen Jesu – innerhalb ihrer Gemeinden oder irgendwo in der Welt.

Wie wir vorgehen

Wann immer ich davon erzähle, bekommen die Menschen große Ohren. Sie wollen mehr darüber erfahren. Sie erkennen die langfristige Bedeutung dieser Sache für die Zukunft ihrer Gemeinde. Wie schult man die christlichen Leiter von morgen?

Wir nannten unser Unterfangen LJI (Leiterschafts-/Jüngerschaftsinitiative). Ich weiß nicht mehr genau, warum, nur dass der Namensvorschlag „West Point" irgendwie nicht so gut ankam.

„Haben Sie einen Lehrplan?", werde ich oft gefragt.

Die Antwort lautet, dass es keinen Lehrplan für 39,95 gibt. Ich frage mich, ob Jesus einen Lehrplan gehabt hat, der sich an seine Worte „Folge mir nach!" anschloss. Im 19. Jahrhundert schrieb der Engländer A. B. Bruce ein Buch mit dem Titel *The Training of the Twelve* („Die Ausbildung der zwölf"), in dem er den Lehrplan nachzuzeichnen versuchte, dem Jesus wohl folgte. Ich empfehle dieses Buch nachdrücklich, aber ich warne Sie: Es ist keine leichte Lektüre.

Unser LJI-Programm ist ein intuitiver Zugang zur Nachwuchsentwicklung. Gail und ich wussten, wohin wir wollten, und in etwa, welche Fächer wir lehren wollten. Wir wussten allerdings nicht, wie das genau aussehen sollte.

Nun, nach über zehn Jahren, können wir berichten, wie wir vorgegangen sind und was wir gelernt haben. Für jede Gruppe hatten wir das Ziel:

- Menschen zu finden, die das Potenzial haben, andere zu beeinflussen, wenn sie angemessen dazu angeleitet werden.
- ihr geistliches Wachstum zu beschleunigen, sodass sie starke, autarke Nachfolger Jesu werden, die für den Rest ihres Lebens versuchen, an Frömmigkeit zuzunehmen.
- ihnen Erfahrungen zu vermitteln, wie eine christliche Gemeinschaft aussehen kann, wenn Leute einander wirklich so lieben, wie Jesus uns liebt.
- zu demonstrieren, was es bedeutet, sich berufen und begabt zu wissen und zu entdecken, dass es keine größere Freude gibt, als ein Teil in Gottes Plan zu sein.

Wenn wir einfach eine Anzeige in unseren Gemeindebrief gesetzt hätten („Kommt am Mittwochabend zu Gail und Gordon. Wir schulen Nachwuchskräfte"), wären wohl zu viele Menschen gekommen – und die meisten aus falschen Beweggründen.

Es ist oft angemerkt worden, dass Jesus seine Jünger selbst auswählte und nicht nach Freiwilligen suchte. Weil auch wir das so sahen, entschieden wir uns, LJI zu etwas zu machen, das sich von allem anderen in der Gemeinde unterschied. Wir wollten die Leute im Stillen und ganz diskret auf Herz und Nieren prüfen.

Als das erste LJI-Jahr zu Ende ging, machten Gail und ich uns auf die Suche nach dem nächsten „Dutzend". Wir begannen schon im Februar damit, weil bis zum Beginn im September nur noch acht Monate Zeit waren.

Wenn wir von verschiedenen Gemeindeaktivitäten nach Hause fuhren, drehten sich unsere Gespräche oft um die Leute, die wir beobachtet hatten. Weil Gail eine besondere Gabe hat, Menschen zu studieren, und intuitiv richtige Urteile fällt, verließ ich mich weitgehend auf ihre Beobachtungen.

„Heute Morgen ist mir Robert besonders aufgefallen", sagte sie dann etwa. Oder: „Hast du schon mal über Jan und Linda nachgedacht?" Und dann sprachen wir darüber, was wir beobachtet hatten.

Zeigten diese Menschen Treue und geistliches Verlangen? Suchten sie nach Wegen, anderen zu dienen? Wir luden keine Leute in die LJI ein, die nicht bewiesen hatten, dass sie im Blick auf ihre Verantwortungsbereiche loyal waren und Versprechen hielten. Viele Menschen sagen und versprechen viel; aber wenn der Reiz des Neuen verflogen ist und Routine einkehrt, schmeißen sie alles hin. Treue zeigte sich an ganz einfachen Dingen: ob jemand pünktlich war, gut vorbereitet und begeisterungsfähig.

Wir hatten kein Interesse an Leuten, die dadurch auffielen, dass sie chronisch irgendwelche Probleme hatten. LJI zielte nicht darauf, eine Selbsthilfe- oder Therapiegruppe zu sein. Es muss in der Gemeinde Raum für solche Treffen geben, aber die LJI gehörte nicht dazu.

Die LJI-Leute hatten während des Jahres mit einigem zu kämpfen. Wer nicht? Einer verlor seinen Arbeitsplatz, ein Ehepartner wurde ernstlich krank, es gab Probleme mit den Kindern. Unter diesen Umständen erfuhren die LJI-Gruppen die Freude, einander zur Seite zu stehen: zu beten, füreinander zu sorgen und einander zu dienen. Wir lernten alle, was es heißt, „Hirte" zu sein und füreinander zu beten.

Wen wir suchen

Kurz gesagt, waren wir auf der Suche nach:

- *Menschen, die lernfähig waren,* die gute Fragen stellten, die das Leben der Christusnachfolge ernst nahmen, die keine Mühen scheuten, um geistlich zu wachsen.
- *Menschen mit ausgeprägten sozialen Fähigkeiten,* die anderen mit Respekt und Umsicht begegneten, nicht übermäßig streitlustig, ruppig oder empfindlich waren und nicht viele Probleme mit anderen hatten.
- *Menschen, die nicht einfach den ganzen Abend dasaßen, ohne ein Wort von sich zu geben.* Wir suchten aktive Mitstreiter, die keine Angst hatten mitzumischen, Gedankenspiele zu machen, ein Gespräch weiterzubringen, und die sich trauten, ihre Meinung zu sagen.

Bis Mai oder Juni erstellten wir üblicherweise eine Liste von zwanzig Leuten, die wir beobachtet hatten. Wir hatten im Gebet über sie nachgedacht und sie sogar ein wenig auf die Probe gestellt (ohne dass sie das mitbekamen). Im August oder Anfang September luden wir alle zu einem Abendessen zu uns nach Hause ein.

Nach dem Nachtisch erzählten wir ihnen, wie die LJI-Idee entstanden war. Wir sprachen von den Zielen und ein wenig von dem, was Gott in den vorhergehenden Gruppen getan hatte. Wir berichteten von verschiedenen Teilnehmern (natürlich mit deren Erlaubnis), die nun in irgendeiner Weise in einer verantwortungsvollen Position waren. Und wir ermutigten unsere Gäste, die früheren Teilnehmer der LJI-Gruppen nach ihren Erfahrungen zu fragen.

Während dieses Abends war es wichtig, jeder Person zu sagen, was wir in ihr gesehen und warum wir sie eingeladen hatten. Es stellte sich heraus, dass das ein bedeutender Punkt war. Viele hörten zum ersten Mal, dass man ihnen zutraute, Menschen positiv zu beeinflussen.

Gegen Ende des Abends kam dann die große „Frage“:

Wir laden jeden von euch ein, über ein Jahr in der LJI nachzudenken. Wir wollen nicht, dass ihr unsere Einladung annehmt, bevor ihr euch einige Tage darüber Gedanken gemacht habt, was das für euch bedeutet. Das heißt nämlich, für etwa vierzig Wochen jeden Mittwochabend zu uns zu kommen, rechtzeitig zu erscheinen, bis spätabends zu bleiben, sich vorzubereiten, in das Geschehen des Abends einzutauchen, sich nicht zurückzuhalten und sich selbst in eine herausfordernde Arbeit zu investieren.
Bist du dazu bereit? Sag nicht Ja, bevor du im Gebet zu einer Entscheidung gelangt und dir sicher bist. Denn wenn du einmal Ja gesagt hast, dann gehst du damit ein Bündnis ein – nicht nur mit Gail und Gordon, sondern auch mit einem Dutzend anderer Leute. Unsere Haltung zu dir wird sich durch ein Ja oder ein Nein nicht ändern.

Jedes Jahr sagten von den zwanzig Geladenen dann üblicherweise zwölf bis vierzehn zu. Einige waren alleinstehend, andere verheiratet. Gelegentlich sagte ein Ehepartner zu und der andere nicht. Das Alter der Teilnehmer variierte von 23 bis 50 Jahren; kürzlich war ein Ehepaar in den Siebzigern dabei (ihrer inneren Haltung nach waren sie allerdings höchstens Mitte vierzig). Alter, Geschlecht und Familienstand waren weit weniger wichtig als das Festhalten am Bündnis.

Ein besonderes Jahr

Jedes Jahr startete irgendwann im September eine neue Gruppe. Während der ersten Wochen lehrten wir die Teilnehmer, wie man analytisch liest – die Bibel, wichtige Kapitel aus Büchern, Artikeln usw. Wir entdeckten schon früh, dass viele Christusnachfolger eine gewisse Scheu davor haben, Material zu lesen, das Herz und Hirn herausfordert. Wir merkten auch, dass viel zu viele von ihnen Schlussfolgerungen ziehen und sich Meinungen bilden, bevor sie genau verstanden haben, was ein Autor sagen will. Die Lektion lautete: Erst, wenn man sich die Zeit genommen hat zu verstehen, was ein Autor wirklich sagt, kann man es sich leisten, seine Aussagen zu bewerten.

Wir entdeckten, wie wertvoll es ist, eine Gemeinschaft zu haben, in der Texte laut gelesen werden: Einer nach dem anderen las einen Abschnitt oder zwei. Es liegt etwas im lauten Vorlesen, das ein neues Verständnis und neue Einsichten vermittelt.

Danach erklärte Gail jeder Gruppe die Typenlehre nach Myers und Briggs. Sie hilft zu verstehen, wie wir uns voneinander unterscheiden. Wir vertieften uns in geistliche Übungen; davon ausgehend studierten wir die biblische Bedeutung des Charakters. Als Nächstes verschafften wir der Gruppe einen fundierten Überblick darüber, was die Bibel über die geistlichen Gaben lehrt. Wir versuchten zu erklären, wie man Menschen positiv beeinflusst und leitet. Nicht wenig davon geschah durch unser eigenes Vorbild – beispielsweise durch die Art, wie die Treffen geleitet wurden.

Viele der genannten Themen wurden nicht durch Frontalunterricht vermittelt – was Predigern wie mir wohl als Erstes in den Sinn käme. In uns wuchs die Überzeugung, dass Lernen und Wachsen durch Entdeckungen in der Gruppe und durch Dialog geschehen musste. „Achtet genau auf die Worte, die Sätze, die Muster und dann auf die Schlüsselideen eines Autors. Arbeitet danach als Gruppe daran, eure eigenen Vorstellungen davon zu entwickeln, wo diese oder jene Wahrheit euch überzeugen kann." Dadurch übte die LJI-Gruppe, wie man selbstständig lernt und wächst – eine Fähigkeit, die einen Menschen durch ein gesamtes Leben geistlicher Entdeckungen begleiten kann.

Jedes Jahr gab es einen bestimmten Moment, von dem an die Teilnehmer nicht mehr jedes Mal von Gail oder mir Zustimmung erwarteten, wenn jemand eine Äußerung wagte. Sie fingen an, sich als eine Gruppe von Lernenden zu betrachten. Es war herrlich: Schüler, die begierig nach Weisheit suchten – ob Gail und ich nun eingebunden waren oder nicht.

Meistens lasen wir biblische Texte. Jede Gruppe studierte etwa zwanzig Leitungspersönlichkeiten aus der Bibel, um herauszufinden, wie die verschiedenen Leiter „gestrickt" waren. Später nahmen wir große Führungspersonen der Christenheit durch (beispielsweise St. Patrick, Franziskus, John Wesley, Sarah Edwards und Catherine Booth). Jedes LJI-Gruppenmitglied las die Biografie einer dieser Persönlichkeiten und referierte dann darüber, wie diese nachfolgende Generationen beeinflusst hatte.

Dann lernte jeder der LJI-Teilnehmer, seine eigene Geschichte aufzuschreiben. Das war für alle eine gewaltige Herausforderung: Sie sollten den Verlauf ihrer eigenen Lebensgeschichte geordnet darstellen (mit Erfolgen und Prüfungen) und sich dabei bewusst werden, wie Gott in ihr Leben eingegriffen hatte.

Für manche war das eine leichte Übung, für andere eine Lebensaufgabe. Irgendwann bekamen die Gruppenmitglieder die Möglichkeit, ihre Geschichte vorzulesen. Gail und ich machten den Anfang, um eine Vorlage zu bieten. Dabei ließen wir nur sehr wenig aus, um zu demonstrieren, was Verletzlichkeit und Transparenz bedeuten können, wo Gott Dinge drastisch verändert und wie er unseren Lebensweg geordnet hatte.

Nachdem wir diese Geschichten über viele Jahre gehört haben, weiß ich, dass (fast) jede auch Phasen tiefer Traurigkeit und Tragik enthält – vieles sind Dinge, die im Verlauf des normalen Gemeindelebens niemals an die Oberfläche gekommen wären.

Was war die Folge all dieses Erzählens? Es war vor allem eine wachsende Verbundenheit, die alles in den Schatten stellt, was ich je im größeren Kreis der Gemeinde erlebt habe. Eine Liebe, eine Fürsorge und ein Niveau an Freundschaft, das sich ohne das Erzählen der Lebensgeschichten nie hätten bilden können.

Nach jeder Geschichte gab es Fragen und Gespräche. Schließlich wurde der Erzähler dieses Abends in die Mitte gebeten und von den anderen umringt, die ihm die Hände auflegten. Dann ereigneten sich die bewegendsten 30 Minuten Gebet, die ich je miterlebt habe. Viele lernten in dieser Zeit, wie man kraftvoll betet.

Was wir gelernt haben

Die LJI funktionierte dann am besten, wenn im Team gelehrt wurde. Ich will es mal deutlicher sagen: Es hätte in unserem LJI-Team fast nichts geklappt, wenn Gail das nicht zusammen mit mir gemacht hätte. Fast jedes Jahr, wenn wir ans Ende des Kurses kamen und eine Feedbackrunde machten, sagte jemand – unter Zustimmung der anderen: „Also, Gordon, du denkst wahrscheinlich, dass uns das am wichtigsten war, was wir gelesen haben; aber das meiste haben wir dadurch gelernt, dass wir Gail und dich zusammen arbeiten gesehen haben – wie ihr euch gegenseitig lobt, wie ihr mit den Unterschieden eures Temperaments und Stils zurechtkommt, wie Gail eine solch gastfreundliche Umgebung schafft und wie ihr euch gegenseitig unterstützt und Dinge möglich macht.“ Die Lehrer einer solchen Gruppe müssen nicht unbedingt Ehepartner sein, aber Leitung im Team ist der Schlüssel zu echtem Gelingen.

Zum Zweiten war es sehr wichtig, deutlich zu machen, dass LJI Vorrang hatte. Es war uns lieber, dass jemand unsere Einladung ablehnte, als dass er sagte: „Ich kann 75 Prozent der Zeit dabei sein.“ Eine Gruppe leidet immer (immer!), wenn eines ihrer Mitglieder inkonsequent ist.

Drittens probierten wir für die LJI verschiedene Räumlichkeiten aus, in der Gemeinde und bei uns zu Hause. Eine Wohnung – vorzugsweise die Wohnung des Kursleiters – ist ohne jeden Zweifel die beste Umgebung für dieses Vorhaben.

Von Beginn an war uns klar, dass jede LJI-Gruppe zu einem Schlusspunkt kommen musste. So wie Jesus zu seinen Jüngern sagte: „Ich nenne euch nicht mehr Knechte … Ihr seid meine Freunde …“ (vgl. Joh. 15,15 Hfa), so mussten auch die Teilnehmer verstehen, dass die LJI befristet war. Glauben Sie mir, niemand – in keinem der Jahre – wünschte sich diesen Moment herbei, besonders Gail und ich nicht. Die LJI-Leute wurden für uns zu Söhnen und Töchtern. Jede Faser von uns wollte an ihnen festhalten. Wenn wir ihnen etwas gaben, so gaben sie uns im gleichen Maße zurück, auch wenn ihnen das vielleicht nicht bewusst war.

Ich muss zugeben, dass wir beim letzten Punkt ab und zu gemogelt haben. Gelegentlich gab es doch ein Wiedersehenstreffen. Die Teilnehmer hatten sich einander zu sehr ins Herz geschlossen. Zu diesen Treffen laden die Kursmitglieder üblicherweise auch Gail und mich ein, und sooft es möglich ist, gehen wir hin. Und wenn wir dann spät nachts nach Hause fahren, glühen unsere Herzen noch immer herrlich nach.

Paulus schrieb an die Galater in tiefster pastoraler Leidenschaft, dass er sich danach sehne, „dass Christus euer Herr ist und euer Leben bestimmt“ (Gal. 4,19 Hfa). Vor der LJI habe ich seine Worte nie völlig erfasst. Nun verstehe ich, dass es in all unserem Bemühen genau darum ging.

Was ich an der LJI am meisten bedauere? Dass wir nicht so klug waren, damit schon während meiner jungen Jahre als Pastor zu beginnen. Ich hätte darauf bestehen sollen, dass so etwas wie eine LJI in meine Stellenbeschreibung aufgenommen wird: dass 20 Prozent meiner Zeit als Pastor jedes Jahr in fünfzehn oder zwanzig Leute investiert werden muss. Jemand anderes sollte die Gremienarbeit machen. Vertraut mir (na gut, Gail und mir) jedes Jahr so etwa ein Dutzend Leute an, und ich bin bereit, ihnen alles zu geben, was ich zu geben habe.

Denken Sie darüber nach: Was wäre geschehen, wenn es vierzig Jahre LJI gegeben hätte – mit zwölf bis vierzehn Teilnehmern jedes Jahr? Dann wären rund fünfhundert „dienstbereite Offiziere“ ausgebildet worden.

Ich wünschte, ich hätte West Point schon viel früher in meinem Leben einen Besuch abgestattet.

Zum weiteren Nachdenken

1. *Hatten Sie jemals die Gelegenheit, Teil einer kleinen Gruppe wie der LJI zu sein? Wie hat diese Erfahrung Ihr Leben als Christ und Leiter geformt?*

2. *Welche Bestandteile würden Sie integrieren, wenn Sie selbst ein Kleingruppenmodell konzipieren müssten? Würden Sie sich dem LJI-Format anschließen, oder haben Sie einige eigene Vorstellungen?*

3. *Wie würden Sie den Nutzen des LJI-Modells beschreiben? Sehen Sie irgendwelche Nachteile in einer derartigen Gruppenvereinbarung? Wie würden Sie diese gegebenenfalls vermeiden?*

Gottes Botschaft im Schmerz

Es gibt keinen Umstand, keine Schwierigkeit,
keine Prüfung, die mich je treffen, mir je begegnen kann,
die nicht zuvor an Gott und Christus vorbeigegangen ist.
Wenn sie es so weit geschafft hat,
erfüllt sie auch einen ganz bestimmten Zweck,
selbst wenn ich ihn vielleicht im Augenblick
noch nicht begreifen kann.

Alan Redpath

Gordon, du und Gail, ihr geht durch einen der dunkelsten Momente eures Lebens und habt die Wahl: Werdet ihr den Schmerz verleugnen und vor ihm weglaufen, oder werdet ihr ihn in die Arme schließen und alles aus ihm herausdrücken, was Gott für euch in ihn hineingelegt hat?"

Der Mann, der das gesagt hat, veränderte unser Leben.

In seinen Worten spiegelt sich eine Theologie wider, die oft im Angesicht dunkler Momente verloren geht: Gott kann dem Bösen einen Streich spielen, wenn wir ihm das gestatten, und er kann der Dunkelheit Licht und Schönheit entreißen.

Dunkle Momente sind keine Ausnahme; das gilt auch für ein Leben, das von Gott gesegnet ist. In meiner Jugend hätte ich das so nicht ausgedrückt. Ich betrachtete Schmerz und Leid im Leben eines Dieners Christi entweder als eine seltene Ausnahmeerscheinung oder als das Ergebnis von Sünde. Ich habe aber gelernt, den Wert dunkler Momente zu erkennen. Es lohnt sich zu fragen: „Ist dies ein Moment, in dem Gott zu mir sprechen kann?"

Wenn ich mein Leben überblicke, fühle ich mich wie der Reisende in Bunyans *Pilgerreise zur ewigen Seligkeit*: Ich erkenne dunkle Momente, in denen Gott ganz offensichtlich gehandelt hat.

In jedem dieser Momente hörte ich inmitten des Schmerzes eine Botschaft. Ich möchte sechs davon mit Ihnen teilen:

1. Flucht ist keine Lösung

Meine erste Stelle kündigte ich im Alter von 24 Jahren. Ich war Jugendpastor im Süden von Denver und befand mich in meinem Abschlussjahr an der Universität von Colorado. In den ersten vierzehn Monaten meines Gemeindedienstes wurde ich herzlich geliebt. Es schien so, als könnte ich nichts falsch machen. Der Hauptpastor überließ mir sogar gelegentlich seine Kanzel, und jeder war erstaunt darüber, dass ein so junger Mann ohne theologische Ausbildung so gut predigen konnte.

Dann, aus Gründen, an die ich mich nicht mehr erinnern kann (oder will), schlug die Stimmung ins Gegenteil um. Statt „Er kann nichts falsch machen" galt nun: „Nichts macht er richtig." Die Teenager blieben den Veranstaltungen fern und begannen, das Jugendprogramm zu kritisieren.

Eines Nachmittags, als ich durch den Gemeindesaal ging, entdeckte ich ein zusammengeknülltes Papier auf dem Boden. Ich beugte mich instinktiv hinab, hob es auf und strich es glatt. Ein Teenager hatte darauf geschrieben: „Wenn MacDonald den Job als Jugendpastor nicht bald hinschmeißt, wird sich die ganze Jugendarbeit in Rauch auflösen."

Vor meinem inneren Auge sah ich meine großartige Zukunft als Diener Gottes in Flammen aufgehen. Benommen ging ich in mein Büro, rief Gail an, die zu dieser Zeit selbst entmutigt war und mich nicht umstimmen konnte, und schrieb meine Kündigung. Fünfzehn Minuten nachdem ich das zerknüllte Papier gelesen hatte, überreichte ich sie dem Hauptpastor.

Die folgenden neun Monate arbeitete ich in einer Spedition, um den Lebensunterhalt für uns und unseren neugeborenen Sohn zu verdienen. Ich fragte mich, ob ich jemals einen zweiten Anlauf im Gemeindedienst wagen würde. Während dieser Monate durchlebte ich, was ich „einen dunklen Moment" nenne – den ersten von einer ganzen Reihe im Laufe meines Lebens. Im Rückblick kann ich sagen, dass meine Kündigung ziemlich unbedeutend war, aber damals machte sie mir Angst.

Viele Menschen werden Ihnen erzählen, dass sie in den Momenten größter Verzweiflung überlegten, sich das Leben zu nehmen. Ich denke nicht, dass sie stark selbstmordgefährdet waren, sondern dass sie lediglich dem Schmerz entkommen wollten: einfach daliegen und nicht mehr aufwachen. Auch viele Leute im Dienst für Gott haben Fluchtfantasien, wenn Auseinandersetzungen oder schwierige Zeiten heraufziehen. Denken Sie an Simon Petrus, der nach der Auferstehung fischen ging. Oder an den Apostel Paulus; er schreibt im 2. Korintherbrief, dass er am Leben verzagt war. Aus den Geschichten von Petrus und Paulus kann man mitunter heraushören: „Am liebsten würde ich aufgeben."

Im Rückblick wünschte ich, jemand hätte mich damals zur Seite genommen und gesagt: „Langsam, Gordon, nicht so schnell! Nimm dir drei Wochen Zeit. Mach es wie die Navy, als mehrere Flugzeuge abstürzten – sie setzte für 72 Stunden die Einsatzbereitschaft aus. Kein Flugzeug startete. Wollen wir den Vorgang nicht erst mal bewerten? Was ist in den letzten drei Monaten passiert? Lass uns direkt mit einigen deiner Kritiker sprechen."

Aber ich hatte keinen solchen Ratgeber; ich musste meine Lektion durch die Kündigung lernen. Ich wurde gewahr, dass es in mir einen inneren Schalter gab, der – wann immer etwas zu schwierig wurde – mich dazu bewog, aufzugeben und zu gehen. Ich musste diesen Schalter umlegen. Jener dunkle Moment lehrte mich eine wichtige Lektion über das Leben und den Dienst für Gott: Wenn es schwierig wird, ist Aufgeben nie die erste Wahl.

2. Konflikte dürfen nicht ungelöst bleiben

Hass ist ein starkes Wort; ich benutze es nicht leichtfertig. Aber wenn ich je dieses Gefühl hatte, dann vor vielen Jahren jemandem gegenüber, der in einer Gemeinde war, die ich leitete. Ich kann nicht viel über die Umstände sagen, aber diese Person versprach mir Dinge, die nicht eingehalten wurden. Mit den Monaten wurde aus schwelendem Groll Hass.

Meine Gefühle gegenüber dieser Person beeinflussten praktisch jeden Bereich meines Lebens. Ich hatte die Leidenschaft für das Predigen verloren. Ich malte mir aus, wie ich diesen Menschen in Verlegenheit bringen und demütigen könnte. Mein Hass vergiftete sogar meine Beziehung zu Gail. Als sie sagte: „Du musst mit diesem Menschen reden und das klären", ärgerte ich mich auch noch über sie, weil sie mich auf etwas hinwies, das ich selbst wusste – aber nicht den Mut aufbrachte, es zu tun. Die Wurzel der Bitterkeit wuchs immer tiefer hinab in meine Seele und erstickte meine Motivation für den Dienst.

Eines Nachmittags brach es im Gebet aus mir heraus: „Herr, bitte befreie mich davon! Hilf mir, zu vergeben!" Was in den nächsten fünfzehn Minuten geschah, kann ich nur als eine mystische Erfahrung beschreiben – die erste meines Leben. Es war ein wenig wie eine Vision, aber ich hatte das körperliche Gefühl, dass ein Loch in meine Brust geschnitten wurde. Nachdem das geschehen war, sickerte etwas wie eine zähe Masse aus meiner Brust. Sie floss immer weiter aus mir heraus. Es war mein Hass, den Gott mir herausoperierte. Nachdem dieser Strom zum Stillstand kam, war mir, als hätte ich fünfzig Pfund abgenommen; mein Hass war verschwunden.

Ich kann es kaum erklären, warum Gott so dramatisch eingriff. Aber ich habe aus diesem dunklen Moment gelernt, nie mehr zuzulassen, dass eine Beziehung derart aus dem Ruder läuft. Ich lernte, dass manche Leute (wie Paulus und Barnabas) einfach nicht zusammenarbeiten können, dass getrennte Wege besser sind als Hass und dass Vergebung und Gnade die Antriebskräfte der Heilung sind.

3. Gefühlen muss man sich stellen

Schon früh in meinem Berufsleben als Pastor las ich *Stadt ohne Gott?* von Harvey Cox, einem Theologen der Universität Harvard. Es war das erste Mal, dass ich das Buch eines Autors las, der mit der Gedankenwelt des Fundamentalismus vertraut war. Cox war in einem fundamentalistischen Umfeld aufgewachsen, das er in *Stadt ohne Gott?* angreift und analysiert. Die Lektüre dieses Buches sprengte mein festes Glaubenssystem.

Zur selben Zeit beerdigte ich innerhalb von zwei Wochen zwei Obdachlose. In der Stadt im Süden von Illinois, in der ich meinen Dienst tat, hatte mich der Bestattungsunternehmer für diese beiden Beerdigungen angefragt und jeweils 30 Dollar angeboten. In beiden Fällen betrat ich das Bestattungsunternehmen und sah dort einen billigen, mit Stoff verkleideten Sarg, in dem ein alter Mann lag, der von einem harten Leben gezeichnet war. Zur ersten Beerdigung erschien niemand. Die einzige Person, die zur zweiten Beerdigung kam, war eine Frau, die beinahe so elend aussah wie der Verstorbene. Sie hatte mit ihm zusammen auf der Straße gelebt. Die Misere, in der sie sich befand, überwältigte mich so sehr wie das traurige Schicksal der Person, die ich beerdigte. Die absolute Bedeutungslosigkeit dieser Leben traf mich hart. Zusätzlich hatte ich während dieser Zeit extrem viel zu tun, war körperlich erschöpft und hatte keine Gelegenheit, mich geistlich zu erholen. Das führte zu dem schweren Zusammenbruch, den ich in Teil I bereits erwähnt habe.

Während dieses dunklen Moments wurde mir bewusst, dass unverarbeitete Gefühle nicht einfach verfliegen. Sie lagern sich in den Schichten unserer Seele ein und warten dort darauf, irgendwann wieder hervorzukommen. Sie befinden sich alle dort: Vorbehalte, Verzweiflung, Ängste, Sorgen und Befürchtungen. Wenn wir jung sind, besitzen wir genügend Energie, sie davon abzuhalten, wie Geysire durch die Oberfläche zu brechen, aber mit zunehmendem Alter verlieren wir unsere Fähigkeit, sie im Untergrund einzuschließen.

Wie ich bereits erwähnt habe, bestand für mich eine Lösung darin, meine Gefühle aufzuschreiben. Das Führen eines Tagebuches bietet keinen absoluten Schutz, aber es zwang mich dazu, mir einmal täglich einen Überblick über die letzten vierundzwanzig Stunden zu verschaffen. Das hat mir geholfen, Gefühle zuzulassen, statt sie aufzustauen, bis sie Probleme verursachten.

4. Schmerz reduziert uns auf unsere wahre Größe

Anfang dreißig erlebte ich zum ersten Mal in meinem Leben körperlichen Schmerz: eine Serie von Migräneanfällen, die beinahe unerträglich waren. Ich machte mir Sorgen, dass sie durch einen Hirntumor verursacht sein könnten, und ich hatte Angst, für den Rest meines Lebens mit Schmerzen leben zu müssen.

Das mag unglaublich klingen, aber ich konnte beinahe die Uhr nach den Migräneanfällen stellen und meinen Kalender danach ausrichten: In den geradzahligen Jahren setzten sie immer im Mai ein. Drei Wochen lang bekam ich dann jeden zweiten Tag um ein Uhr nachts einen Migräneanfall. Ich erlebte vier solcher Serien.

Schließlich ging ich zu einem Kopfschmerzspezialisten. „Neunzig Prozent meiner Patienten sind so wie Sie“, sagte er. „Junge Männer, die eine Organisation leiten oder danach streben. Sie sind mit sich selbst nicht im Reinen; und es gibt einige Leute in ihrem Leben, zu denen sie ein ungeklärtes Verhältnis haben.“

Der Arzt hatte mich niemals zuvor getroffen und wusste nicht, womit ich meinen Lebensunterhalt verdiente, aber er beschrieb meine Situation vollkommen korrekt. Ich wusste genau, welche ungeklärten Verhältnisse er meinte. Ich möchte lediglich erwähnen, dass ich es nicht unterstütze, unsere Eltern für all das verantwortlich zu machen, was uns heute plagt. Wenn sie uns verletzt haben, dann wahrscheinlich deshalb, weil sie von ihren eigenen Eltern auch verletzt wurden. Familien neigen dazu, ihre Erziehungskultur von Generation zu Generation weiterzugeben. Jeder von uns badet die Folgen davon aus, wie unsere Vorfahren miteinander umgegangen sind. Ich bin außerdem nicht der Meinung, dass jeder Schmerz psychosomatisch verursacht ist, aber meiner – so stellte sich heraus – war es.

Der Ertrag des Schmerzes

Im Lauf der Geschichte wurde zuweilen gerade dort am produktivsten an Gottes Reich gebaut, wo der Schmerz wohnte. Amy Carmichael beispielsweise war eine der größten geistlichen Schriftstellerinnen des 20. Jahrhunderts, aber alles, was sie schrieb, entstand unter Schmerzen. Das wirft die Frage auf: *Was will Gott mich durch den Schmerz lehren?* Schmerz macht uns demütig. Er zwingt uns dazu, unsere Abhängigkeit von anderen und von Gott anzuerkennen. Er reduziert uns auf unsere wahre Größe.

Während jener dunklen Momente lernten Gail und ich zum ersten Mal (nach zehn Jahren Ehe!), miteinander zu beten. Auf diese Weise konnte ich mit ungeklärten Beziehungen fertigwerden. Während der nächsten neun Monate bestürmten Gail und ich Gott mit großem Ernst im Gebet, und das veränderte unser Leben. Ich erkannte, wie wichtig es war, zu ihr zu sagen: „Ich brauche es, dass du für mich betest." Das war etwas, das ich nie zuvor getan hatte. Jahre später, als Gail und ich meinen dunkelsten Momenten gegenüberstanden, zahlte sich die Disziplin im Gebet aus, die wir während meiner körperlichen Schmerzen erlernt hatten.

5. Gott lässt sich nicht in eine Schublade stecken

Vor etwa vierzehn Jahren wurde ich gefragt, ob ich bereit sei, für das Präsidentenamt einer großen christlichen Organisation zu kandidieren. Weise Leute rieten mir, das nicht abzulehnen, weil Gott, so sagten sie, mich wohl in die Leitung einer weltweiten Organisation berufen wolle. Ich war in einer Tradition aufgewachsen, in der es besonders wichtig war, dass ein Christ eifrig danach strebt, den Willen Gottes zu erkennen. Meine Mutter hätte gesagt: „Wenn Gott dich zu etwas beruft und du lehnst es ab, wirst du das den Rest deines Lebens bereuen." Ich nahm die Suche nach dem Willen Gottes ernst.

Nach und nach erfuhr ich, dass es noch andere Kandidaten für diese Position gab. Obwohl ich einer Kandidatur zugestimmt hatte, hegten Gail und ich keine großen Hoffnungen auf einen Erfolg. Die Mitbewerber waren meiner Einschätzung nach weit besser qualifiziert.

Aber dann rief der Headhunter an und fragte, ob er nach Boston kommen könne, um uns zu besuchen. Unsere Hoffnungen stiegen. Wir wussten, dass die Ehe des vormaligen Präsidenten der Organisation aufgrund seiner Arbeit zerbrochen war; deshalb blieben Gail und ich vorsichtig. Aber dann freundeten wir uns langsam mit der Vorstellung an. Da wir einen langen Urlaub vor uns hatten, entschieden wir, uns für fünf Wochen zum Gebet in unser Haus in New Hampshire zurückzuziehen. Weder Gail noch ich hatten Gott je um irgendwelche Zeichen gebeten, um Wegweisung für die Zukunft zu erhalten, aber während dieser Wochen schien Verschiedenes zusammenzukommen: Die Bücher, die wir lasen, die Gespräche, die wir führten, unsere Gebete, das Reden Gottes in unserem Innern – alles deutete darauf hin, dass ich diese Position erhalten würde. Wir hatten den Eindruck, dass Gott zu uns sagte: „So wird es kommen."

Schließlich wurden die beiden noch verbliebenen Kandidaten – ich und eine weitere Person – zu einem letzten Gespräch eingeladen. Gail und ich trafen uns an einem Freitagmorgen mit dem Vorstand und flogen danach nach Boston zurück. Gail kündigte an: „Bestimmt werden sie dich fragen, ob du der nächste Präsident werden möchtest." Das überraschte mich, weil Gail sonst nicht zu derartigen Äußerungen neigt.

In dem Wissen, dass die Entscheidung am Sonntagnachmittag fallen würde, sagte ich am Samstag zu meinen Mitarbeitern: „Ich würde mich gern am Sonntagabend nach dem Gottesdienst mit euch treffen." Ich verriet ihnen nicht, warum, aber ich plante, ihnen meinen Rücktritt anzukündigen, denn bis dahin würde mich der Vorstandsvorsitzende der betreffenden Organisation angerufen und mir die Entscheidung mitgeteilt haben.

Der Sonntagnachmittag kam und ging, aber das Telefon klingelte nicht; als sich die Mitarbeiter abends bei uns versammelten, war ich verzweifelt. Ich wusste nicht, was ich tun sollte. Schließlich sagte ich zu ihnen: „Ich muss euch erzählen, warum ihr hier seid. Es ist eine Geschichte, die im Augenblick noch kein Ende hat."

In den nächsten fünfundzwanzig Minuten erzählten Gail und ich, was sich in den letzten Monaten entwickelt hatte und wie wir zu der Überzeugung gelangt waren, dass Gott uns in eine neue Richtung führen würde, obwohl wir noch nichts von der endgültigen Entscheidung gehört hatten. Alle waren schockiert. Wir waren gerade fertig, als das Telefon klingelte. Es war der Vorstandsvorsitzende. Man hatte sich für den anderen Kandidaten entschieden.

Ich stolperte ins Wohnzimmer zurück und berichtete meinen Mitarbeitern von der Neuigkeit. Gefasst erklärte ich: „Ihr habt mit Gail und mir viele Situationen gemeinsam durchlebt, in denen Gott Ja gesagt hat. Nun könnt ihr miterleben, wie wir damit umgehen, wenn Gott Nein sagt."

Nachdem die Mitarbeiter gegangen waren, sagte ich das Ältestentreffen ab, das ich aufgrund des geplanten Rücktritts für den nächsten Vormittag angesetzt hatte. Ich stornierte meinen Flug für das Treffen mit den Leuten, die ich für meinen neuen Vorstand gehalten hatte, und ging zu Bett. Am nächsten Morgen um acht Uhr war ich wieder an der Arbeit, als ob nichts geschehen wäre.

Sich dem starken, geheimnisvollen Gott ergeben

Erst zehn Tage später traf mich die Entscheidung mit voller Wucht. Ich tauchte ab in die Tiefen der Ernüchterung. Auf einem unterirdischen Level klagte ich Gott an: „Du hast mich zum Volltrottel gemacht. Du hast mich bis zur Ziellinie geschleift und dann gesagt: ‚Ach, tut mir leid.' Ich verstehe dein Reden nicht mehr. Du sprichst eine andere Sprache, als ich zu verstehen gelernt habe." Ich stellte Gott infrage; das hatte ich nie zuvor wirklich getan. Ich zweifelte, dass es möglich war, Gott reden zu hören.

Kurz darauf kündigte ich meinen Dienst aufgrund von Erschöpfung, Ernüchterung und Verwirrung. Durch die Kandidatur für jene Position war das Vertrauen der Gemeindeverantwortlichen in mich verloren gegangen. Das war 1984. Meine Welt brach auseinander.

Mit einigen Jahrzehnten Abstand weiß ich, dass ich in diesen dunklen Momenten kapitulieren musste vor einem tieferen und geheimnisvolleren Gott als dem, den ich bis dahin gekannt hatte. Ich musste all meine Vorurteile und Vorstellungen davon, wie man Gottes Willen erkennen kann, ablegen. Und das brauchte Zeit. Gott hatte es mit Mose nicht eilig (ich frage mich oft, was ihm in den vierzig Jahren in der Wüste wohl durch den Kopf gegangen ist), und Gott hatte es auch mit mir sicherlich nicht eilig.

Im Rückblick kann ich sagen, dass ich wohl versagt hätte, wenn mich der Vorstand jener Organisation berufen hätte. Ich war nicht reif genug. Für die Aufgabe waren Charaktereigenschaften nötig, die ich nicht besitze. Trotzdem lernte ich damals eine Lektion, die ich nicht vergessen habe: Erwarte nicht, dass mit Gott immer alles lauschig vonstattengeht, denn er ist ein großer Gott, und seine Wege sind nicht unsere Wege.

6. Begeisterung ist Entscheidungssache

Mein fünfter dunkler Moment trug zweifelsohne zu meinem sechsten bei. Die meisten solcher dunklen Momente besitzen das Potenzial, unser Leben zu zerstören. In der Schwärze jenes Augenblicks traf ich eine Entscheidung, die zu moralischem Versagen führte. Das Ergebnis war, dass ich meine Lebensaufgabe verlor.

Nachdem ich als Präsident einer großen Studentenmission zurückgetreten war, zogen Gail und ich für beinahe zwei Jahre in unser Haus in New Hampshire. Eines Sonntagmorgens, als ich auf der Bettkante saß, landete ich beim Zappen durch das Fernsehprogramm bei einer Sendung mit dem amerikanischen Pastor Robert Schuller. Er begann mit den Worten: „Heute möchte ich über das Thema Begeisterung predigen."

Kannst du dir nicht etwas anderes aussuchen?, brummelte ich in mich hinein.

Aber ich hörte Schuller zu und erkannte, wie sehr ich meine Motivation, meine Lust am Leben verloren hatte. Schuller sagte, Begeisterung sei Entscheidungssache, nicht das Ergebnis günstiger Umstände. Es sei die Energie, die entstehe, wenn Gott in uns ist.

Als mir die Bedeutung von Schullers Worten bewusst wurde, fragte ich Gott: „Ist es möglich, meine Begeisterung und Vision zurückzubekommen, wenn ich sie einmal verloren habe?"

Unrasiert, ungekämmt und in meinem abgetragenen Bademantel lief ich ins Wohnzimmer und sagte zu Gail: „Ich muss mich entschuldigen."

„Was ist passiert?"

„Mir ist gerade etwas klar geworden. Wenn es in den letzten paar Jahren in meinem Leben so etwas wie Enthusiasmus gegeben hat, dann kam er von dir. Ich sage dir hier vor Gottes Angesicht, dass ich mich an diesem Morgen entschlossen habe, wieder ein begeisterter Mann zu werden. Du wirst schon sehen."

Ich widmete die nächsten Tage meinem neuen Streben nach Begeisterung und der Frage: „Wenn Gott mich noch weitere dreißig

Jahre leben lässt, was für ein Mann möchte ich sein, wenn ich siebzig oder achtzig bin?"

Ich erinnere mich, dass ich zu Gott sagte: „Ob ich in den Gemeindedienst zurückkehre, ist nicht wichtig. Wichtig ist, dass ich mein restliches Leben in Begeisterung und Integrität vor dir verbringe."

Etwa zu dieser Zeit stolperten Gail und ich über eine Zeile von Oswald Chambers, die in etwa lautet: „Wenn Gott zulässt, dass du der äußeren Teile deines Lebens beraubt wirst, dann will er die inneren kultivieren." Nachdem wir das gelesen hatten, trafen wir die Entscheidung, ganz bewusst für unsere Freunde zu beten. Heute gibt es kaum einen Morgen, an dem wir nicht für die Menschen beten, die uns zur Seite gestellt wurden.

Mein Streben nach Begeisterung, mein Entschluss, ein integrer älterer Mann zu werden, und unsere Entscheidung, für unsere Freunde zu beten, waren die notwendigen Schritte, die uns aus der Dunkelheit herausführten. Sie eröffneten einen neuen Weg in die Zukunft.

Aus dieser Erfahrung habe ich gelernt, dass selbst in meinen schlimmsten Augenblicken die Hoffnung auf Befreiung verborgen liegt. Denn ich hatte die Möglichkeit bekommen, meinen Glauben an Christus neu auszurichten, meine Ehe zu erneuern und zu erkennen, wer meine echten Freunde waren.

Wenn ich an all die dunklen Momente meines Lebens zurückdenke, wird mir bewusst, dass Gott in jedem eine Botschaft für mich hatte. Ich kann nun sprechen, wie es der Pilger tat, als er den Fluss überquerte: „Ich habe den Grund berührt, und er trägt."

Zum weiteren Nachdenken

1. *Welches sind Ihre persönlichen „dunklen Momente“? Wie kam es dazu, und wie haben Sie darauf reagiert?*

2. *Welche Schlüssellektionen können Sie aus Ihren dunklen Momenten ziehen?*

3. *Waren Sie schon einmal fest davon überzeugt, dass Gott Sie in eine bestimmte Richtung führt, um dann festzustellen, dass die Tür verschlossen war? Wie hat sich das auf Ihren Glauben ausgewirkt, und was haben Sie aus dieser Erfahrung gelernt?*

Wenn es Zeit ist zu gehen

Denn für mich ist die Zeit gekommen, Abschied zu nehmen ...
Ich habe den guten Kampf gekämpft, ich habe das Ziel
des Laufes erreicht, ich habe am Glauben festgehalten.

2. Timotheus 4,6-7 NGÜ

Im Februar 1999 traf ich die Entscheidung, dass es an der Zeit war zu gehen. Ich informierte meine Gemeinde in Lexington, Massachusetts, dass ich in fünf Monaten von meinem Amt zurücktreten und neue Wege im Dienst für Gott einschlagen würde: Vorträge halten, schreiben, lehren, beraten und betreuen.

Ich hatte den Eindruck, mein sechzigstes Lebensjahr sei das richtige, um zugunsten eines jüngeren Gemeindeleiters zur Seite zu treten. Ich spürte in mir (zumindest redete ich mir das ein) noch immer genug Mut zu etwas Neuem und zum Risiko, um neue Projekte und neue Ideen anzugehen und neue Verbindungen zu knüpfen.

Als der Tag kam, gab mir die Gemeinde den Namen „Pastor emeritus", freundliche Worte und großzügige Geschenke der Anerkennung mit auf den Weg. Das war ein guter Schlusspunkt. Dann machten sie sich auf die Suche nach meinem Nachfolger und fanden einen sehr guten. Heute ist ihre Dynamik auch ohne mich ungebrochen. Die Gemeinde hat in der Tat sogar noch mehr Schwung. In diesem Kapitel soll es darum gehen, wie man einen (nicht „den") Dienst verlässt: glücklich (zufrieden über die getane Arbeit), in Ehren (in einer Weise, die geschätzt wird) und angemessen (ohne dass man hinter sich alle Brücken abbricht).

Den richtigen Augenblick für den Abschied zu erkennen, gehört zu den schwersten Entscheidungen eines Hauptamtlichen. Geht man zu früh, hat man schnell das Gefühl, man habe aufgegeben und die Arbeit nicht zu Ende geführt. Bleibt man zu lang, kann die gute Arbeit vernichtet und kontraproduktiv werden.

Eine Ausstiegsstrategie

Das Leben eines Pastors steckt voller Ironie. Du widmest dich einem Leben, das von der Berufung Gottes geprägt ist, die dich durch Bischöfe und Gemeinden erreicht. Sie laden dich auf einen besonderen Platz ein, damit du dort auf unbestimmte Zeit bleibst.

Wenn dann die Dienstzeit auf ihr Ende zuläuft, erwartet man, dass du gehst. Weggehst! Die Gegend verlässt, Freunde verlässt, das Gefühl menschlicher Sicherheit aufgibst, das wir alle suchen. Das funktioniert nur (und für mich tat es das), wenn Vorbereitungen getroffen werden. Ohne sie kann es unheilvoll enden.

Ein Pastor ist klug, wenn er – wie ein Pilot – stets einen zweiten Landeplatz im Hinterkopf hat, falls etwas schiefgeht. Je älter man wird, desto wichtiger wird es, einen Plan für das eigene Leben zu entwickeln, für die innere Haltung und für den Dienst für Gott, wenn die Aufgabe in einer Gemeinde oder Institution zu Ende geht. Man kann es sich nicht leisten, ohne einen solchen Plan in das letzte Lebensdrittel einzutreten. Diejenigen, die hier versagen, enden in Zorn und Bitterkeit und fühlen sich von ihrer Berufung betrogen.

Gibt es einen Ort, an dem ältere Pastoren dienen können? Wir werden es bald herausfinden, wenn Pastoren in zunehmender Zahl den vollzeitlichen Dienst verlassen, obwohl sie noch zwanzig Lebensjahre voller Energie vor sich haben. Was sollen sie mit diesen Jahren anfangen? Golf spielen? Das hoffe ich nicht.

Besser wäre es, sie fänden einen Weg, der Gemeinde weiterhin zu dienen, und zwar so, dass sie sie bereichern, nicht belasten.

Neun Fragen zur Entwicklung einer gesunden Ausstiegsstrategie

1. Haben mein Ehepartner und ich Freunde gefunden, die nichts mit meiner beruflichen Position als Pastor zu tun haben? (Für Gail und mich sind das Menschen, so sagen wir immer, mit denen wir sterben möchten.)
2. Haben wir durchdacht, wie sich unsere Ehe verändern könnte, wenn sie nicht länger durch das Leben im hauptamtlichen Dienst bestimmt wird?
3. Habe ich bedacht, was mich geistlich antreibt, wenn ich nicht länger als Pastor dazu herausgefordert werde?
4. Habe ich einen Finanzplan, der es mir ermöglicht, Gott weiterhin zu dienen, auch wenn ich von der Gemeinde kein Gehalt mehr beziehe?
5. Habe ich wichtige Themen erkannt und Lernerfahrungen gemacht, die mein Herz und Hirn geschmeidig halten werden?
6. Habe ich neue Möglichkeiten entdeckt, Gott zu dienen, indem ich jüngere Gemeindeleiter in ihren Visionen ermutige und unterstütze?
7. Habe ich mir Gedanken darüber gemacht, wie es sich emotional auf mich auswirken wird, wenn ich nicht länger im Zentrum der Gemeinde stehe, sondern das Leben eines ganz normalen Christusnachfolgers führe?
8. Kann ich mich selbst zügeln, um nicht in eine Haltung des Reagierens und der Kritik zu verfallen, wenn jene, die meinen Platz einnehmen, Dinge anders tun? Werde ich der „alte Herr“ sein, den Menschen gern um sich haben?
9. Habe ich das Leben von Menschen studiert, die sanft und ehrenhaft in ihre letzten Jahre eingetreten sind und ein Leben voller Weisheit, Ermutigung und Gebet angestrebt haben?

Timing ist alles

Einst entschied der Prophet Jona, dass es Zeit war abzuhauen. Er ging auf ein Boot Richtung Tarsis. Obwohl er wusste, dass er nicht dorthin gehörte, hatte Jona gehofft, dass Gott das nicht bemerken würde. Doch plötzlich geriet die Situation außer Kontrolle.

Schließlich schrie Jona: „Werft mich über Bord."

„Doch die Leute ruderten, dass sie wieder ans Land kämen; aber sie konnten nicht, denn das Meer ging immer ungestümer gegen sie an" (Jona 1,13). Höchste Zeit für Jona, erneut eine mutige Entscheidung zu treffen und „abzuhauen". Ausnahmsweise tat Jona diesmal genau das Richtige: Als er über Bord ging, besserte sich die Lage auf Deck.

Das wirft eine unangenehme Frage auf: Wann ist es Zeit für einen Gemeindeleiter, über Bord zu gehen? Von meinen Freunden beim Militär weiß ich, dass der Rückzug das gefährlichste aller Manöver ist. Das überrascht mich nicht. Beinahe genauso schwierig ist es jedoch, einen Dienst zu einem befriedigenden Ende zu bringen (sowohl für den Pastor als auch für die Gemeinde). Den entscheidenden Augenblick zu erkennen, ist nicht einfach.

Kein einziges mir bekanntes Buch weist auf eine ideale Zeitspanne für den Dienst an einem Ort hin. In der jüngeren Vergangenheit hielten zum Beispiel die Methodisten oder die Heilsarmee-Offiziere eine Zweijahresfrist für ideal, weil der Pastor sich dann auf seine eigentliche Hirtenarbeit konzentriert und kaum etwas anderes tut. Er bleibt nicht lange genug, um zu tief in das Geflecht der Gemeinde einzudringen oder aber zum Liebling der Leute zu werden. Doch kann sich jemand vorstellen, welch ein Chaos diese schnellen Wechsel in den Pastorenfamilien verursachen? Sie haben nie ein festes Zuhause, können keine echten Freundschaften aufbauen und erleben nie das befriedigende Gefühl, eine Arbeit zu Ende gebracht zu haben.

Am anderen Ende der Skala befindet sich mein persönlicher Held aus dem 18. Jahrhundert: Charles Simeon tat vierundfünfzig

Jahre lang in der Holy-Trinity-Gemeinde in Cambridge Dienst. In New England, wo ich lebe, bleiben viele Pastoren oft mehr als zwanzig Jahre an einem Ort.

Ich war dreizehn Jahre lang Pastor in Lexington und kehrte dann einige Jahre später für weitere sieben Jahre dorthin zurück. Manche Leute sprechen auch von der „Herrschaft“ von Gordon I. und Gordon II. Da ich drei weiteren Gemeinden gedient habe, traf ich in achtundvierzig Jahren fünf Mal die Entscheidung wegzugehen. Jedes Mal regten sich zwei Ahnungen in mir: dass ich meine Ziele als Pastor erreicht hatte und dass ich die Gemeinde nicht in eine neue Zukunft führen konnte.

Auch die Gemeinden, denen ich diente, spürten, dass etwas zu Ende ging. Ich konnte es deutlich erkennen, wenn Menschen meiner Person und meines Leitens müde geworden waren. Ich war immer motiviert gewesen, dem Status quo etwas entgegenzusetzen, und hatte mich daran gefreut, Leute durch unbequeme Fragen zu Neuem anzustacheln. Wenn ich versuchte, außerhalb der Gemeinde oder Organisation nach dem zu suchen, was mein Herz und Hirn neu ausrichten konnte, erntete ich auch viel Kritik.

Ich war mir stets dessen bewusst, dass ich jeder Gemeinde ein Bündel neuer Einsichten und Prioritäten auferlegt hatte, die in dem Augenblick notwendig gewesen waren. Aber ich konnte mich auch der Wirklichkeit nicht verschließen, dass mein „Bündel“ irgendwann nur noch in der Ablage dahindümpelte – weil es nicht länger unmittelbar zu den Bedürfnissen der Gemeinde passte. Und *das* war dann der Moment, freiwillig über Bord zu gehen – bevor jemand anderes auf diese Idee kommen konnte.

Acht Signale, dass es Zeit ist zu gehen

Wann sollte ein Pastor den Absprung wagen? Welche Signale dafür gibt es? Hier acht Hinweise.

1. Schlechte Passgenauigkeit

Gute Gemeinde, guter Pastor, schlechte Passgenauigkeit: Die Gemeinde braucht eine bestimmte Führung, die der diensthabende Pastor nicht bieten kann.

Nehmen Sie beispielsweise den Pastor, der instinktiv unternehmerisch denkt (oder Visionen hat oder mit großer Leidenschaft an Wachstum orientiert ist). Er oder sie hat ein waches Auge für Menschen außerhalb der Gemeinde und sehnt sich danach, dass die Gemeindeglieder ihre Energien daraufhin ausrichten, eine freundliche Umgebung für suchende Menschen zu schaffen.

Die Gemeinde sehnt sich andererseits nach einer Verschnaufpause, um den Blick nach innen zu richten. Sie will ihr Gespür für Gemeinschaft ausbauen und sich für eine Weile auf ihre eigene geistliche Entwicklung konzentrieren (was nicht immer eine unangemessene Entscheidung ist). Der Pastor wird zunehmend ungeduldig, weil er das als „gemeindlichen Narzissmus" empfindet. Die Leute fühlen sich dazu missbraucht, die „unternehmerischen Ambitionen" des Pastors zu befriedigen. Jede Seite entwickelt Misstrauen im Blick auf die Pläne der anderen; alles Nachdenken führt nicht zur Annäherung.

2. Unbeweglichkeit

Die Gemeinde ist wie in einem Strudel gefangen – es herrscht jede Menge Bewegung, aber wenig Gespür für die richtige Richtung. Durch unterschwellige Kontrolle setzen dominante Gemeindeglieder ganz im Stillen (oder nicht so ganz im Stillen) jede Initiative des Pastors matt. Erfrischende Ideen von oben werden geschickt neutralisiert. Es entsteht das unausweichliche Gefühl, die Gemeinde sei eine geschlossene Gesellschaft, die nur Gemeinde spielt, um die eigenen sozialen Bedürfnisse der Teilnehmer zu befriedigen.

In New England habe ich immer wieder solche Gemeinden kennengelernt. Meist handelt es sich um kleine Gemeinschaften zwischen 90 und 150 Leuten. Sie stellen einen Pastor an und sprechen von ihrem Wunsch nach kreativer Leitung und den Möglichkeiten, nach außen zu wirken. Erst etwa ein Jahr später wird dem neuen Pastor bewusst, dass es eine mafiöse inoffizielle Leitung gibt, und sein Dienst beschränkt sich mehr und mehr auf ermüdende politische Spielchen.

Das erinnert mich an jenen geheimnisvollen Satz (aus 3. Johannes 9) über Diotrephes, „der unter ihnen der Erste sein will". Diotrephes lebt!

3. Organisatorische Übergänge

Gesunde Gemeinden und Organisationen erreichen zwangsläufig Wachstumspunkte, an denen ein neuer Führungsstil notwendig wird. Nicht jeder Pastor kann sich anpassen.

So sind beispielsweise gute Gemeindegründer oft „unbegabt", einer Gemeinde dabei zu helfen, die 150-bis-200-Mitglieder-Grenze zu überwinden, weil dazu andere Leitungsfähigkeiten benötigt werden. Ein Pastor, der allein am effektivsten arbeitet, wird zunehmend ineffektiv, wenn eine Gemeinde einen Mitarbeiterstab etablieren und koordinieren muss.

Einige Pastoren können solide Gemeinden oder Werke aufbauen. Sobald diese Zeit vorübergeht, ist dieser Pastor möglicherweise nicht mehr dazu geeignet, den neu ausgerichteten Dienst zu leiten, der notwendigerweise folgen muss. Ein weiser (und demütiger) Pastor weiß, in welche Phase des Gemeindelebens er am besten passt.

4. Stagnation

Einige Pastoren gelangen zu der Einsicht, dass sie sich persönlich in ihrer Begabung und Leitungseffektivität nicht länger in einer bestimmten Situation entfalten können. Der Verstand des Pastors, sein leidenschaftliches Herz und seine besonderen geistlichen Gaben sind sein „Kapital". Sie müssen sich in einem permanenten Zustand des Wachstums befinden. Wenn eine Gemeinde das persönliche Wachstum ihres Pastors hemmt, wird Langeweile und Mittelmaß bei allen Beteiligten das Ergebnis sein.

Zu all den Dingen, die ich an der Gemeinde in Lexington schätze, gehört ihre Liebe zu provokanten Predigten. Es gab Zeiten, in denen ich das Gefühl hatte, dass ich ihre Erwartungen ziemlich enttäuscht habe. Dann bemühte ich mich bei der nächsten Predigtvorbereitung umso mehr. Ich wusste, dass die Leute mit ihren Bibeln und Notizbüchern wiederkommen und aufmerksam danach streben würden, wenigstens einen guten Gedanken mitzunehmen, der sie durch die Woche begleiten könnte.

Das setzte mich unter den gesunden Druck, neue Erkenntnisse und praktische Anwendungsmöglichkeiten für das Leben in der großen weiten Welt jenseits der Gemeinde zu liefern. Hätte ich diese Erwartungen enttäuscht oder wäre ich nicht in der Lage gewesen, kontinuierlich daran zu wachsen, hätte ich mich dazu aufgerufen gefühlt, über Bord zu gehen.

5. Ermüdung

Obwohl Ermüdung der Stagnation ähnelt, gibt es wichtige Unterschiede. In diesem Fall fehlt im Dienst die „erneuernde" Komponente, und der Pastor kommt zu dem Schluss, dass er oder sie immerfort im geistlichen/seelischen/körperlichen Entlademodus ist.

Ich habe diesen Zustand ein wenig intensiver erlebt als einige andere. Im Rückblick erkenne ich, dass ich für mich selbst oft Probleme geschaffen habe, indem ich Menschen mehr versprach, als ich zu geben in der Lage war. Ich machte den Eindruck, offen und für jedermann zugänglich zu sein. Aber die Wahrheit sah so aus, dass ich das zwar wollte, aber nicht leisten konnte. Unsere Gemeinde war zu groß, die Konzepte waren zu zahlreich; der Mitarbeiterstab verlangte mir zu viel ab. Der Versuch, es allen recht zu machen, ermüdete mich – und ich hatte oft das Gefühl, überhaupt niemanden zufriedengestellt zu haben. Das war aber mein Problem, nicht das jemandes anderen. Ich war erschöpft und enttäuscht.

Manchmal missachtet die Leitung einer Gemeinde diese Dynamik und versäumt es, ihren Pastor zu schützen und dafür zu sorgen, dass er sich regelmäßig effektive Erholungs- und Erneuerungszeiten gönnt. Wenn die Ermüdung zum chronischen Zustand wird, kann ein Gemeindewechsel notwendig werden.

6. Familienklima

Gelegentlich kommt der Zeitpunkt, an dem man die Tatsache unmöglich übersehen kann, dass eine Situation Ehepartner oder Kinder stärker in Mitleidenschaft zieht, als dass sie ihnen hilft.

Die Gründe dafür können variieren. Kein Pastor kann es sich leisten, seine Familie den unrealistischen Erwartungen der Gemeinde zu opfern. Deutliche Anzeichen, dass es Zeit ist zu gehen, sind: ständige finanzielle Mangelerscheinungen, Lebensbedingungen, die den Ehepartner oder die Kinder verbittern lassen, oder Streitsucht in der Gemeinde, durch die ein Pastor vor seiner eigenen Familie gedemütigt oder erniedrigt wird. Es ist nichts dadurch gewonnen, dass ein Pastor in der Gemeinde erfolgreich ist und zu Hause versagt.

7. Abschlüsse und Neuanfänge

Dieses Anzeichen – hoffentlich das beste von allen – ist verzwickt und erfordert aufmerksames geistliches Hören und Vertraute, bei denen man sich Rat holen kann.

Man spürt, dass der Dienst in einer bestimmten Gemeinde einen Schlusspunkt erreicht hat. Man hört davon, dass eine andere Gemeinde einen pastoralen Leiter sucht. Sie passt zur eigenen Berufung und den Begabungen. Es besteht ein eigenartiger Zwiespalt: die Trauer, von Leuten Abschied zu nehmen, die man lieb gewonnen hat, und die Aufregung angesichts einer neuen Herausforderung. Das Denken kreist um einen Neubeginn. Man bekommt einen kreativen Schub und wird euphorisch. Ehepartner, Vorgesetzte und vertraute Ratgeber sind sich einig, dass ein Neuanfang gut ist. Vor allem aber hat man den Eindruck, dass Gott hinter der Entscheidung steht.

8. Der Faktor Alter

Es kommt die Zeit, in der ein Pastor nicht länger Schritt halten kann mit dem Tempo, das der Dienst verlangt. Darin spiegelt sich üblicherweise das eigene Alter wider. Ein betagter Pastor sieht sich der schrecklichen Versuchung gegenüber, zu lange am Beruf festzuhalten. Die Liebe, die er zu den Leuten hat, und die Liebe, die sie ihm gegenüber empfinden, ist Leben spendend. Seine Aufgabe an jemand anderen abzugeben, ist beinahe undenkbar, weil der Mensch und sein Beruf untrennbar geworden sind.

Sich nicht aus der Arbeit zurückzuziehen, ist aber der beinahe sichere Auftakt zu einer traurigen Zeit, in der der Pastor unbeabsichtigt vieles von dem Guten zunichtemacht, das er zuvor aufgebaut hat.

Wenn man in der Bibel nach Entscheidungen sucht, die mit einem Weggang zusammenhängen, entdeckt man davon eine ganze Reihe. Man sieht Väter, die ihre Söhne segnen und Erbteile übergeben. Man sieht Mose, Samuel, David und Elia, die für ihre Nachfolger den Weg bereiten. Man hört, wie Jesus seinen Jüngern sagt, dass er gehen muss. Man liest die Worte des Paulus, die Timotheus und die Ältesten von Ephesus anspornen, den Staffelstab zu übernehmen und den Lauf fortzusetzen.

Ein Pastor tut wahrscheinlich gut daran, jedes Jahr neu mit der Frage nach dem Abschied zu ringen – ein paar Tage sollten der Selbsterforschung gewidmet sein, dem Befragen verlässlicher Ratgeber, der redlichen Bewertung anhand zuvor definierter Ziele und Vorhaben. Wenn diese Übung praktiziert wird, wird wahrscheinlich die Entscheidung zum Weggang – wenn der Zeitpunkt dafür gekommen ist – genau dann getroffen, wenn man spürt: Gott hat gesprochen, ein gutes Werk ist zum Abschluss gekommen, und es werden sich bald neue Gelegenheiten bieten.

Das großartigste Über-Bord-Gehen, von dem ich je gehört habe (und damit spreche ich keine Empfehlung aus), ereignete sich vor etwa vierzig Jahren am Wheaton College. Der Präsident des Colleges, V. Raymond Edman, ein frommer Mann, hielt an einem Freitagmorgen die Andacht. Er berichtete davon, wie er sich sorgfältig auf eine Audienz beim damaligen Herrscher von Äthiopien vorbereitet hatte.

Die praktische Botschaft für die Studenten, die es nach seiner Einschätzung in ihrer Anbetung an Ehrfurcht hatten mangeln lassen, war schlicht: Du musst stets vorbereitet sein, wenn du dich voller Respekt in die Gegenwart des Königs aller Könige begibst.

Nachdem er diesen Punkt erläutert hatte, sank Dr. Edman plötzlich zu Boden und verstarb. Gerade hatte er darüber gesprochen, in die Gegenwart des Königs zu treten; nun tat er es. Er ging – offensichtlich in dem Moment, den Gott auserwählt hatte. Es ist derselbe Gott – darauf vertrauen wir –, der auch über unsere Entscheidung zu gehen wacht.

Zum weiteren Nachdenken

1. *Denken Sie an frühere Leitungsaufgaben, die Sie innehatten. Was war der Anstoß zum Abschied, und was waren einige der Anzeichen, dass es Zeit dafür war?* Streit; Gefühl nach Neuem

2. *Wenn Sie selbst entschieden haben zu gehen, war der Prozess schmerzhaft oder mühelos – oder eine Mischung aus beidem? Würden Sie heute etwas anders machen?*

3. *Haben Sie sich jemals in einem Zustand totaler Ermüdung befunden? Wenn dem so war, wie konnten Sie das überwinden und Ihre Energie wieder zurückgewinnen?*

Nachwort

Für Christen in Verantwortung, die Gott lange Zeit dienen möchten, gibt es vier Grundprinzipien, die dieses Buch zusammenfassen. Sie können uns – wenn wir innerlich daran festhalten und sie praktisch umsetzen – unser ganzes Leben lang als Fundamente dienen. Die vier Prinzipien lauten:

1. Bleiben Sie täglich mit Gott im Gespräch.

Erfahren Sie jeden Tag, wie das Gespräch mit Gott die Seele erfrischt. Vertrauen Sie Jesus jeden Morgen Ihr Leben an. Freuen Sie sich daran, Jesus täglich wieder ganz neu anzubeten und anzunehmen.

2. Geben Sie Ihrem Leben durch geistliche Disziplin ein Fundament.

Der Charakter wird durch geistliche Disziplin geformt. Ohne Disziplin ist es so, als versuche man, aus einer leeren Seele heraus zu leben. Wenn das eigene Leben zusammenzubrechen droht, kann geistliche Disziplin dabei helfen, wieder Halt zu finden.

3. Leben Sie aus dem Bewusstsein der Berufung heraus.

Machen Sie sich bewusst, wie entscheidend Ihre Gewissheit ist, von Gott berufen zu sein. Ihre Berufung kann sich mit der Zeit ändern. Ich habe Gott immer wieder gefragt: „Hast du eine neue Berufung für einen Typen wie mich, der schon über sechzig ist?“ Als die Menschen begannen, mir nach Vorträgen zu erzählen, wie sehr sie meine väterliche Ausstrahlung berührt hat, dachte ich: „Es ist Zeit, wie ein Vater zu ihnen zu sprechen." Darin fand ich meine neue Berufung und begann mich jeden Tag zu fragen, wie ich mein Leben aufgrund dieser neuen Berufung planen wollte.

4. Bauen Sie eine Gemeinschaft um sich herum auf.

Stellen Sie sicher, dass Sie eine enge Gemeinschaft von Freunden um sich haben. Vor Jahren wurde Geistlichen geraten, keine engen Freunde zu haben, besonders nicht innerhalb der Gemeinde. Ich habe allerdings herausgefunden, dass das eine sehr ungesunde Art zu leben ist. Stattdessen haben meine Frau und ich gelernt, wie wertvoll es ist, eine eng verwobene Schar von Freunden um uns zu haben. Sie sind mit den Jahren lebenswichtig für uns geworden und haben Ausgewogenheit und Weisheit in unser Leben gebracht.

Sorgen Sie als Christ in Verantwortung dafür, dass Sie ein tragfähiges Fundament *unterhalb* der Wasseroberfläche bauen. Dann werden Sie beobachten, was für großartige Dinge *über* Wasser entstehen und was für ein lebendiges Vermächtnis Sie im Leben der Menschen hinterlassen, denen Sie dienen.

Peter Scazzero

Glaubensriesen – Seelenzwerge

Geistliches Wachstum
und emotionale Reife

240 Seiten, Paperback
3. Auflage
ISBN 978-3-7655-1494-4

Der christliche Glaube zielt auf konkrete Veränderung. Er soll Früchte tragen: Freude, Friede, Sanftmut, Geduld, Liebe ... Warum sieht die Praxis häufig anders aus?

Peter Scazzero beschreibt in diesem Buch Symptome eines Glaubens, der emotional unreif geblieben ist. Er deckt auf, warum herkömmliche Vermittlungswege von Glaubenswachstum oft einer Reifung der Persönlichkeit geradezu im Weg stehen. Und er skizziert den Weg zu einem ganzheitlichen, erwachsenen Glauben, auf dem die emotionale Reife nicht auf der Strecke bleibt. Denn er ist überzeugt: „Das größte Geschenk, das die Kirche unserer Welt machen kann, liegt darin, eine Gemeinschaft von emotional erwachsenen Menschen zu werden, die gelernt haben, wie man liebt."

BRUNNEN VERLAG GIESSEN
www.brunnen-verlag.de

Peter Scazzero

Mitten am Tag bist du mir nah

Acht Wochen mit
dem Tageszeitengebet

224 Seiten, Klappenbroschur
ISBN 978-3-7655-4159-9

Beim Glauben geht es um eine Liebesbeziehung. Aber in der Hast und den Anforderungen des Alltags geht vielen die Nähe zu Gott, nach der sie sich doch eigentlich sehnen, allzu oft und schnell verloren.

Peter Scazzero hat in der alten Übung des Tageszeitengebets einen Weg entdeckt, der es erlaubt, sich auf einfache Weise die Gegenwart Gottes im Tagesablauf immer wieder bewusst zu machen. Dabei wird mit wachsender Erfahrung der Alltag nach und nach von einem tiefen Gespür für die Nähe Gottes durchdrungen.

Dieses Acht-Wochen-Programm bietet die Gelegenheit, in den Belastungen des Alltags aus der Kraftquelle der Liebe Gottes zu schöpfen. Wer sich darauf einlässt, wird erfahren, wie es gelingt, mitten im Alltag „den Herzschlag der Ewigkeit zu spüren."

BRUNNEN VERLAG GIESSEN
www.brunnen-verlag.de